新しい労働者派遣法の解説

派遣スタッフと派遣先社員の権利は両立できるか

中野麻美
（弁護士・ＮＰＯ法人派遣労働ネットワーク理事長）
ＮＰＯ法人派遣労働ネットワーク

旬報社

はじめに

　労働者派遣法は、1986年に施行されてからたびたび改正され、労働者の権利を充実させてきた反面で、派遣適用対象業務など利用制限を大幅に緩和してきました。いまや派遣で働くスタッフの雇用や労働条件のあり方が、派遣先社員の雇用や働き方に大きな影響を及ぼすようになっています。

　私たちは、そうしたなかで、派遣労働をめぐって生じる雇用と権利にかかわる問題解決のために取り組みを続けてきました。法「改正」のつど、そうした問題を解決するたに提言を重ね、派遣の決定から終了に至るまでのあらゆる段階で、プライバシーを保護し、差別を許さず待遇を改善する制度を積み上げてきました。

　2008年に「派遣切り」や「日雇派遣」問題が浮上したときには、登録型派遣の原則禁止を掲げて全力で取り組みました。そして、登録型派遣の原則禁止はその後の政治の流れによって留保されましたが、究極の不安定雇用である日雇派遣の原則禁止や違法派遣の場合の派遣先の「労働契約申込みなし制度」の導入などの改革を進めることができました。

　2015年の法見直しは、政治の流れが大きく変わるなかで、新自由主義＝アベノミクスによる労働規制「改革」として、これまでの制度を抜本的に見直すものとなりました。派遣が禁止されている業務以外は、無期雇用派遣（期間の定めのない労働契約で雇用された労働者を派遣する形態）については期間制限なく受入れできるようになり、有期雇用派遣（期間の定めをおいた労働契約で雇用された労働者を派遣する形態）では、1人の派遣労働者を派遣先の同じ部署（課）で受け入れる期間を3年で制限し、あわせて派遣先の事業所では派遣労働者を受け入れ可能期間を3年として過半数組合・過半数代表者からの意見聴取によって延長できるようになりました。

新しい派遣法では、派遣スタッフの雇用安定化やキャリア・アップのための制度が許可基準のなかに盛り込まれて強化されていますが、スタッフの人権というにふさわしい雇用とキャリア権の保障につなげる課題は、残されたままです。また、派遣スタッフに対する差別の禁止や均等待遇保障にも大きな課題を残しています。

　私たちは、派遣スタッフが、派遣先社員と同じ職場で働く同じ人間として尊重されるよう求めてきました。新しい制度のもとでは、これまで以上に、派遣スタッフが派遣先職場の一員として有機的に組み込まれて働くようになり、派遣スタッフと派遣先社員の権利をどう守るかが問われてくるでしょう。派遣スタッフが派遣で働いていることを理由に差別やハラスメントを受けないで安心して働き続けられるようにすることとあわせて、派遣先社員の雇用と権利を守らなければなりません。常用代替防止や直接雇用の徹底に派遣スタッフのキャリア権や均等待遇保障を結びつけて取り組む新しいステージを迎えました。

　この本は、私たちが、労働者派遣法のもとで取り組んできた30年にわたるノウハウを結集したものです。法律の解釈や適用についての考え方はもちろんですが、この法律を日々の生活や活動の場面にどのように生かせばよいかを広く伝えるために、出版することにしました。ひとりでも多くの人たちがこの本を読んで、職場の改善のために役立てていただければ幸いです。

2016年11月28日

　　　　　　　　　　　　ＮＰＯ法人派遣労働ネットワーク理事長・弁護士
　　　　　　　　　　　　中野麻美

目次◎新しい労働者派遣法の解説

はじめに……………………………………………………………………… 2

第1章　派遣スタッフと派遣先社員の権利は両立できるか

1-1　労働者派遣の位置づけ ……………………………………18
Q　派遣は一生の仕事でしょうか？　メリットはありますか？

1-2　派遣スタッフの権利と義務 ………………………………20
Q　派遣で働く権利と義務はふつうの働き方とどこが違いますか？

1-3　派遣のタイプ ………………………………………………24
Q　労働者派遣のタイプによって違いはありますか？　派遣スタッフや派遣先社員はどんなことに注意すればよいですか？

1-4　派遣で働ける仕事と期間の限度 …………………………28
Q　派遣で制限なく働けるようになったのでしょうか？

1-5　派遣スタッフ・派遣先社員の権利を保障する仕組み
……………………………………………………………………………32
Q　派遣スタッフや派遣先社員の権利を保障する仕組みはどうなっているのでしょうか？

1-6　労働者派遣事業の許可 ……………………………………36
Q　厚生労働大臣の事業許可を受けていれば派遣スタッフの雇用が守られる保障はあるのですか？

1-7　リストラ型派遣の禁止と派遣先社員の雇用 …………40
Q　派遣先社員の雇用の権利は定められているのですか？

1-8　派遣労働者の雇用の安定 …………………………………42
Q　労働者派遣を臨時的・一時的な働き方と位置づけたということですが、短期しか働けないのでしょうか？

1-9　差別の禁止と均等待遇 ··46
　Q　派遣スタッフの低い待遇の改善のためには、どのような取組みが必要になるのでしょうか？

1-10　意見聴取制度 ···50
　Q　不十分な派遣スタッフの権利を確保するため、常用代替防止の観点から、派遣先で労使交渉の議題にしたり「意見聴取制度」の手続きを利用できますか？

第2章　派遣で働き始める、派遣を受け入れる

2-1　派遣労働者になる ··56
　Q　派遣で働く際のリスクについて教えてください。

2-2　派遣会社が厚生労働大臣許可を受けているか ·········58
　Q　派遣会社を選ぶ場合にどんなことに気をつけたらよいでしょうか？

2-3　働く前に確認しておきたい雇用と労働条件 ············60
　Q　派遣の場合、雇用契約を結んだ派遣会社とは別の事業所（派遣先）で働くことになりますが、契約書どおりの労働条件がきちんと守られるのでしょうか？

2-4　事前面接時の差別・ハラスメント ·······················62
　Q　派遣先が決まる時には、派遣先の面接があると聞きました。そういう場合の対処方法を教えてください。

2-5　事前面接による派遣受入れ拒否 ··························64
　Q　派遣が決まり、就労前の事前打ち合わせということで派遣先に行ったところ、その翌日派遣会社から断りの電話がはいりました。

2-6　派遣先に行ってみたら「仕事がない」··················66
　Q　日雇派遣で働いています。仕事の予定が入ったにもかかわらず、前日にキャンセルされることがたびたびあります。

2-7　契約外業務・契約外労働 ·································68
　Q　労働契約書では、「OA機器操作」とされているのに、派遣先でコンピュータを使う仕事はほとんどなく、雑用ばかりやらされています。

2-8　派遣利用制限の原則と例外 …………………………70
Q　派遣法では派遣できない業務など厳しい規制があると聞きました。派遣利用で制限されている内容について説明してください。

2-9　偽装請負 ……………………………………………72
Q　「偽装請負」とされると、違法派遣として厳しく指導されると聞きますが、請負と派遣の違いがよくわかりません。

2-10　派遣の仕事を長期の仕事につなげる …………………74
Q　登録型派遣は短期契約更新方式で、しかも期間制限があります。長期の仕事にはつながらないのでしょうか？

2-11　紹介予定派遣 ………………………………………76
Q　正社員採用をめざして紹介予定派遣に申し込みました。当初4か月の予定だったのですが、派遣先はあと4か月延長してじっくりみたいと言っているようです。

2-12　派遣先社員のための派遣受入れ時チェックポイント
………………………………………………………………78
Q　派遣スタッフを受け入れる派遣先として気をつけなければならないポイントを教えてください。

第3章　派遣スタッフと派遣先社員の労働条件

3-1　派遣スタッフの就業条件確保 ……………………82
Q　私たちの部署でも派遣スタッフを受け入れることになりました。労働条件について注意しておくべきことはありますか？

3-2　派遣スタッフの権利と管理台帳の作成保管義務 ……86
Q　派遣スタッフの受入れから派遣終了に至るまでの就業条件などはどのように管理されるのでしょうか？

3-3　労働時間管理～派遣元の責任・派遣先の責任 ………88
Q　派遣先から、労働時間の管理は30分単位になっているので、30分未満は切り捨てるといわれました。問題ないですか？

3-4　所定労働時間・所定外労働・変形労働時間制 ……… 90
Q　変形労働時間制が適用されている部門があり、カレンダーは1日8時間・1週40時間、1週1日の休日に収まっていません。フレックスタイム制を採用する部門もあります。派遣スタッフも同じ扱いになりますか？

3-5　時間外・休日・深夜労働 …………………………… 92
Q　派遣先での仕事が時間内に処理できない量なので、毎日残業が発生しています。断ることはできないのでしょうか？

3-6　裁量みなし労働時間制 …………………………… 94
Q　SEとして派遣されましたが、派遣先の社員には残業代が支払われていないことを知りました。私も同じ扱いになるのでしょうか？

3-7　年次有給休暇の取得資格 ………………………… 96
Q　スタッフの年次有給休暇はどんな場合に保障されますか？

3-8　年次有給休暇の権利行使 ………………………… 98
Q　年次有給休暇を取得するにはどうしたらよいでしょうか？

3-9　派遣先職場における時季変更権行使 …………… 100
Q　派遣会社に年次有給休暇の取得を申請してそのことを派遣先に伝えたら、忙しいので年休取得は認められないといわれました。

3-10　派遣先カレンダーにもとづく休暇 ……………… 102
Q　「休日は土日と祝日」なのに派遣先から『休日カレンダー』に従うよう指示されました。どうしたらいいですか？

3-11　職場の安全衛生（製造業務派遣） ……………… 104
Q　職場の安全衛生に関する責任は派遣元・派遣先、どちらで負担するのでしょうか？

第4章　妊娠・出産とスタッフの権利

4-1　生理休暇 ……………………………………………… 110
Q　生理休暇を取ろうとしたら、派遣先から医師の証明を求められました。そういう権利を行使すると派遣先から良い評価はもらえないと派遣元担当者はいいます。休まないほうがよいでしょうか？

4-2　妊娠中の軽易作業への転換請求 ……………… 112
Q　妊娠したので、倉庫での仕事から別の職場で働けるようにしてもらいたいと派遣元担当者に相談したら、派遣契約の仕事は倉庫での仕事となっているので認められない、もし軽い仕事が希望なら契約は続けられないと言われました。

4-3　通院休暇・通勤緩和・妊娠障害休暇 …………… 114
Q　切迫流産で医師から絶対安静を指示されましたが……。

4-4　時間外・休日・深夜労働規制 ………………… 118
Q　深夜過ぎまで残業して休日出勤もざらですが、健康が心配です。

4-5　出産休暇と不利益取扱いの禁止 ……………… 120
Q　妊娠したので出産予定日とともに産休にはいる日を派遣元担当者と派遣先の上司に報告したら、契約を解除すると言われました。

4-6　育児時間 ……………………………………… 122
Q　保育園の送り迎えのために出勤時間を1時間遅らせてもらいたいのですが、スタッフでも可能ですか?

4-7　妊娠・出産等を理由とする不利益取扱いの禁止 … 124
Q　出産休暇に入りましたが、派遣元から次期の契約は更新できないという連絡が入りました。どうすることもできないのでしょうか?

4-8　不利益な言動 ………………………………… 128
Q　派遣先社員と結婚しました。子どもができたので上司に報告しましたが、「いつ辞めるのか?」など嫌味を言われます。

第5章　仕事と生活の両立

5-1　育児・介護休業の対象者 ……………………… 134
Q　育児・介護休業の申請をしたら、拒否されました。スタッフは育児休業はとれないのですか?

5-2　休業中の労働条件 …………………………… 138
Q　育児休業中の労働条件はどうなるのでしょうか?

5-3　家族的責任と労働者の配置 …………………… 142
Q　常用型派遣スタッフとして働いていますが、常時の介護は必要ないですが認知症の父を介護しています。派遣先との契約が終了したので、住居の移転が必要な派遣先での就労を指示されました。社宅は用意されると言われましたが、応じなければ解雇でしょうか？

5-4　家族的責任と労働時間 …………………………… 146
Q①　子どもが保育所のいじめを受けたので保育園を変えました。送り迎えの時間がこれまでと違うので、出退勤時刻の変更を要求したいのですが、できますか？
Q②　顧客先の受発注システムの開発業務に従事していますが、今度の仕事はタイトで連日深夜に至る残業があります。親の介護を分担しているので拒否したところ責任が果たせないなら仕事を代わるよう言われています。どうすればよいでしょうか？

5-5　不利益取扱いの禁止とスタッフの雇用 ………… 150
Q　登録型派遣スタッフとして働いていますが、産前産後の休暇を2か月とってそのあと保育園がみつかるまで育児休業で休みたいと申し出ました。すると、派遣元から、次の派遣契約の更新はないので、休業期間中に仕事と雇用を失うことを告げられました。こんなことは許されるのでしょうか？

第6章　派遣スタッフの待遇

6-1　派遣料金と賃金 …………………………………… 156
Q　同じ業務で1年以上働いていますが、先月から時給がダウンしました。派遣先は「仕事にも慣れてきたので時給が上がるように、派遣料金を上げた」と言っていたので納得できません。

6-2　派遣先・派遣元の説明義務・配慮義務 ………… 158
Q　派遣先社員と同じ仕事ですが、賃金は大きな格差があり、派遣先の就業時間中の教育訓練にスタッフは加えてもらえません。不公平だと派遣元に訴えても「わからない」「どうしようもない」と取り合ってもらえません。

6-3　有期・無期雇用の差別の禁止 …………………… 160
Q　登録型有期雇用派遣で働いていますが、通勤交通費が支給されていません。営業担当者など派遣元のオフィスで働く社員や無期雇用派遣で働くスタッフには支給されているのに不公平です。

6-4　派遣スタッフの教育訓練 …………………………… 162
Q　派遣スタッフへの教育訓練が義務付けられたと聞きましたがどんな内容ですか？

6-5　派遣スタッフの福利厚生（医務室・食堂の利用・チケット） ……………………………………………………… 164
Q　派遣スタッフは、派遣先の社員食堂が利用できません。社外のレストランを使っていますが、先日は混雑し、休憩時間までに戻れませんでした。社員食堂よりも料金も高く納得できません。

6-6　派遣スタッフの基本給・一時金・退職金等 ………… 166
Q　派遣先社員にはボーナスや退職金が支給されますが、派遣スタッフには支給されません。「派遣だから……」とあきらめてきましたが、同じ仕事をして同じ役割を発揮しているのに納得できません。

6-7　賃金からの天引き問題 ………………………………… 168
Q　工場に派遣され会社指定の寮（アパート）に住んでいますが、賃金から寮費のほかいろいろ経費が天引きされています。納得できません。

6-8　性別・障害・年齢による差別の禁止と均等待遇保障 ……………………………………………………………… 170
Q　派遣スタッフとして働いて15年になりますが、先日派遣契約が終了して次の派遣を待っています。しかしなかなか仕事がありません。どうすればよいでしょうか？

6-9　派遣を理由とする差別の禁止と均等待遇保障 ……… 172
Q　派遣で働き始めました。「外部の人」と見られ、差別されていることを痛感させられます。

第7章　ハラスメント

7-1　派遣スタッフをめぐる職場のハラスメント ………… 176
Q　はじめは派遣先社員からいじめられていましたが、そのうち上司から派遣社員を辞めさせるために協力するよう要求されてとても辛いです。対策はあるのでしょうか？

7-2　セクシュアルハラスメントへの対応 ………………… 180
Q　派遣先社員から受けたセクハラを営業担当者に訴えました。営業担当者は、「守

ってあげるから」「事情を聴きたい」といいながら終業時刻後に飲食に付き合うよう要求し、「君は魅力的だから」など性的関心を向けるようになりました。どうすればいいですか？

7-3　苦情申告と不利益取扱い ……………………………… 184

Q　上司のセクハラについて派遣元と派遣先に苦情申告しました。そしたら派遣元から同じ派遣先では働けない、次の契約更新は望めないといわれました。悪いのは派遣先上司なのに私が職場を失うことになるのは理不尽です。

7-4　派遣先社員がスタッフからハラスメントを受けたとき ……………………………………………………………… 186

Q　正社員で働いていますが、このところ正社員が退職させられ派遣スタッフに入れ替えられることが急激に増えました。私も人事に呼びだされ「あなたの仕事は派遣の仕事」といわれて退職勧奨されました。机も派遣スタッフの横にされ、スタッフから「仕事ができない」と攻撃されるようになりました。

7-5　ハラスメントによるメンタルヘルス不全 ………… 188

Q　派遣先社員から言葉や接触によるセクハラを受けるようになって心療内科を受診したら「重度のうつ状態」と診断されました。出勤するのも辛いですが、休むと契約更新されないので、出勤せざるをえません。どうしたらいいでしょう？

第8章　派遣スタッフの雇用

8-1　派遣スタッフの解雇 ……………………………………… 194

Q　派遣先の品物がなくなった責任を問われて即日解雇されました。身に覚えのないことなので悔しいのと即日解雇では生活にも支障があります。何とかならないでしょうか？

8-2　派遣スタッフの雇用（無期雇用派遣・有期雇用派遣） ……………………………………………………………… 198

Q　派遣先は変わっても同じ派遣元で10年ですが、次第に雇用期間は短くなっています。働き続ける権利はありますか？

8-3　派遣スタッフの雇用（登録型派遣・常用型派遣）… 200

Q　労働者派遣契約が終了になりますが雇用はどうなりますか？

8-4　派遣労働契約の上限期間の定め ･････････････ 202
Q　3か月の派遣労働契約を締結しましたが、最長2年半という記載もありました。このような記載は許されるのでしょうか？

8-5　派遣先の社員になりたい ･････････････････････ 204
Q　派遣先の同じ部署で倉庫管理業務に従事して3年になろうとしています。3年で雇用はなくなるのでしょうか？　部署の変更で対応できるとも聞きましたが、可能であれば派遣先に雇用されて働くことが希望です。どうしたらよいでしょうか？

8-6　不当な排除目的の労働者派遣契約の打ち切り ･････ 208
Q　上司の執拗なハラスメントに苦情を申し立てたら、派遣先から次は派遣契約を更新しないといわれました。

8-7　労働者派遣契約の解除禁止 ･･･････････････････ 210
Q　出産を控えて休業明けの職場復帰について労働組合に加入して待遇改善を求めたら、派遣先が契約を解除してきました。このようなことが許されるのでしょうか？

8-8　労働者派遣契約の解消と賃金・労働条件 ･････････ 214
Q　労働者派遣契約が解消されてしまいましたが、賃金等の労働条件はどうなるのでしょうか？

8-9　日雇い派遣（その1） ･･････････････････････ 216
Q　日雇い派遣で働くことはできるのでしょうか？

8-10　日雇い派遣（その2） ････････････････････ 218
Q　35日の有期契約を締結して派遣で働くことになりましたが、指定された日付の仕事がありません。許されるのですか？

8-11　日雇い派遣（その3） ････････････････････ 220
Q　指定された派遣先の仕事場所に行ったのですが、派遣先から「仕事がなくなった」と言われました。何か補償はありますか？　以前も仕事をキャンセルされたことがありましたが、何も補償はありませんでした。

8-12　日々紹介 ･･････････････････････････････ 222
Q　1日だけの仕事先の紹介を受け、交通費と日当が支払われるというので承諾しましたが、行ってみると、仕事がないと断られました。交通費や日当は請求できないのでしょうか？

8-13 雇用保険・社会保険 …………………………… 224
Q 派遣で継続して5年働いてきましたがもう派遣先の仕事はなくなったといわれました。年金保険や健康保険にも加入できていません。どうすればいいですか？

8-14 委託を偽装した派遣と労働契約申込みなし制度（その1） ……………………………………………………… 226
Q C社に期間の定めなく雇用されてD社の指示のもとでシステムメンテナンスに従事して10年になります。C社とD社の間の契約は委託だということでしたが、D社がもっぱら業務を統括指示してきました。ところがC社が倒産して解雇予告を受けました。仕事を続けることはできないでしょうか？

8-15 期間制限違反と労働契約申込みなし制度（その2） …………………………………………………………… 228
Q C社に登録してD社の企画部に配属されて上司の指示のもとで働いてきました。派遣先からは、配属3年の成績をみて次のステップの仕事を担当できるようにしたいといわれていますが、仕事を続けることはできるのでしょうか？

8-16 労働契約申込みなし制度（その3） ……………… 230
Q 労働契約申込みなし制度の適用を受けて派遣先に雇用されたいと手をあげました。派遣労働契約では、残りの雇用期間は15日で賃金も日給1万2000円ですが、派遣先社員との格差があります。雇用期間や労働条件はどうなるのでしょうか？

第9章 派遣先社員の雇用の権利

9-1 派遣の受入れを理由とする派遣先社員の解雇 …… 236
Q 私の会社では、経費削減のため派遣社員の受入れを決めました。派遣受入れを理由とした正社員の解雇は認められるのでしょうか？

9-2 派遣社員の受入れと正社員の配置転換・移籍・賃金減額 …………………………………………………………… 238
Q 一般職正社員でバックオフィスで働いてきましたが、会社は人材会社を別会社でつくり職場にスタッフを投入し、バックオフィスから営業に変わるか人材会社に移籍するよう言われました。どちらも拒否するなら一般職の賃金体系を変えるということです。こういうことは許されますか？

9-3 派遣労働者への転換 …………………………… 240
Q リストラの一環で、勤めている会社に派遣事業を行う子会社がつくられました。転籍して派遣社員として働いてもらいたいと言われています。断っていいのでしょうか?

9-4 グループ企業内派遣 …………………………… 242
Q 私が労働組合の役員をしている中堅企業には派遣子会社があり、そこに働く労働者の派遣先はすべて親会社の事業部門です。こうしたグループ企業内の派遣には規制があると聞いたのですが……。

9-5 整理解雇後の労働者の派遣スタッフとしての受入れ
…………………………………………………………… 244
Q 会社の将来が暗く希望退職に応じました。しかし、応募者多数で今度は人が足りなくなり、会社は派遣を入れるそうです。派遣スタッフとして元の職場で働くことは可能ですか?

9-6 派遣先社員に対する意見聴取制度 ………………… 246
Q 派遣受入期間の規制に関連して、派遣先従業員からの意見聴取手続きが強化されたと聞かされました。労働組合としての意見聴取制度の活用法について教えてください。

9-7 労働契約申込みなし制度と派遣先労働組合 ……… 250
Q 労働組合として派遣受入れにも関与してきましたが、派遣法は派遣元の責任に比べて派遣先の責任は少ないと感じていました。最近違法を行った派遣先には派遣スタッフを雇用する義務が生じるようになったと聞きましたが……。

第10章 派遣スタッフと派遣先社員の権利のために

10-1 派遣スタッフの労働基本権保障 ………………… 254
Q 派遣スタッフは労働組合に入れますか?

10-2 派遣先に対する団体交渉は可能 ………………… 258
Q 派遣先に対して派遣労働者組合は団体交渉を求めることができますか? もし応じないときは、どうすればいいのですか?

10-3 派遣先組合の活動と権利 ………………… 262
Q 派遣先の労働組合は会社で受入れている派遣労働の問題について、どのような関

わり方があるでしょうか？

資料 ……………………………………………………………………… 267

① 労働者派遣契約にさだめておかなければならない項目と留意事項（業務取扱要領）
② 就業条件等の明示の例
③ 許可要件（許可基準）一覧
④ モデル就業条件明示書
⑤ 36協定における延長時間の限度
⑥ 派遣契約の中途解除に伴って講じるべき責任一覧
⑦ 妊娠出産等を理由とする不利益取扱いについての規制一覧
⑧ 育児・介護のための労働時間短縮等の制度
⑨ 派遣労働者の権利と団結権・団体交渉権・争議権
⑩ 団体交渉事項と派遣先の使用者責任

あとがき ……………………………………………………………… 290

【凡例】
（※派遣労働者を本書では、「派遣スタッフ」あるいは、単に「スタッフ」と記載する）

派遣法	労働者派遣事業の適正な運営の確保及び派遣労働者の保護等に関する法律

　※　条文を指定するときは、単に「法」と記載

派遣令	労働者派遣事業の適正な運営の確保及び派遣労働者の保護等に関する法律施行令

　※　条文を指定するときは、単に「令」と記載

派遣則	労働者派遣事業の適正な運営の確保及び派遣労働者の保護等に関する法律施行規則

　※　条文を指定するときは、単に「則」と記載

派遣元指針	派遣元事業主が講ずべき措置に関する指針
派遣先指針	派遣先が講ずべき措置に関する指針
業務取扱要領	労働者派遣事業関係業務取扱要領
労基法	労働基準法
労基則	労働基準法施行規則
労契法	労働契約法
労組法	労働組合法
均等法	雇用の分野における男女の均等な機会及び待遇の確保等に関する法律
均等則	雇用の分野における男女の均等な機会及び待遇の確保等に関する法律施行規則
妊娠出産指針	妊娠中及び出産後の女性労働者が保健指導又は健康診査に基づく指導事項を守ることができるようにするために事業主が講ずべき措置に関する指針
妊娠出産ハラスメント指針	事業主が職場における妊娠、出産等に関する言動に起因する問題に関して雇用管理上講ずべき措置についての指針
育介法	育児休業、介護休業等育児又は家族介護を行う労働者の福祉に関する法律
育介則	育児休業、介護休業等育児又は家族介護を行う労働者の福祉に関する法律施行規則
職安法	職業安定法
パート法	短時間労働者の雇用管理の改善等に関する法律
労安法	労働安全衛生法
労災法	労働災害保険法
障害者差別解消法	障害を理由とする差別の解消の推進に関する法律

第1章
派遣スタッフと派遣先社員の権利は両立できるか

---- POINT ----

- 新しい派遣法は、派遣スタッフと派遣先社員の雇用の安定を両立させることを趣旨としている
- キーワードは常用代替防止と「直接雇用」の原則
- 労働者派遣は臨時的・一時的な働き方／利用と位置づけられ、派遣労働者単位と派遣先単位の両面から上限3年の期間制限を受ける
- 派遣先単位の期間制限は過半数組合・過半数代表者からの意見聴取で延長が認められる
- 無期契約で働く「無期雇用派遣」は期間制限なし
- 新しい派遣法では派遣事業はすべて許可制
- 派遣スタッフのスキルアップと雇用安定化(無期雇用化や直接雇用化)が義務付けられた
- 「常用代替防止」には派遣労働者と派遣先社員との均等待遇保障が決め手になる

1-1 労働者派遣の位置づけ

Q 派遣は一生の仕事でしょうか？ メリットはありますか？

A 雇用が不安定で賃金アップも見込めません。副業にしたり、一時的に収入を得たり、正社員登用のための短期間の派遣ならメリットがあるかもしれません。

● 商取引によって第三者に労務を提供するスタイルの問題点

　企業同士の契約（請負・委託・派遣など）で他の企業で働く形態は、1970年代後半から企業の経費削減策として重宝されてきました。利用企業の最大のメリットは、労働法上の責任を負わずに経費削減できること。そのため、利用企業の都合次第で雇用が奪われたり、労働条件が悪化させられたりすることが問題になってきました。

　雇用責任を負わないで労働者を使えるようになると、労働法の趣旨は損なわれます。職安法は、差別なく適性にみあった仕事を保障し、労働者が人間らしく生きていける雇用と労働条件を確保するために制定されましたが、第三者に労働者を提供する労働者供給事業（供給先・供給元双方）を罰則付で禁止しています（職安法44条）。そのため、請負や委託を偽装して使用者責任逃れをしているケースで、この禁止規定を根拠に、利用企業の責任を認める裁判例もありました。しかし、利用企業との使用従属関係だけで雇用責任を負わせられないという判断が主流になり、自ら雇用する労働者を第三者の指揮命令下において働かせるスタイルがひろがりました。

● 労働者派遣制度の成り立ちと問題

　そこで、弊害を解消するためにも、第三者に対する労務供給形態のうち、一定の要件を満たすものを「労働者派遣」として抽出して合法化し、あわせて一定の範囲で労務供給先にも労働関係法規の責任を負わせ、労働者の権利を保障しようということになりました。

それが、派遣法でした。

しかし、この派遣法も、究極の不安定雇用といわれる登録型派遣を認めたため、労働者の権利確保に問題がありました。労働の買いたたきを許さないよう、派遣先で養成できない専門的な仕事や特別な雇用管理を必要とする業務に限って派遣できる制度にしたはずでしたが、派遣労働者の雇用期間は急速に短期化し、賃金も低下してしまいました。労働者派遣では、法律による規制では太刀打ちできないほど、雇用と労働条件を破壊する力が強かったのです。

● 「働いても貧しくなるだけ」の仕組みは解消されていない

そうしたことを反省して、いままで何回にもわたって法律が見直されました。問題解決のためには、規制を強化する以外になく、登録型派遣は原則禁止されるべきでしたが、逆に、どんな業務でも原則自由に派遣でき、期間制限の上限を3年にするなど規制緩和が行われました。そして今回の法改正では、利用企業のなかで職場を移動し、派遣先事業場で意見聴取する手続きをふめば、半永久的に労働者を派遣の形態で利用できることになりました。

雇用は生活の基盤です。生活を維持するとなれば、派遣という働き方を一生続けることはできません。働いても貧しくなるだけ、雇用期間が細切れ化する一方では、生活の見通しも立たないし、仕事と生活の両立もできません。登録型派遣は、主に家族的責任を負担する女性が、専門性を活かして契約本位（仕事と生活を両立させて）に働けるようにするため認められたいきさつがありますが、実際にはまったく逆です。

● 派遣労働者の待遇確保と常用代替防止のために

派遣法の趣旨を徹底するためには、派遣労働者に派遣先の正規社員と同じように「人件費」をかけ、正規雇用への転換をはかっていくことが必要です。派遣先社員も派遣スタッフの雇用や労働条件に関心を払うことが必要です。

1-2 派遣スタッフの権利と義務

Q 派遣で働く権利と義務はふつうの働き方とどこが違いますか?

A 派遣スタッフには、派遣会社との労働契約にもとづく権利と義務がありますが、労働法上の責任は派遣元と派遣先に分かれています。

●「労働者派遣」の定義

派遣法は、自己の雇用する労働者を、当該雇用関係のもとに、かつ他人の指揮命令を受けて、当該他人のために労働に従事させることをいい、他人に対して労働者を雇用させることを約してするものを含まないとしました(法2条1号)。労働者を使用するユーザー企業は雇用責任を負うことはありません。

●派遣会社と派遣先との関係

派遣会社と派遣先は、労働者派遣契約を締結します。派遣会社は、労働者を派遣して派遣先の指揮命令のもとに働かせることを約束し、派遣先は派遣料金を支払うことを約束します。派遣先は、この契約の内容にもとづいて派遣スタッフに指揮命令権を行使することになるので、ミスマッチをなくし、派遣先の横暴を許さないよう、書面で契約内容を確認することになっています。労働者派遣契約に定めなければならない項目は決められており(268頁以下参照)、各項目の内容は、派遣法で決められた制限を守らなければなりません。

●派遣会社と派遣スタッフの雇用関係

派遣会社は、労働者派遣契約の業務内容に適したスタッフを派遣します。すでに継続して雇用している労働者のなかから派遣する常用型派遣の場合と、登録しているスタッフのなかから派遣する登録型派遣がありますが、後者の場合も、派遣会社と労働契約を締結して働きます。派遣労働契約は、派遣スタッフが、派遣により派遣先

の指揮命令を受けて働くことを約束し、派遣会社はその働きに対して賃金を支払うことを主な内容とする労働契約ですが、期間の定めのない無期雇用派遣労働契約と、有期の定めをおいている有期雇用派遣労働契約とがあります（無期雇用派遣、有期雇用派遣、常用型派遣、登録型派遣の関係については25頁参照）。

　派遣会社は、スタッフの派遣に先立って、派遣スタッフに（常用型か登録型かを問わず）、派遣就業ごとに具体的な就業条件（記載事項は271頁以下参照）を文書やメールで明示しなければなりません。口頭では許されません。

●派遣スタッフと派遣先との使用（指揮命令）関係

　スタッフと派遣先とは、労働者派遣契約と派遣労働契約のふたつの契約によって間接的に結ばれる関係で、直接の契約関係にはありません。派遣先はスタッフと直接契約を結ぶわけではないので、受け入れるスタッフを選定できません。派遣法でも、派遣先がスタッ

フを特定する行為を禁止し、派遣元がスタッフの履歴書を送付するなどして派遣先の特定に協力することを禁止しています（法26条）。派遣先は、労働者派遣契約で特定されている範囲（就業条件明示書の範囲）でスタッフに指揮命令でき、スタッフは、それに従う義務がありますが、明示された以外の指揮命令に従う義務はありません。

● 派遣元も派遣先も労働法上の責任を負う使用者

　派遣スタッフに雇用責任を負う派遣元と、指揮命令権を行使する派遣先は、双方とも、労働法にもとづく責任を負担する使用者です（責任の負担関係は35頁参照）。

● 派遣契約・派遣先に対する派遣法の規制

　派遣法では、この本で紹介しているように、特別な規定をおいて労働者派遣契約を規制していますが、まだまだ不十分です。派遣スタッフと派遣先社員は、法律に定めた規制を活かし、共同して取り組むことが求められます。

業務と期間の組合わせによる受入規制と「臨時的・一時的」有期雇用派遣との関係

請負・委託と労働者派遣との違い

　請負とは、請負先の注文にしたがって請負業者が自らの裁量と責任において自己の雇用する労働者を指揮命令下に置いて業務に従事させることをいい、業務委託とは、委託先が一定の業務や事務の処理を委託し、受託業者がその委託業務を処理するために、自己の責任と一定の裁量のもとに自己の雇用する労働者を指揮命令下に置いて業務に従事させることをいいます。労働者派遣事業と請負により行われる事業との区分に関する基準（昭和61.4.17労働省告示37号）は、そうした請負・業務委託といえるための要件をくわしく定め、請負契約の形式は備えていても要件のいずれにも充足しているものでなければ労働者派遣として規制することにし、平成11年には、具体的なケースに即してさらに詳細にわたる「質疑応答集」を策定しています。

　おおまかにいうと、請負ないし業務委託といえるためには、事業運営上、労務管理上の独立性が必須の要件とされています。

　事業運営上の独立性を充足しているための要件としては、業務処理に要する資金についてすべて自らの責任のもとに調達支弁し、業務処理については、民法・商法その他の法律に定められた事業主としてのすべての責任を負い、自ら行う企画または専門的な技術や経験にもとづき、機械・設備等を独自に調達するなどして、請負・委託業者が自らの事業として、発注主から独立して処理するものでなければなりません。

　また労務管理上の独立性が充足されているといえる要件としては、業務の遂行に関する指示、労働時間等に関する指示、企業における秩序の維持・確保等のための指示その他の管理を独自に行うことによって労働者を直接利用する（直接指揮命令を行う）ことが求められるというものです。

　以上のいずれの要件も充足しなければ、請負・委託による業務処理とはいえないことになりますので、実際には、形だけ請負や委託で、実際には職安法の労働者供給事業禁止規定や派遣法による規制を潜脱しているものが少なくないと考えられます。こうした場合には、多重派遣と同じように、労働者の安全管理などが脅かされ、労災が多発している現場もあります。そして、違法労働を告発されないようにするため、救急車で病院に搬送することさえしないで労災隠しするなど、権利侵害の温床になっていることが問題になってきました。

1-3 派遣のタイプ

Q 労働者派遣のタイプによって違いはありますか？ 派遣スタッフや派遣先社員はどんなことに注意すればよいですか？

A 常用型無期雇用の派遣が最も安定的です。派遣先社員の雇用を守るためには均等待遇保障が決め手になります。

● 常用型派遣と登録型派遣

「派遣」は、派遣元との雇用契約の成否に対応して2つにわけられます。派遣されようとされまいと派遣元に常時雇用されている労働者を派遣するのが常用型派遣、それ以外の派遣就労ごとに派遣元との間で労働契約を締結するのが登録型派遣です。常用型派遣であると認められるために必要な「常時雇用される」の意味は、次のようなものをいうとされています（業務取扱要領第4の1(1)イ）。

① 期間の定めなく雇用されているもの、
② 一定の期間を定めて雇用されていても、雇用期間が反復継続されて事実上①と同等と認められるもの、
③ 日々雇用されるものであっても雇用契約が日々更新されて事実上①と同等と認められるもの

常用型派遣では、労働者派遣契約が終了になっても派遣会社に継続して雇用されることになりますが、登録型派遣では、労働者派遣契約が終了したときには雇用契約も終了すると考えられています。しかし前述の②③のタイプの場合には、実際には区別はあいまいです。伊予銀・いよぎんスタッフサービス事件（最高裁判決平成21.3.27）では、裁判所は、13年継続して同じ派遣先で働いていた労働者について、派遣契約が終了しても賃金を支払う合意はなかったとして「登録型派遣」でしかなく、派遣法の常用代替防止の趣旨によれば、登録型派遣スタッフの雇用継続への期待は客観的に法的

保護に値しないので、派遣契約が終了すれば雇用も終了すると判断しました。これには多くの批判がなされ、今回の法改正の「雇用安定化」に向けた措置にもつながっています。

● 無期雇用派遣

　新しい派遣法では、派遣元との間で有期の定めを置かないで派遣労働契約を締結している派遣を「無期雇用派遣」、有期の定めを置いて派遣労働契約を締結している派遣を「有期雇用派遣」として異なる規制のもとに置きました。

　無期雇用派遣は、「常用型派遣」の①に該当するもので、期間制限なく同じ派遣先で働くことができます。無期雇用派遣でも、派遣契約が終了したときには、これまで働いていた職場を失うことになりますが、雇用主（派遣会社）は、派遣スタッフを派遣契約終了のみを理由として解雇することはできません。派遣先の仕事がない状態であっても、賃金はきちんと支払わなければなりません（具体的には第6章参照）。

● 有期雇用派遣

　また、期間の定めを置いた有期雇用派遣には、常用型派遣の②③と、登録型派遣が含まれます。派遣法では、有期雇用派遣には「臨時的・一時的」な位置づけをもたせ、後述の期間制限を設けると同時に、派遣元に雇用安定化を義務付けました。

● 「特定有期雇用派遣労働者等」

　派遣元事業主は、個人単位の期間制限（同じ組織単位で3年）になると見込まれる派遣スタッフに、派遣労働者が引き続き働くことを希望するときには、①派遣先への直接雇用の依頼、②新たな就業機会（派遣先）の提供、③派遣元事業主において無期雇用、④その他安定した雇用の継続が確実に図られると認められる措置のいずれかの措置を講じなければならない（法30条2項）としています。この義務の対象は、「特定有期雇用派遣労働者等」といわれ、次の

①～③（則25条）に該当するスタッフです。
① 派遣先の同一の組織単位の業務について、継続して1年以上就業する見込みがあって、予定されている派遣期間終了後も引き続き就業することを希望している者（特定有期雇用派遣労働者）
② 当該派遣元事業主に雇用された期間が通算して1年以上である有期雇用派遣労働者（特定有期雇用派遣労働者を除く。）
③ 当該派遣元事業主に雇用された期間が通算して1年以上である、今後派遣労働者として期間を定めて雇用しようとする労働者（いわゆる「登録状態」の者）

①の特定有期派遣労働者に対する雇用安定化は「措置」義務とされ、②と③については努力義務になっています（努力義務であっても法律上の義務であることに変わりはありません）。

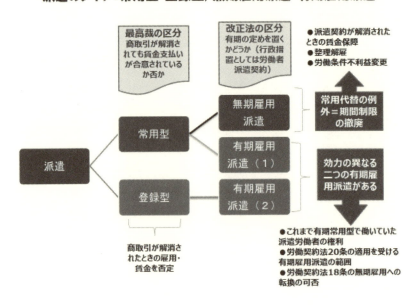

伊予銀行・いよぎんスタッフサービス事件の顛末

　正規行員とまったく同じ仕事に13年にわたって従事してきた女性が、上司のハラスメントに謝罪を求めたところ雇用を打ち切られたことを違法だとして働き続ける権利を主張した伊予銀行・いよぎんスタッフサービス事件で、裁判所は、「登録型派遣」であるかぎり雇用継続への期待は客観的に法的保護に値しない、派遣元と派遣先が締結する労働者派遣契約が終了してしまえば雇用継続はありえないと判断し、2009年3月に最高裁で確定しました。これが、リーマンショックに続く「派遣切り」や「日雇い派遣」の蔓延を後押ししたことは間違いありません。

　全国ユニオンと派遣労働ネットワークは、2009年9月、ILOに、日本の労働者派遣（登録型）制度と法の運用は、民間職業仲介事業所に関するILO181号条約に違反するとして、憲法24条にもとづく申立を行いました。このような司法判断を許すのが日本の労働者派遣制度だとすれば、労働法上の権利の完全な適用と差別を許さないとする本条約に違反するというものです。ILOは、2012年3月、登録型派遣で働く労働者には雇用継続への期待など法的に保護されないというのでは、ILO条約1条1項bの「雇用」に関する定義を充足していないという申立人の主張に留意し、一般勧告では派遣労働者の権利保障のためにすべての事例においてはっきりとした責任が確定できる法的枠組みの必要性を強調していることを注意喚起し、派遣先である伊予銀行は当局からなんらの是正指導も受けておらず、日本政府はILO181号条約11条が求めている労働者に対する十分な保護を怠っていた可能性があるとも指摘しました。そして政府に、181号条約に関する詳細報告の提出を求めました。

　ILO181号条約は、小泉内閣の構造改革路線のもと、労働者派遣対象業務を原則自由化する根拠として、ILO条約としてはめずらしく迅速に批准されたものでしたが、そもそも労働者の雇用と労働条件保障のための規制を確立すること、とくに、日本が批准していないILO111号や158号雇用終了条約などを前提にしており、正当な根拠なく生活の基盤を奪われない雇用の保障が求められていました。労働者派遣制度を見直すというのであれば、まずはこれらの未批准条約を批准することから始めるべきで、むしろ登録型派遣は原則禁止すべきでした。今度の派遣法の改正が、登録型派遣の原則禁止を取り下げたものの「雇用安定化措置」などを義務付けるに至ったのは、こうした動きも背景にありました。

1-4　派遣で働ける仕事と期間の限度

Q 派遣で制限なく働けるようになったのでしょうか？

A 新しい派遣制度のもとでも、業務による制限や期間制限を受けることがあります。期間制限の規制枠組みは新しく変わりましたが、厳しくなった点もありますので注意が必要です。

●派遣法の趣旨と基本的な規制枠組み

　労働者派遣は、法律で許された限られた場合しか認められません。なぜなら、この働き方は、労働法の規制が及ばない商取引（労働者派遣契約）を含んでいることから、スタッフの雇用を不安定にし、労働条件を切り下げる方向へ働く力が強く、派遣スタッフの生活はもちろん、派遣先社員の雇用や労働条件を脅かすからです。

　そのため派遣法は、目的に、「この法律は、職業安定法と相まつて労働力の需給の適正な調整を図るため労働者派遣事業の適正な運営の確保に関する措置を講ずるとともに、派遣労働者の保護等を図り、もつて派遣労働者の雇用の安定その他福祉の増進に資することを目的とする。」（法1条）として、常用代替防止を図るとともに（労働力需給の適正な調整を図る）、派遣スタッフの保護を十分にすることによって雇用の安定と労働条件を向上することを目的としました。労働者派遣の利用がその趣旨にしたがって規制されることは当然です。派遣会社は、許可基準を通じて規制されるほか、派遣できる対象業務や期間も規制され、法違反に歯止めをかけるための制裁もあります。その一つが、「労働契約申込みなし」制度です（法40条の6）。

●労働者派遣の禁止と例外

　禁止された労働者派遣は、表1のとおりです。それ以外でも表2（25頁）のように、業務や期間による制限を受けます。

新しい制度では、専門26業務による派遣を廃止することになりました。この業務は、専門性や特殊な雇用管理が必要なために、派遣先社員とは競合（競争）しないと考えられるため、期間制限なく受入れ可能とされてきたものです。これまでの26業務は、他の「自由化業務」と同じ扱いとなります。表2の1の無期雇用派遣であれば、期間制限なく受入れ可能ですが、2の有期雇用派遣（臨時

≪表1≫禁止される労働者派遣

	派遣の禁止	要件	是正措置
1	無許可業者からの派遣受け入れ	厚生労働大臣の許可がなければ業として労働者派遣を営むことはできない。派遣先は許可のない派遣元からの派遣受入を禁止される。	<派遣元>①助言・指導、②是正勧告・改善命令、③派遣元に対する派遣停止命令（適用除外業務）、④適用除外業務の派遣禁止違反には1年以下の懲役又は100万円以下の罰金、⑤派遣停止命令等に違反したとき6ヶ月以下の懲役又は30万円以下の罰金、⑥許可取消等
2	適用除外業務での派遣禁止	港湾運送・建設・警備・医療（ただし例外あり）を対象業務とする派遣は禁止される。派遣先は、受け入れた派遣労働者を前記業務に従事させてはならない。	<派遣先>①是正勧告企業名公表、②受入・活用制限違反に移管したときには、派遣先は雇用申し込みをしたものとみなされ、労働者が承諾の意思表示をしても就労させなかったときには、厚生労働大臣の助言・指導・勧告を受ける。是正勧告に従わなかったとき企業名公表
3	日雇い派遣	30日以内の有期雇用で雇い入れたものを派遣することは禁止される。（例外あり。派遣労働契約に関する規制であり、臨時的・一時的派遣の労働者派遣契約による期間制限とは異なる。）	①助言・指導、②是正勧告・改善命令、③派遣元に対する派遣停止命令（適用除外業務）
4	グループ企業派遣	派遣元事業主は、当該派遣元事業主の経営を実質的に支配することが可能となる関係にある者その他の当該派遣元事業主と特殊の関係のある者として厚生労働省令で定める者に労働者派遣をするときは、関係派遣先への派遣割合（一の事業年度における当該派遣元事業主が雇用する派遣労働者の関係派遣先に係る派遣就業に係る総労働時間を、その事業年度における当該派遣元事業主が雇用する派遣労働者のすべての派遣就業に係る総労働時間で除して得た割合として厚生労働省令で定めるところにより算定した割合をいう。）が100分の80以下となるようにしなければならない。	<派遣元>厚生労働大臣の助言・指導・勧告従わなかったときには必要な措置を講じる。<派遣先>前記必要な措置として許可取消・事業廃止命令がなされた後も派遣労働者を受け入れた場合には、労働契約申し込みとみなされる。
5	リストラ派遣	離職後1年を経過しない労働者を当該事業場に派遣し、あるいは労働者として受け入れることは禁止される（事業者単位）	<派遣元>①助言・指導、②是正勧告・改善命令、③派遣元に対する派遣停止命令（適用除外業務）ほか前記制裁<派遣先>助言・指導、是正勧告・制裁
6	その他の表1以外の違法派遣	①事前面接等により派遣先が派遣労働者を特定した派遣②労働者派遣契約に定められた対象業務を超えた派遣③クーリング期間（継続性）の脱法～派遣と雇用の繰り返し	①②については助言指導等、③については本表5により規制雇用申込みなし制度の適用はない。

第1章　派遣スタッフと派遣先社員の権利は両立できるか

的・一時的派遣）になると、3年ではありますが期間制限を受けることになります。このほか、**表2**の3のプロジェクトなど一定期間に限って必要とされる業務による派遣、4の出産・育児・介護休業を取得した労働者の代替要員としての派遣、5の通常の労働者の所定労働日数より相当程度少ない日数しか発生しない業務の派遣、6の6か月の制限期間のなかで派遣先への紹介を予定して行われる派遣（紹介予定派遣）は、これまでと同じ要件で認められます。

● 有期雇用派遣の期間制限

有期雇用派遣は、雇用の安定やキャリア形成に問題があるため、「臨時的・一時的な働き方」として位置づけ、あわせて、派遣先社員（常用労働者である正社員を想定しています）と入れ替えられるようなことがないよう、派遣労働者単位と派遣先事業場単位の両面から期間制限を受けます。

派遣労働者単位の規制は、派遣先で就業する組織単位ごとの業務について、同一の派遣労働者の派遣は3年以内に制限されます（法35条の2）。これには例外はありませんが、安定的な雇用への転換措置とともに、派遣先の組織＝部署を変更して同じ派遣先で働き続けることもできるようになっています。このように、派遣スタッフとして働き続けることになると、派遣先社員の雇用や労働条件にも問題が生じるため、常用代替防止のために派遣先の事業所単位に3年の期間制限を設けました。派遣先の事業所ごとの業務に係る派遣について原則3年（法35条の3）までで、派遣先事業所の過半数組合ないし代表者からの意見聴取手続きにより延長が認められます。

● 常用代替防止にかなった派遣スタッフの受入れ

常用代替防止とは、派遣労働者が現に派遣先で就労している社員（常用労働者）の代替を防止するだけでなく、派遣先社員の雇用の機会が不当に狭められることを防止することも含むとされています。派遣元・派遣先は、以上の趣旨をふまえて、事業所単位の期間制限

と個人単位の期間制限を守らなければなりません。そして、期間延長が認められる「事情聴取」手続きにあたっては、前述の常用代替防止の趣旨をふまえ、労使が情報を共有しあって延長の可否を決定することが求められます。

《表2》派遣が認められる場合

	派遣の種類	区分の方法(労働者派遣契約)	受入規制 業務	期間	派遣先の雇用責任
1	無期雇用派遣	労働者派遣契約に無期雇用労働者の派遣であることを明示	適用除外業務など《表1》以外は自由	なし	
2	有期雇用派遣(臨時的・一時的派遣)	労働者派遣契約に有期雇用労働者を派遣する旨の定め	適用除外業務など《表1》以外は自由	派遣労働者単位、派遣先事業場単位の2つの単位で継続して3年を上限。派遣労働者単位の3年は延長なしだが、派遣先単位では過半数組合ないし過半数代表者の意見聴取をして延長可	①特定有期雇用派遣について派遣先への雇用申込等の義務(1年継続で努力義務、3年継続で措置義務)・派遣先は努力義務。②期間制限を超えたとき雇用申込みなし制度の適用(助言・指導・勧告)
3	プロジェクト型派遣	法40条の2第1項2号の派遣であることを明示	事業の開始・転換・拡大・縮小又は廃止のための業務で一定期間内の完了が予定されているもの	3年	逸脱(違法)には雇用申込みなし制度が適用(助言・指導・勧告)。
4	出産・育児・介護休業・代替派遣	休業する労働者の氏名・休業期間・当該労働者の業務明示	出産・育児・介護休業する労働者ないしこれに準ずる場合における労働者の業務	休業期間	
5	日数限定業務派遣	日数限定業務であることを明示する	派遣先の通常の労働者の1ヶ月の所定労働日数より相当程度少ない日数(半分以下で上限10日)しか発生しない業務	なし	
6	紹介予定派遣	紹介を予定した派遣(期間終了前に派遣労働者と派遣先との間で雇用契約が締結される者を含む	適用除外業務のなかの医療業務及び適用除外業務以外の業務	6ヶ月(指針)	①雇い入れの指導 ②不採用の理由は派遣元に対して明らかにされ、派遣元は派遣労働者に書面で明示する(指針) ③採用後の雇用・労働条件は労働者派遣契約に明示 ④採用後の試用期間設定の禁止

1-5　派遣スタッフ・派遣先社員の権利を保障する仕組み

Q 派遣スタッフや派遣先社員の権利を保障する仕組みはどうなっているのでしょうか？

A 派遣スタッフと派遣先社員の権利を両立させることが求められます。派遣法は、そのための特別な規制を設けています。

●構造的リスクをカバーする権利保障の仕組み

　派遣という働き方は、雇用や労働条件が買いたたかれる構造があり、派遣スタッフと派遣先社員の雇用や労働条件に重大な影響を及ぼします。また、派遣元を蝶番(ちょうつがい)にして雇用と労働条件を決定せざるをえないため、労使が直接労働条件を決定できる通常の働き方よりミスマッチが生じやすいことが問題です。三者間では何といってもユーザー企業の力が圧倒的に強いので、正社員代替を促進させる違法な派遣や不合理な中途契約解除が横行したり、労基法や派遣法などの労働法にもとづく責任の所在があいまいにされて、権利の実現に困難が生じることも問題です。こうしたリスクを緩和させるために、適正な労働者派遣事業の実施と派遣労働者の権利保障の特別な規制を定めました。

●労働者派遣の禁止・受入制限

　前述した労働者派遣の禁止（表1）と利用制限（表2）の仕組みは、派遣スタッフと派遣先企業の社員の雇用と権利を両立させて守るためのものです。それを実現するには、規制の枠組みを逸脱した派遣先が、派遣スタッフを雇用したものとみなすことが求められます。2012年法では規制を逸脱した派遣先に、労働契約申込をしたとみなす規定（法40条の6）を導入し、それが2015年10月1日から施行されていますので、この規定を活かす取組みが求められます。

●労働法上の責任

　派遣スタッフにも、労基法や労安衛法、均等法などの労働関係法

規にもとづく権利があますところなく保障しなければなりません。派遣労働関係では、派遣元はスタッフに雇用主として責任を負担し、派遣先は労働者に指揮命令するものとして責任を負担しますが、派遣法では、そうした基本にたって、労働関係法規にもとづく責任を派遣元と派遣先に振り分けています（35頁参照）。

● 事業の許可制

　派遣先とスタッフの間にたって雇用や労働条件を決める蝶 番（ちょうつがい）としての役割を果たす派遣元がしっかりしないと、スタッフの権利を保障することはできません。そこで派遣法は、そうした役割を発揮し、スタッフに対して雇用責任を負うにふさわしい品格や資力が備わっているものしか労働者派遣事業を営ませないことにしました。新しい制度のもとでは、派遣事業を営むには例外なく厚生労働大臣の許可を得ることが求められ、許可基準を満たさなくなったときには、許可は取り消されます。許可取消しになった派遣元から引き続き労働者派遣を受入れていた派遣先は、当該労働者に、労働契約申込をしたとみなされることになります。

● 就業条件の明示と周知

　派遣という働き方はミスマッチが構造的に発生するので、派遣元は、雇用契約を締結したとき、一般の労働者と同じように労働条件通知書の交付が義務付けられるだけでなく、スタッフの派遣就業に先だって就業条件明示書を交付することが義務付けられます。派遣先は、就業条件明示書に示されたスタッフの就業条件を職場に周知させて、その内容を守るよう義務付けられています。また、スタッフの就業条件を適切なものにして権利を保障するため、労働者派遣契約と派遣労働契約に定めておかなければならない項目が決められており、その内容は書面に記載しなければなりません。

● 労働者派遣契約に関する規制

　労働者派遣契約は、企業間の「商取引」契約ですが、派遣スタッ

フの地位や労働条件を決定づけるものでもあるため、派遣法による規制を受けることになります。まず、労働者派遣契約に、労働者が派遣先に雇用されることを禁止する定めを置くことは許されません（法26条）。そして、労働者派遣契約の解除についても規制されます。派遣先は、性、思想信条、社会的地位、労働組合の加入などを理由に派遣契約を解除することは許されません（法27条）。また、派遣元は、派遣先が派遣法をはじめとする労働関係法規を守らなかったときは、派遣を停止したり労働者派遣契約を解除できますが、その場合、派遣先は、派遣元の契約不履行を理由に損害賠償請求することはできません（法28条）。

● 派遣元と派遣先の責任

労働関係法規にもとづく責任以外にも、労働者の雇用と適正な就業条件の確保のために、それぞれ守らなければならない事項が定められています。派遣元は、スタッフに対する適切な就業機会の確保、また適正な就業条件や教育訓練の機会の提供、福利の向上に向けた義務を負担し、労働者のプライバシー保護など人権を保障するための具体的な義務を負っています。派遣先も、派遣法の規制を守り、スタッフの権利の保障に漏れがないようにする義務を負担します。これらの義務を具体化した指針に従わなかったときには指導や勧告が行われることになっています。

● 苦情処理システム

派遣就労に関連して生じるトラブルを解決するため、派遣法は、特別な制度を定め、派遣元・派遣先各社に対してそれを守るよう求めています。まず、苦情処理については、派遣元責任者および派遣先責任者を選任して迅速かつ適正な苦情解決を図るよう義務付けています。また、労働者派遣事業適正運営協力員制度を設けて労働者派遣が法律にもとづいて適正に運用されるようにしています。

	派遣元が責任を負う事項	派遣先が責任を負う事項
労基法	均等待遇	均等待遇
	男女同一賃金の原則	
	強制労働の禁止	強制労働の禁止
		公民権行使の保障
	労働契約	
	賃金	
	36協定	労働時間
	1か月単位の変形労働時間制	休憩
	フレックスタイム制	休日
	1年単位の変形労働時間制の協定の締結・届出	時間外・休日労働（派遣元の36協定の範囲内で、時間外休日労働可能。ただし就業条件明示書の範囲に限る）
	時間外・休日労働の協定の締結・届出	
	事業場外労働に関する協定の締結・届出	労働時間及び休日（年少者）
	専門業務型裁量労働制に関する協定の締結・届出	深夜業（年少者）
		危険有害業務の就業制限（年少者及び妊産婦等）
	時間外・休日、深夜の割増賃金	坑内労働の禁止（年少者及び女性）、休憩、休日
	年次有給休暇	産前産後の時間外、休日、深夜業
	最低年齢	育児時間
	年少者の証明書	生理日の就業が著しく困難な女性に対する措置
	帰郷旅費（年少者）	
	産前産後の休業	
	徒弟の弊害の排除	徒弟の弊害の排除
	職業訓練に関する特例	
	災害補償	
	就業規則	
	寄宿舎	
	申告を理由とする不利益取扱禁止	申告を理由とする不利益取扱禁止
	国の援助義務	国の援助義務
	法令規則の周知義務	法令規則の周知義務（就業規則を除く。）
	労働者名簿	
	賃金台帳	
	記録の保存	記録の保存
	報告の義務	報告の義務

1-6　労働者派遣事業の許可

Q 厚生労働大臣の事業許可を受けていれば派遣スタッフの雇用が守られる保障はあるのですか？

A 派遣労働者の雇用安定化やキャリアアップのための措置を就業規則などに定めなければ許可されませんが、実際に権利が確保されるかどうかは、労働者の働きかけにかかっています。

●労働者派遣事業の許可

　労働者派遣を業として行うことを労働者派遣事業といいます。「業として」とは、一定の目的のもとに同種の行為を反復継続して遂行することをいうとされ、1回限りの行為でも反復継続の意思があれば「業として」行ったということになります。法律では、労働者派遣事業を営む事業主を派遣元事業主、派遣労働者を受け入れて指揮命令する事業主を派遣先事業主と呼ぶことにしました。

　これまでは、派遣契約が成立するつど雇用されて働く登録型派遣を行う業者は「一般労働者派遣事業」として大臣許可を得なければならず、常用型派遣のみを行う業者は、「特定労働者派遣事業」として届出をすれば事業を営むことができました。しかし、新しい制度では、すべて許可を得なければ営業できません。許可を受けるには、法6条の欠格事由に該当しないもので、許可申請の内容が法7条の許可基準に適合しなければなりません。

●欠格事由

　労働者派遣事業の許可要件のうち、許可の欠格事由に該当する者は、労働者派遣事業の許可を受けることができません（法6条）。法人については、労基法、職安法、労災保険法、厚生年金保険法などの労働関係法規に違反して罰金の刑に処せられ、その執行を終わり、または執行を受けることがなくなった日から起算して5年を経過していない場合や暴力団員による不当な行為の防止等に関する法

律や刑法に違反した場合も同様です。

●許可基準

　許可基準に適合しなければ労働者派遣事業の許可は受けられません（法7条1項、273頁以下参照）。

　第1に、「専ら派遣」を営まないことです。具体的には、当該事業が専ら労働者派遣の役務を特定の者に提供することを目的として行われるものでないことが求められます（法7条1項1号）。

　第2に、派遣労働者に係る雇用管理を適正に行うに足りる能力を有するものとして厚生労働省令で定める基準に適合するものであることが求められます（法7条1項2号）。具体的には、派遣労働者のキャリアの形成を支援する制度や雇用管理を適正に行うための体制が整備されていることが求められます（則1条の4）。キャリア形成や雇用安定のための一定の事項については就業規則などで周知されることが求められています。

　第3に、個人情報を適正に管理し、スタッフの秘密を守るために必要な措置が講じられていることです（法7条1項3号）。この個人情報の保護は、職務とは合理的に関連しないことによって不当に差別されない権利を保障するうえでも重要です。

　第4に、以上のほか、労働者派遣事業を的確に遂行できるだけの能力を、財産的、組織的、事業所の体制、適正な事業運営の内容について定められた基準を充足する必要があります。

　第5に、労働安全衛生について、労働者派遣契約に安全衛生に関する事項を記載していなければなりません。

●許可証の有効期間

　許可を受けたときには厚生労働大臣の許可証が交付されます。許可の有効期間は3年で、派遣元事業主が欠格事由に該当するときや、派遣法や職安法の規定および命令もしくは処分に違反したときなどには許可は取り消されます（法14条）。

●許可・届出のない事業主からの派遣受入禁止

　許可のない事業主からの労働者派遣の受入れは禁止されています（法24条の2）。禁止規定に違反した派遣先は、厚生労働大臣の助言・指導を受け、これに従わなかった場合には、是正のための勧告を受け（法49条の2）、これにも従わないときは企業名を公表されます。

　また、禁止規定に違反して派遣を受け入れた派遣先は、直接当該労働者に労働契約の申込みをしたものとみなされます（「労働契約申込みなし制度」、法40条の6）。この制度は、派遣元が許可をとらないで営業していることを告発したとき、派遣先が「違法なら」ということで労働者派遣契約を解除・打ち切りしてスタッフの雇用を奪うという理不尽な取扱いを許さないためのものでもありますが、派遣就労と同じ条件で雇用されるため、待遇格差や雇用期間の扱いをめぐって数多くの問題があります。

●許可制を活かす視点〜就業規則や労働契約の定めに注目

　許可制は、労働者派遣事業を、法の趣旨にしたがって適正に運営するための仕組みです。派遣スタッフの雇用や待遇の改善に関連する事項のなかでも、教育訓練や雇用の安定化、個人情報の管理については、就業規則などの規定に盛り込んでおかなければならず、それが許可基準になっています。就業規則などでスタッフに周知されていれば、その内容を派遣会社との労働契約にもとづいて権利行使できます。就業規則にどのような規定が盛り込まれているのか確認してください。もし許可基準で求められた権利を保障する規定がなかったり、基準を充たしていなかったら、都道府県労働局に相談してください。

グッドウイルの廃業〜データ装備費天引問題の顛末

　データ装備費名目でひとつの契約ごとに200円程度を賃金から天引きする日雇い派遣問題が派遣業界を大きく揺れ動かしたことがありました。この天引きは、労基法で禁止された「賃金からの天引き」「中間搾取」以外のなにものでもありませんでした。多くの労働者が「2年分の返還だけでは納得できない」と声を上げ、「不当利得」という形で過去10年分の賃金からの天引き分を返還せよと裁判所に訴えたのです。被告になったのは、急成長してきたグッドウイル。当時、グッドウイルの折口会長は「ニュービジネスの旗手」ともてはやされ、日本の財界の長が集う経団連の理事にも就任していました。日雇い派遣のもうひとつの大手フルキャストは、派遣ユニオンの要求と訴訟通告に全額返還に応じましたが、グッドウイルは拒絶したのです。訴訟では、グッドウイル側は、初めから日給を200円下げてもよかったがその金額では人が集まらなかった、と「データ装備費」が「経費」でもなかったことを吐露し、「労働者は仕事を断る完全な自由を持っていたのに、それでも仕事をしたのだから、データ装備費の天引きに同意していたも同然」などとして責任を逃れようと応戦しましたが、結局判決を得るまでもなく和解で、派遣労働者側の完全勝利解決となりました。

　ところで派遣ユニオンは、訴訟以外にも、グッドウイルの派遣法違反の事例を厚労省に申し立てていました。厚労省は、そのうちの港湾荷役業務への違法派遣について、2008年1月に事業停止命令（2〜4か月）を発し、同時に二重派遣を行っていた東和リースを刑事告発したことから、警視庁が動き出しました。2008年6月には、職安法44条（労働者供給事業の禁止）違反幇助の容疑でグッドウイルの支店長らが逮捕され、同24日、グッドウイルが同容疑で略式起訴されて罰金刑を課せられました。罰金刑を受けたということは、労働者派遣事業許可の欠格事由に該当することになります。したがって労働者派遣事業の許可は取り消され、もう派遣事業は営めなくなってしまいます。翌25日、グッドウイルは7月末を目途に廃業することを公表せざるをえないところまで追い詰められました。六本木ヒルズにオフィスをかまえて大々的に日雇い派遣事業を展開し、労働者から不法に中間搾取して富を築いた会社の落日であり巨悪が倒れた瞬間でした。

1-7　リストラ型派遣の禁止と派遣先社員の雇用

Q 派遣先社員の雇用の権利は定められているのですか？

A 派遣法は、「常用代替防止」を旨としており、派遣先社員が派遣に入れ替えられないようにする規制もあります。

●直接雇用の原則

　民法では、雇用契約は、当事者の一方が相手方に対して労働に従事することを約し、相手方がこれに対してその報酬を与えることを約束しあって成立し、その効力をもつと定めています（民法623条）。そして、使用者の権利を譲渡することを、「労働者の承諾を得なければ、その権利を第三者に譲り渡すことができない」と定めています（民法625条）。この雇用契約の基本を定めた民法の規定からすると、労働者が労働に従事する相手から直接雇用されて報酬を得るという関係＝直接雇用が原則であるということになります。

　2015年派遣法の制定にあたり、国会（参議院）では、この直接雇用の原則を確認し、正社員として働くことを希望している派遣労働者に正社員化の機会が与えられるよう、派遣元事業主と派遣先のそれぞれに派遣労働者の正社員化に向けた取組みを講じさせることや、国として派遣労働者の正社員化を促進する取組みを支援する具体的措置を含め最大限努力すべきという附帯決議が盛り込まれました。

●常用代替防止

　この原則は、派遣先に直接雇用されている社員が、派遣スタッフに仕事や雇用を奪われてリストラされてはならないこと、さらには直接無期限の雇用の機会が将来にわたって狭められてはならないことを示しています。派遣のような働き方を、直接雇用に対して「間接雇用」ということがあります。労働力を利用する側からみれば、

間接雇用のほうがコスト削減できるので重宝されますが、その分、直接雇用された労働者が派遣労働者に置き換えられてしまうことになります。このような「常用代替」は、直接雇用の原則とは相いれないもので、防止しなければなりません。

　派遣法の制定や改正のための国会審議のなかでは、いつもこの「常用代替防止」が派遣法の趣旨であることが確認されてきましたが、2015年改正法の審議にあたっては、前述の直接雇用の原則とともに、常用代替防止が派遣法の根本原則であること、それは派遣労働者が現実に派遣先社員を代替することを防止するだけでなく、派遣先社員の雇用の機会が不当に狭められないようにすることを含むものであることが付帯決議で確認されています。

●派遣先社員の雇用を守る～リストラ派遣の禁止

　派遣法は、労働者派遣の受入れ制限や、その制限を守らなかった派遣先に「労働契約申込みなし制度」（法40条の6）とともに、離職した労働者を派遣スタッフとして受け入れることを禁止しています（法40条の9）。派遣先は、直接雇用していた労働者で離職の日から起算して1年を経過しないものを派遣スタッフとして受け入れることはできません。そして、派遣元は労働者を派遣するときには派遣労働者の氏名を通知することになっていますが、この条項に違反することになるときは、すみやかに、その旨を派遣会社に通知することが義務付けられます（定年後再雇用者などの例外があります）。これまでも、社員を派遣スタッフに身分転換させて働かせる取扱いが問題になってきましたが、このようなことは「常用代替防止」の趣旨に反するため、前記の条件のもとで禁止されました。特定の派遣先に派遣することを目的とする派遣会社は派遣事業を営めないという許可基準も、この禁止規定とあいまって派遣先社員の雇用を守るための仕組みです。また、派遣スタッフを受け入れることを理由とする社員の解雇が許されないことはいうまでもありません。

1-8　派遣労働者の雇用の安定

Q 労働者派遣を臨時的・一時的な働き方と位置づけたということですが、短期しか働けないのでしょうか？

A 無期雇用派遣は期間制限がありません。有期雇用派遣については期間制限がありますが派遣労働者に対する雇用安定化措置が義務付けられています。これらの制度が派遣労働者の生活の安定と向上につながるかは今後の関係者の取組みにかかっています。

●派遣先社員の雇用の安定と派遣スタッフの雇用

　派遣法は、派遣先社員の常用代替防止と、派遣スタッフの雇用安定・福祉の向上を基本趣旨としています。本来は、これらを車の両輪のように保障することが、法律の適用・解釈に求められるべきでしたが、裁判所は、派遣法の基本趣旨が常用代替にある以上はそのために派遣労働者の雇用が犠牲になるのは当然だと判断しています。伊予銀行に13年にわたって契約を更新して働いてきた女性行員が、上司からのハラスメントに抗議したことをきっかけに、伊予銀行と派遣会社との派遣契約が解消され雇用を打ち切られたことが問題になった前出伊予銀行・いよぎんスタッフサービス事件の判断です。女性は伊予銀行の行員としてキャリアを重ねてきたのですが、裁判所は、「登録型」派遣労働契約を締結して働いていたと認定しました。その理由は、「常用型」派遣労働契約は労働者派遣契約が終了しても雇用を継続して賃金を支払うことを内容とするものであるが、そのような合意は認められないからというものです。そして、派遣法の基本趣旨とされる常用代替防止からすると、登録型派遣労働契約では、いくら長期に働き続けても、雇用継続への期待を法的に保護できないとし、派遣契約が解消された以上、派遣スタッフに働き続ける権利はないと判断しました。

この裁判所の判断には、各界から批判が寄せられ、派遣法の趣旨をきちんと貫ける法制度にすることが求められました。
　そもそも、常用代替防止と派遣スタッフの雇用の安定などの要請は両立するものです。ドイツやフランスの立法例のように、法律の規制を超えて働いているときには、派遣先に雇用されて働く労働者とみなすとしていればこのケースのような問題は生じませんでした。そして、究極の不安定雇用である登録型派遣を原則禁止して、派遣で働くなら常用型派遣としてスタッフにも安定雇用を保障すべきでした。

● 新しい派遣法の位置づけ

　新しい派遣法では、有期雇用の労働者派遣を、臨時的・一時的な働き方／利用と位置づけ、派遣労働者単位と派遣先事業所単位のふたつの側面から上限3年の期間制限を設けました。そのため派遣労働者は、ひとつの組織で最長3年を超えて働くことはできません。しかし、派遣元事業主は派遣スタッフ（これから派遣就業するスタッフを含みます）の希望、能力および経験に応じた就業の機会（派遣労働者以外の労働者としての就業の機会を含む）および教育訓練の機会の確保、労働条件の向上その他雇用の安定を図るために必要な措置を講じなければならないと定め（法30条の4）、指針で、就業機会の確保とともに、教育訓練等の具体的な措置を定めました（派遣元指針第2の2(2)イ、第2の8(4)、(5)）。派遣スタッフの雇用の安定については、国会の附帯決議を受けて、まずは直接雇用の推進を位置づけています。業務取扱要領では、「派遣労働者の中には直接雇用を希望する者も相当程度存在することから、派遣元事業主は、一般的な責務として、雇用する派遣労働者の希望に応じ、直接雇用の労働者として雇用されることができるように雇用の機会を確保し、その機会を提供するよう努めることが求められる。」「法第30条の4では就業機会の中に含まれる事項として「派遣労働者以

外の労働者としての就業の機会を含む」と記述しているだけであるが、このような趣旨にかんがみ直接雇用の機会の提供については雇用安定措置やキャリアアップ措置とあいまって積極的に行うことが求められる。」（第7の5⑵）としています。

● 特定有期雇用派遣労働者等の雇用の安定等のための措置

　新しい派遣法では、登録型を含む有期雇用派遣で働くスタッフの雇用安定化に向けた措置を派遣元・派遣先の両者に義務付けています。派遣先の同一の組織単位において3年の期間制限が設けられていることから、雇用主である派遣元事業主に派遣期間終了後に雇用が継続されるよう責務を課し、派遣労働者の雇用の安定を図ることとしました。3年未満でも派遣契約の終了により職を失うことがないよう、1年以上同一の組織単位に派遣されている労働者等については派遣会社に雇用安定を図る努力義務を課すことになりました。

　派遣元事業主は、個人単位の期間制限（同じ組織単位で3年）に達する見込みのスタッフが引き続き就業を希望するときは、①派遣先への直接雇用の依頼、②新たな就業機会（派遣先）の提供、③派遣元事業主において無期雇用、④その他安定した雇用の継続が確実に図られると認められる措置のいずれかの措置を講じなければならないと定められています（法30条2項）。①で直接雇用に至らなかった場合は、②から④のいずれかを講じなければなりません（則25条の2第2項）。

● 派遣先の正社員化義務

　派遣スタッフの中には、派遣先に直接雇用されることを希望しながら、やむを得ず派遣で仕事をしているスタッフもいるため、派遣元から直接雇用の依頼があったときは、派遣先も可能な限り雇用する等の責務を課すことが求められます。派遣先が協力しなければ派遣スタッフの直接雇用の実現は不可能です。そこで新しい派遣法では、派遣先に、直接雇用に関係した募集情報を提供して優先的に雇

用するよう義務付けました。詳細は第8章を参照してください。
● 無期雇用派遣労働者の雇用の安定

　新しい派遣法では、労働者派遣を「臨時的・一時的」働き方と位置づけましたが、無期雇用派遣はこれには該当しないということで、期間制限を受けないものとしました。派遣元事業主は、無期雇用派遣労働者の募集に当たっては、「無期雇用派遣」という文言を使用すること等により、無期雇用派遣労働者の募集であることを明示しなければなりません。

　しかし、無期雇用派遣も派遣の一つの形態ですので、登録型派遣と同じように、商取引を介して労働の買いたたきができるスタイルであることは変わりありません。したがって、派遣契約が終了させられたときには、仕事を失い、雇用や賃金が脅かされる恐れがあります。

　そのため、指針や許可基準で、労働者派遣が終了した場合であっても、当該労働者派遣の終了のみを理由として当該労働者派遣に係る無期雇用派遣労働者を解雇してはならないこととしました。そして、労働者派遣事業の許可を得ようとするときには、無期雇用派遣労働者を労働者派遣契約の終了のみを理由として解雇しないことを証する書類を提出しなければなりません。つまり、派遣元事業主は、労働者派遣契約の終了や変更に関する事項とともに解雇に関する前記の事項を定めた就業規則または労働契約書を作成し該当箇所の写し等の提出が求められます。スタッフにはこの就業規則や労働契約の規定にもとづく権利があります。

1-9 差別の禁止と均等待遇

Q 派遣スタッフの低い待遇の改善のためには、どのような取組みが必要になるのでしょうか？

A 派遣スタッフであることを理由とする差別を禁止し、派遣先社員との均等待遇の実現が不可欠ですが、権利保障はまだまだです。

● 派遣スタッフの格差

　派遣スタッフの多くが、派遣先社員との間の待遇上の格差に疑問をもっています。自分の役割や仕事に対する公正な評価が行われていないと悩み、差別されていると実感しています。派遣は「安くて便利」な道具にすぎず会社の仕事にともに挑んで働く仲間・職場の一人として尊重されていないことを反映しています。派遣制度は、企業内で調達できない専門技能や特別な雇用管理が必要な業務しか認めないという当初の仕組みから、業務による制限をなくして「臨時的・一時的」な性格を与えられるようになり、スタッフが派遣先の組織に有機的に組み込まれて仕事をするのが当たり前になってきました。しかし、それとともに賃金は下がり続け、派遣先社員の補助道具のような身分差が痛感されるようになっています。

　派遣スタッフの賃金や待遇の格差を放置すると、同じ仕事についている派遣社員の常用代替を促進することにつながります。こうした格差は、性別や障害、年齢などの属性、職務と配置、雇用期間（常用型・登録型）、派遣社員であること、などの要因が複合しています。特に登録型派遣は、商取引が事実上雇用や賃金などの労働条件を決めますので、これらの要因にもとづく不合理な格差を取り除いて均等待遇を確保することが求められます。

● 不合理な差別・格差を取り除くための法規制は不充分

　性別・障害・年齢といった属性にもとづく差別の禁止は、均等法、

障害者差別解消法、雇用安定法に定められていて、派遣先も「事業主」として差別をなくす責任を負担することになっています。雇用形態を理由とする不合理な差別の禁止は、パート法や労契法に定められていますが、労働契約を規律するもので、商取引＝労働者派遣契約は規制されません。それに、有期の定めを置くことを理由とする不合理な差別を禁止している労契法20条は、同じ派遣元に雇用される常用型・無期雇用派遣労働者と有期雇用派遣労働者との間の格差を埋めるのに役立ちそうですが、登録型の有期雇用派遣労働者との不合理な格差をなくすためにどのように役立つかは未知数です。そして、何より派遣労働者であることを理由とする差別を禁止する規制はありません。

● 派遣労働者の個人情報保護と特定行為の禁止

　派遣先によるスタッフの差別的選別をさせないために、派遣労働者を特定することを目的とする派遣先の行為は禁止されています。派遣元は、それに協力する行為を禁止されます。

　「特定を目的とする行為」への「協力」とは、派遣先からの派遣労働者の指名行為に応じることだけでなく、派遣先への履歴書の送付や事前面接への協力のように、派遣先がスタッフを特定するために行われる行為をすべて含みます（法26条6項）。

　この規制は、あくまで個々の派遣労働者の特定につながる行為を禁止する趣旨ですので、一定の技術や技能の水準を特定することは含みません。派遣先の仕事に必要な技術・技能の水準が明確で、派遣元が派遣先に候補となるスタッフのスキルシートの提供を行うときには、スタッフのいまの技術・技能レベルと経験年数の情報提供だけが許されることになっています。

　また、スタッフが、就業先を選ぶのに自分自身の判断で職場訪問することは禁止されていませんが、職場訪問などを行わないことを理由とする不利益な取扱いは許されません。

●均等待遇のための派遣元の責任

　派遣労働者であることを理由とする差別を明確に禁止する規定はありませんが、派遣スタッフと派遣先社員との待遇格差が問題になってきたことを受けて、派遣法は、均等・均衡処遇の実現に向けた派遣元と派遣先の義務を以下のように定めました。

　第1に、派遣元事業主は、同種の業務に従事する一般の労働者の賃金水準または派遣スタッフの職務の内容や成果、意欲、能力もしくは経験等を考慮して、派遣スタッフの賃金を決定するよう配慮しなければなりません（法30条の3第1項）。

　第2に、派遣元事業主は、教育訓練や福利厚生などの派遣スタッフが円滑に派遣就業できるための必要な措置を講じることも配慮しなければなりません（法30条の3第2項）。

　第3に、派遣元事業主は、その雇用する派遣労働者から求めがあったときは、均衡待遇の確保のために配慮すべきとされている事項に関する決定をするに当たって考慮した事項について、派遣スタッフに説明しなければなりません（法31条の2第2項）。

●派遣先の均衡待遇確保に向けた責任

　派遣スタッフと派遣先社員の均衡待遇を推進し、派遣労働者の処遇改善を図る責任は派遣先にもあります。それは、派遣先も派遣スタッフの就業に一定の責任を負担する「使用者」であり、賃金等の待遇は基本的には派遣元の責任になりますが、実質的には派遣先の協力がないとその確保が不可能だからです。派遣法でも、派遣先も、教育訓練、福利厚生、賃金に関し、以下のように派遣先に義務付けています。

　第1に、派遣先社員と同種の業務に従事する派遣スタッフに対しても、派遣元事業主からの求めに応じて、派遣先社員に実施している教育訓練を実施するよう配慮する義務があります（法40条2項）。

　第2に、派遣先社員に利用機会を与えている福利厚生施設のうち、

給食施設、休憩室、更衣室については、派遣スタッフにも利用の機会を与えるようにしなければなりません（法40条3項、則32条の3）。食堂、休憩室、更衣室は、業務の遂行を円滑にするために必要なものですが、そうした施設の利用に、派遣スタッフと派遣先社員で異なる取扱いをするのは理不尽だからです。

第3に、賃金の均衡均等処遇については、派遣先の協力が不可欠であることをふまえ、派遣先に、派遣元事業主の求めに応じ、派遣スタッフと同種の業務に従事する派遣先社員の賃金水準についての情報を提供するよう配慮義務を課しています（法40条5項）。

第4に、派遣先は、派遣元事業主の段階的かつ体系的な教育訓練やキャリア・コンサルティング、賃金等に係る均衡待遇確保に向けた措置が適切に講じられるよう、派遣元事業主の求めに応じ、派遣スタッフと同種の業務に従事する派遣先社員の情報や、派遣スタッフの業務の遂行の状況などの情報を派遣元事業主に提供するよう努力義務が課せられています（法40条6項）。「業務の遂行の状況」というのは、仕事の処理速度や目標の達成度合いに関する情報で、派遣先の能力評価の基準や様式により示されたもので足りるとされています。派遣元事業主が派遣スタッフの能力評価を行うときには、派遣先から得た情報だけでなく、自ら収集した情報にもとづいて評価を行う必要があることは言うまでもありません。

● 派遣先社員の課題として取り組む

常用代替防止を実現して派遣先社員の雇用を確保するためにも、均等待遇の確保は不可欠です。したがって、派遣スタッフの均等待遇は、派遣先社員自身の課題です。そのためにも、一緒に働く派遣スタッフが派遣先社員のおかれた立場を認識し、次の意見聴取制度や労働組合の権利を行使して格差を解消する取組みを進めることが求められます。

1-10 意見聴取制度

Q 不十分な派遣スタッフの権利を確保するため、常用代替防止の観点から、派遣先で労使交渉の議題にしたり「意見聴取制度」の手続きを利用できますか？

A 十分可能です。

● 派遣先事業所単位の期間制限と派遣先社員の権利

　常用代替防止の観点から、派遣先の事業所等ごとの業務に係る派遣について原則3年までとする事業所単位の期間制限（法35条の3）が設けられています。派遣労働への固定化防止の観点から、派遣先の就業の組織単位ごとの業務について同一の派遣労働者の派遣を3年までとする個人単位の期間制限（法35条の2）が例外を許さないのに対し、事業所単位の規制には、例外的に延長が認められます。しかし、野放図な延長は許されないので、派遣先事業所の過半数組合ないし代表者からの意見聴取手続きを経たときには延長を可能にしました。

　現場をかかえる仕事と職場の状況をふまえた手続きが制度化されたものですが、それなら、本来は、雇用の権利の主体である派遣先社員こそ、常用代替防止が実際に可能かどうかを判断する主体というべきです。そうであれば、3年の期間を延長するには、過半数組合ないし過半数代表者との協定の締結を要件とすべきです。しかし派遣法は、意見聴取手続きをとれば、いくら過半数組合ないし代表者が延長に反対しても、期間延長できるようにしました。

　この不十分さを補うため、意見聴取手続きについては、指針（派遣先指針第2の15）で適切かつ確実な実施のための決まりを義務付け、その手続きがなかった場合や、形式的に手続きはふんでも手続きに問題があって、意見聴取そのものがなかったに等しいときに

は、派遣先が派遣スタッフに雇用申込をしたものとみなすことになりました（法40条の6）。

常用代替防止の趣旨は、参議院附帯決議のなかで、「派遣労働者が現に派遣先で就労している常用雇用労働者を代替することを防止するだけでなく、派遣先の常用雇用労働者の雇用の機会が不当に狭められることを防止することを含むものであり、このことに十分留意し、労働者派遣法の規定の運用に当たること。特に、派遣先が派遣労働者を受け入れたことによりその雇用する労働者を解雇することは常用代替そのものであり、派遣労働の利用の在り方として適当でない旨を周知すること。」とされています。意見聴取手続きは、当然のことながら、この付帯決議の内容にそったものでなければなりません。法に定められた手続きを活かすも殺すも、職場での取組み次第です。

●過半数組合等への通知・情報提供

意見聴取の際には、過半数労働組合等に、①労働者派遣の役務の提供を受けようとする事業所その他派遣就業の場所、②延長しようとする派遣期間を書面により通知する必要があります（則33条の3第1項）。

また、派遣先は、過半数労働組合等に意見を聴くに当たっては、派遣先の事業所等の業務について、労働者派遣の役務の提供の開始時（派遣可能期間を延長した場合は、当該延長時）から当該業務に従事した派遣労働者の数および期間を定めないで雇用する労働者（正社員）の数の推移に関する資料など、意見聴取の参考となる資料もあわせて提供する必要があります。意見聴取の実効性を高めるため、過半数労働組合等から要求があったときには、部署ごとの派遣労働者の数、各々の派遣労働者に係る労働者派遣の役務の提供を受けた期間などの情報を提供することが望ましいとされています（派遣先指針第2の15（1））。

●過半数代表者の要件

　過半数代表者として意見聴取手続きの主体となるためには、①労基法41条2号に規定する監督または管理の地位にある者でないこと、②派遣可能期間の延長に係る意見を聴取される者を選出する目的であることを明らかにして実施される投票、挙手等の方法による手続により選出された者であること、が必要です（則33条の3第2項）。「投票、挙手」のほか、労働者の話合い、持ち回り決議等労働者の過半数が当該者の選任を支持していることが明確になる民主的な手続がふまれていることが必要です。なお、労働者が過半数代表者であることもしくは過半数代表者になろうとしたことまたは過半数代表者として正当な行為をしたことを理由とする不利益な取扱いは禁止されています（則33条の5）。

　また、意見を聴取した過半数代表者が、使用者の指名等の民主的な方法により選出されたものではない場合、派遣可能期間の延長手続のための代表者選出であることを明らかにせずに選出された場合、管理監督者である場合については、意見聴取が事実上行われていないものと同視できることから、「労働契約申込みなし制度」（法40条の6）の適用があります。

●派遣可能期間の延長を決めたときしなければならないこと

　派遣先は、派遣可能期間を延長するに当たっては、施行規則で定める事項を書面に記載して事業所単位の期間制限の抵触日から3年間保存すること（則33条の3第3項）、また派遣可能期間を延長するに当たっては、当該事業所の労働者に周知することが義務付けられています（則33条の3第4項）。

●過半数組合等の異議申立

　過半数組合等は、派遣可能期間の延長に反対する意見を述べたり、延長する期間を短縮するよう要求したりすることができます。今回限り延長を認めるといった意見や、受入派遣労働者数を減らすこと

を前提に延長を認めるといった条件付き賛成の意見を述べることもありえます。こうした異議が唱えられた場合には実質的に話し合いで解決することが求められます。

　労働組合であれば、これらの意見を持つときには、意見聴取手続きのなかで異議を述べることとあわせ（この手続きは派遣労働者の雇用にもかかわるものですから必ず出してください）、団体交渉で話し合って解決すること方法もあります。

● 派遣先の説明責任

　派遣先は、過半数労働組合等が異議を述べたときは、事業所単位の期間制限の抵触日の前日までに、当該過半数労働組合等に対し、①延長しようとする期間およびその理由、②過半数労働組合の異議（常用代替に関する意見に限る）への対応に関する方針を説明しなければなりません（法40条の2第5項、則33条の4第1項）。派遣先は過半数組合等に対して十分考慮して意見を取りまとめる期間を保障する必要がありますし、聴取した意見を十分尊重して再検討を加え、派遣可能期間を延長しないことにしたり、提示した延長する期間を短縮するなど、過半数労働組合等の意見を十分に尊重して対応しなければなりません。こうした義務付けは、労使自治による実質的な話合いの仕組みを確保しようとするものですので、労使合意に至る努力が求められます。労働組合が団体交渉によって問題を解決しようとするときには、説明責任を尽くさず労使の交渉をないがしろにすることは、労組法7条の団体交渉拒否＝不当労働行為として救済申立の対象になります。

　また、常用代替防止の趣旨からすると、派遣を受け入れる前に意見聴取を実施したり、労働組合との間で話し合って導入を決定するなどのことも求められます。その場合でも、複数回分の意見聴取をまとめて意見聴取し、3年を超えて期間延長しておくことは許されません。

第2章
派遣で働き始める、派遣を受け入れる

---------- POINT ----------

- 派遣登録は複数の派遣会社にできる
- 許可された派遣会社かどうか確認しよう
- 働く前には雇用と労働条件を確認しよう
- 事前面接での差別・ハラスメントは許さない
- 派遣先が採用行為を行えば派遣労働者との雇用関係が成立する可能性がある
- 日雇い派遣の直前キャンセルには賃金補償を請求しよう
- 就業条件明示書に記載がない業務は拒否できる
- 労働者派遣規制における原則と例外を理解しよう
- 偽装請負を受け入れた派遣先には「労働契約申込みなし規定」が適用される
- 「細切れ労働契約」の規制が必要
- 紹介予定派遣は試用期間的な派遣の利用
- 役に立つ派遣活用チェックポイント

2-1 派遣労働者になる

Q 派遣で働く際のリスクについて教えてください。

A 派遣は「間接雇用」と呼ばれ多くの構造的な問題をかかえています。とりわけ登録型派遣は、「究極の不安定雇用」といわれるリスクがあります。

● 派遣で働くリスク

派遣スタッフは、雇用契約を結んだ会社とは別の会社で、その指示のもとで働きます。直接雇用責任を負わない派遣先がスタッフを指揮命令することが可能になり「間接雇用」とも呼ばれます。

間接雇用の場合、仕事は派遣先との契約に左右されます。派遣先は採用、賃金・社会保険、その他労務管理の負担がなくなり使用者責任が軽減されるというメリットがありますが、派遣スタッフにとっては、権利行使や意見反映が困難になり、雇用の不安定や労働条件の格差も生じやすい構造にあります。

そのため、派遣会社は新たに雇用する派遣スタッフや雇用している労働者を新たに派遣の対象にしようとする場合には、労働者の同意を得ることを必須としています（法32条）。

● 登録関係とは？

派遣労働契約には無期（派遣期間制限も適用除外です）と有期があります。有期の登録型派遣は、登録している状態では雇用関係はなく、派遣が終了するたびに雇用関係は解消することになるため、「究極の不安定雇用」となるリスクに注意する必要があります。

ですから、登録型派遣スタッフは複数の派遣会社に登録しておき、現在の仕事が終了した時に備えているのが普通です。厚生労働省の「平成24年派遣労働者実態調査」では、登録型派遣労働者で1か所の派遣元事業所にしか登録していない人は51.6％で、2か所が19.0

％、3か所が13.3％になっています。

　派遣会社は派遣先のニーズに合致する技能を持ったスタッフを選定して派遣する「マッチング」が仕事です。派遣スタッフの新しい就業先をさがす努力をしないでいいというわけではありません。派遣スタッフ「各人の希望、能力及び経験に応じた就業の機会……及び教育訓練の確保、労働条件の向上その他雇用の安定を図るために必要な措置を講ずることにより、これらの者の福祉の増進を図るように努め」なければなりません（法30条の4）。

●登録の手続きと個人情報の取扱い

　派遣会社に登録したいと連絡をとると、履歴書、写真、職務経歴書、給与振込口座番号が確認できるものなどを持参するよう指示してきます。それを持って派遣会社に行くと、派遣システムやその派遣会社の規則、待遇などの説明が行われ、応募書類の提出と登録シート（職歴、希望する条件など）への記入を行うことになります。

　その後、適性検査、一般常識テスト、スキルチェック（コンピュータの入力テストなど）や面談も行われます。なかでも実際の仕事の能力が重視されますから、職務経歴書には、どういう仕事をしてきたか、何が得意かなどわかりやすく細かく書くようにしましょう。

　派遣法スタート直後には、スタッフの写真つき履歴書が派遣先にファックスで送られ職場で回覧されるなど、ずさんで人権を無視するような個人情報の取扱いが問題になり、個人情報管理を適正に行えるかが許可基準に組み込まれるようになりました（法7条）。

　収集できる個人情報の範囲は派遣労働者の業務遂行能力に関する情報に限定されます。①人種、民族、社会的身分、門地、本籍、出生地その他社会的差別の原因となるおそれのある事項、②思想および信条、③労働組合の加入状況などの情報を収集することはできません（派遣元指針第2の10(1)）。家族の職業や収入、容姿やスリーサイズ等差別的評価に繋がる情報もNGです。

2-2 派遣会社が厚生労働大臣許可を受けているか

Q 派遣会社を選ぶ場合にどんなことに気をつけたらよいでしょうか？

A 派遣会社は全面許可制になりました。まず許可をとっているかインターネットで調べましょう。優良事業所や行政処分等を受けた事業所も検索できます。

● 労働者派遣事業は全面許可制に

　派遣会社を選ぶ時は、まず、その会社が許可の手続きを行っているかどうかを確かめましょう。

　2015年の法改正前は、届出制の「特定労働者派遣事業」（常用型雇用の労働者のみを派遣）と許可制の「一般労働者派遣事業」（登録型派遣を行うことができる）の2種類の派遣事業がありました。そして、2008年のリーマンショック時に大量派遣切りが社会問題化した後、許可業者は減少の一途をたどりましたが、その一方で、届出業者は毎年増加を続けてきました。

　しかし、「常用型」の定義があいまいであること、違法業者が横行していることへの批判が強まるなかで、業者規制を強化すべきだとの声が高まりました。そのため、2015年の法改正で、労働者派遣事業は一本化され全面許可制となりました（ただし、2018年までは経過措置として届出業者の事業継続が認められています）。

● 許可規制の内容

　許可を受けるには、まず法6条に定める「欠格事由」をクリアしなければなりません。労働関係法違反で刑罰を受けた者、暴力団関係者などは許可を受けることはできません。

　そのうえで、許可申請を行った業者は、①専ら特定の者にサービスを提供することを目的としていないか、②派遣労働者の雇用管理を適正に行えるか、③個人情報管理を適正に行えるか、④事業を的

確に行える能力があるか（財産要件等）などの許可基準（法7条）に適合しているかについて審査されます。

　①は、「専ら派遣の禁止」と呼ばれるもので、企業グループ内への派遣割合が8割以下であることが求められます。②の内容として、2015年の改正では、新たに「派遣労働者のキャリアの形成を支援する制度を有すること」、「就業規則や労働契約に、派遣契約の終了のみを理由として解雇できる規定がないこと」、「次の派遣先が見つからない等で休業させた時には休業手当を支払う旨の規定があること」などが許可基準に加えられました。

●許可事業者のインターネットによる確認

　労働者派遣事業として許可されると厚生労働大臣から事業所番号が付与されます。派遣会社は、事業所番号を事業所に明示しなければなりません。

　派遣会社が許可・届出を行っているかどうかは、厚生労働省職業安定局の「人材サービス総合サイト」で確かめることができます（http://www.jinzai-sougou.go.jp/index.aspx）。

2-3 働く前に確認しておきたい雇用と労働条件

Q 派遣の場合、雇用契約を結んだ派遣会社とは別の事業所（派遣先）で働くことになりますが、契約書どおりの労働条件がきちんと守られるのでしょうか？

A 派遣という働き方では、実際に派遣先に行ってみたら、仕事内容や労働条件が違うといったトラブルが起こりがちです。そのために派遣法では就業条件明示書の事前交付など独自のルールを定めています。

●労働条件の文書による明示

　労基法は、「使用者は、労働契約の締結に際し、労働者に対して賃金、労働時間その他の労働条件を明示しなければならない」（15条）として、明示しなければならない14の項目を指定しています（労基則5条）。そのうち、①契約期間・更新基準、②就業場所と業務、③労働時間、④賃金、⑤退職に関する事項については文書で明示しなければなりません。派遣元が労働条件通知書を交付しないときは交付を要求しましょう。

●就業条件明示書の事前交付

　派遣法では、上記労働条件通知書に加えて、派遣先で働く際の「就業条件明示書」を就業前に派遣労働者に交付するよう義務付けています。これには、業務内容、就業場所・就業先の組織単位、派遣先の指揮命令者、派遣期間、就業日・就業時間、安全衛生に関する事項、苦情処理の申出先などを記入しなければなりません。モデル就業条件明示書（276頁以下）にそって、就業条件を事前に確認しておきましょう。とりわけ「就業先の組織単位」には3年の期間制限がかかりますので注意が必要です。

●事前明示違反の派遣元には罰金

　就業条件の事前明示は、あくまで派遣に先立って行わなければな

りません。派遣によっては、派遣までに時間的余裕がないとき口頭で主な条件だけを知らせてくることがあります。しかし、個別の請求があればFAX、メールなども含めて明示しなければならないことになっていますから、きちんと請求することが大切です。

就業条件の事前明示を怠った派遣会社には、30万円以下の罰金、さらには許可取消し等の処分の対象になります（法6条1項、14条1項1号）。

就業条件が違うなど、派遣スタッフから苦情の申し出があった場合、派遣会社と派遣先は連絡を取り合って、これを迅速に解決しなければなりません。

「終業時刻は5時と聞いていたのに、派遣先で5時半まで働いてほしいと言われた。」といったときには、まず派遣会社の責任者（派遣元責任者）に連絡を取り、派遣会社の方から派遣先に申し入れてもらうといいでしょう。トラブルになりそうな問題は、最初のうちに解決しておくことが重要です。

●派遣先は派遣先社員にスタッフの就業条件を周知する

また、派遣先社員が派遣労働に対して無理解であることが原因のトラブルもよくあります。そこで派遣スタッフを受け入れる職場では、スタッフの就業条件を記載した書面を交付するか、就業場所に掲示するなどして、派遣先の社員にスタッフの就業条件を周知させることが派遣先指針に定められており、行われていなければ、指導や勧告の対象になります（第2の2(1)）。

これらの手続きがきちんと行われていないときには、派遣会社の担当者に相談して派遣先に申し入れてもらいましょう。

2-4 事前面接時の差別・ハラスメント

Q 派遣先が決まる時には、派遣先の面接があると聞きました。そういう場合の対処方法を教えてください。

A 派遣先は労働者を選抜することはできず、労働者派遣に先立っての面接も認められていません。面接時の差別・ハラスメントには毅然とした対応をとりましょう。

●派遣先は派遣労働者を選抜してはならない

　派遣会社から仕事を紹介されるとき、たいてい派遣先に面接に行くよう指示されます。

　しかし、このような派遣に先立って派遣先が行う面接は、雇用主が行う「採用」行為にあたり、派遣法違反となります。労働者派遣では、誰を派遣先に派遣するかの決定権は、あくまでも派遣会社にあるのです。

　法26条6項は、派遣先による派遣スタッフの「特定することを目的とする行為」を禁止しています（紹介予定派遣の場合を除く）。「特定することを目的とする行為」とは、①労働者派遣に先立って面接すること、②派遣先に派遣スタッフの履歴書を送付させること、③「35歳まで」といった年齢を限定すること、などとされ（派遣先指針第2の3）、派遣会社がこれに協力する行為も派遣元指針で禁止されています（派遣元指針第2の11）。

●派遣先のスタッフ面接の注意点

　しかし、派遣先指針が、派遣労働者が「自らの判断の下に行う派遣就業開始前の事業所訪問」（第2の3）を許容していることを利用して、「職場見学」等の名目で事前面接が横行しているのが現実です。

　派遣労働ネットワークの実施した「派遣スタッフアンケート2013」では、事前面接等の経験者は60％にのぼりますが、そのう

ち訪問前に「職場見学の希望を確認されたことがある」は32％にすぎません。

同じアンケートでは、事前面接等による被害を訴える声で満ちています。「仕事が決まらなかった」27％、「派遣決定まで長い間待たされた」18％、「面接でプライベートなことを聞かれた」16％、「複数派遣会社間の競合に参加させられた」16％、「履歴書などの個人情報が派遣先にわたった」15％、「年齢を理由に断られた」15％、「セクシュアルハラスメント、パワーハラスメントにあった」10％などとなっています。

明確な被害を受けた場合には、指導を担当する労働局の需給調整事業部（課）に改善を求めましょう。

派遣先が事前面接でハラスメントを行ったとき、それが違法と判断されるときは、賠償請求することができます。また、年齢・容姿・性別・障害などを理由として派遣の受け入れを断られたときも同様です。このような事前面接に協力した派遣元も、連帯して責任を負うべきです。

> **大量の個人情報が流出したテンプスタッフ事件**
>
> 1998年春、大手派遣会社に登録していた女性数万人のデータが名簿業者に売られているとの報道がありました。流出した情報は、氏名や住所などのほかにABCの3段階ランクの「容姿情報」が記載されていました。
>
> これに対する損害賠償請求裁判では、会社はランク付けを当初否定していましたが、面接の際のマニュアルにあった容姿ランクをつける際の基準「A. 華があり、すれ違ったとき、あっ美人だなと思う人、B. 普通、C. ちょっと」が発覚し、裁判は半年で和解が成立し、個人情報保護協定も結ばれました。
>
> 労働者の個人情報管理に警鐘をならした事件でした。

2-5　事前面接による派遣受入れ拒否

Q 派遣が決まり、就労前の事前打ち合わせということで派遣先に行ったところ、その翌日派遣会社から断りの電話がはいりました。

A 派遣労働契約が成立していれば、派遣元の雇用責任が問われます。派遣先が採用行為をした場合には、派遣先の責任を問うことも可能です。

● 採用行為を行った派遣先には雇用関係成立の可能性

　Q2-4で述べたように、派遣先が面接などによって、派遣労働者を選定する行為は禁止されています。厚労省は「派遣先が事前面接を行って派遣決定が行われた場合には、派遣先と派遣スタッフとの間に直接の雇用契約関係が成立しているとみなされる可能性がある」との見解を示しています。

　事前面接どころか派遣先が選抜試験をするケースもありますが、これなどは明らかな採用行為です。こうした場合には、派遣先の雇用責任を問題にできる可能性があります。不当に受入れを拒否されたことに対する損害賠償請求も可能です。

● 事前打ち合わせの場合は派遣元に賃金等を請求する

　面接に行く前に派遣会社から、就業場所や仕事の内容、賃金、労働時間などが示されていて、あなたがそれに同意していた場合には、すでに派遣労働契約が成立しています。

　そうであれば、実際に仕事をするうえで何も問題はないのに派遣先が受け入れないから契約も終わりというのは合理的理由のない解雇にあたります。派遣会社に賃金などを請求することも可能です。派遣会社は、派遣法の趣旨に反するような受入拒否を是正できない限り、スタッフに賃金を支払う責任を負っています。

●受入拒否の場合でも日当・交通費を請求する

　契約が確定しない段階で、事前面接を受けた結果、派遣を断られた場合は、どのように対処すればいいでしょうか。

　このような場合でも、違法な事前面接だと言われたくなければ、派遣会社は、「派遣は決まっていた」「仕事の打合せだった」と言わざるをえないのではないでしょうか？だとすれば、仕事の打ち合わせというのは、業務の一環ですから、派遣会社はスタッフに、打ち合わせにかかった日当（時給）と交通費を支払ってしかるべきでしょう。最低限、当日の日当と交通費を要求しましょう。

ユニオンと派遣会社が締結した「事前面接」に関する協定書例
　ぜひ活用してほしい派遣会社と労働組合との協定事例です。

> 　会社は、以下のいずれかに該当する行為を労働者派遣法および厚生労働省指針で禁止されている「事前面接」にあたると認識し、派遣労働者を受け入れようとしている事業主に対して同行為を行わないよう努力義務があることを周知するとともに、同行為への協力を行わないよう努めるよう社内で周知する。
> 　① 登録スタッフの希望がある場合を除き、登録スタッフとの間で雇用契約が成立する前に、同スタッフを派遣先に訪問させること。
> 　② 派遣労働者が派遣先に「訪問」した後に、派遣先の判断によって雇用契約が不成立となる可能性のある、または成立していた雇用契約が履行されない事態が生じる可能性のある「訪問」。

2-6 派遣先に行ってみたら「仕事がない」

Q 日雇派遣で働いています。仕事の予定が入ったにもかかわらず、前日にキャンセルされることがたびたびあります。

A 就業条件通知書交付後の直前キャンセルであれば、使用者の「責めに帰すべき事由」（民法536条2項）による休業にあたると考えられます。賃金の全額請求が可能です。

●問題の多い日雇派遣

　2012年の派遣法改正で日雇派遣および30日以内の短期雇用契約の派遣が原則禁止されました（法35条の4）。

　もともと日雇労働は、究極の不安定雇用であり、労働者の生活を著しく損なうことから、無制限に拡大することは好ましくないことと考えられており、日雇労働で働く労働者については、日雇雇用保険による保護がなされてきました。ところが、1999年の派遣業務原則自由化によって、派遣のタガが外れ、日雇派遣が誕生、一挙に拡大しました。たとえば従来運送業者の直接雇用だった引越し作業などは派遣業者による日雇派遣に代わり、賃金水準は大幅に低下しています。

　低賃金、不安定雇用で、仕事に慣れない労働者が危険な現場に送り込まれていきました。こうした日雇派遣の劣悪な労働環境、労働条件については、2007年から2008年にかけてグッドウィルやフルキャストなどで働く日雇派遣労働者の告発によって、社会問題化しました。それが日雇派遣原則禁止の法改正につながったのです。

●直前キャンセルにはユニオンに加入して交渉を

　しかし、30日以内の短期雇用契約派遣禁止には多くの例外（専門的業務従事・高齢者・昼間学生・一定以上の収入など）があり（令4条2項）、違法、脱法が蔓延しているのが現実です（Q8-9参照）。

日雇派遣でないことを偽装するために35日間の契約書を結び、架空の就労日を記載するもの（Q8-10参照）、また、質問のように前日にキャンセルを通告して賃金補償をいっさい行わない（Q8-11参照）などの相談が多数ユニオンや派遣ネットに寄せられています。

　日雇い派遣の労働契約は派遣会社からの提示に対してスタッフが同意した時点で成立します。基本的な賃金と就労日・労働時間、仕事内容が明確であれば口頭でも構いません。一方で、その仕事が前日にキャンセルされた場合、労働者が翌日にかわりの仕事を確保することは大変困難です。このような場合は使用者側の責に帰すべき事由によって労務が提供できなくなった場合にあたりますから、派遣元に対して賃金を請求することが可能です（民法536条2項）。

　労基法26条は「使用者の責に帰すべき事由」による休業の場合に100分の60以上の手当支払いを規定していますが、これはあくまでも最低基準であって、本来100％の支払請求が可能です。当日派遣先まで出向いていた場合はその通勤交通費も含めて請求しましょう。

　賃金請求の時効は2年ですから、事実経過をきちんと記録しておき、ユニオンなどと一緒に交渉してみましょう。

●日々紹介

　日雇派遣原則禁止時に厚生労働省は、有料職業紹介事業としての「日々紹介」への転換を推奨しました。日々紹介では、これまでの雇用主だった派遣元に変わって、紹介先事業主が雇用主となります。ところが、日々紹介となって、直前キャンセルの賃金補償不払いが増加している現実があります。

　しかし、「紹介」を理由に補償なしですまそうとするのは、けっして許されるものではありません。あくまでも補償を追求していくべきです（Q8-12参照）。

2-7　契約外業務・契約外労働

Q 労働契約書では、「OA機器操作」とされているのに、派遣先でコンピュータを使う仕事はほとんどなく、雑用ばかりやらされています。

A 派遣先で行う業務は就業条件明示書に記載されている内容に限定されます。派遣先はそれ以外の業務を命じることはできません。早めに是正してもらうことが肝要です。

● 守られない派遣スタッフの契約業務

　派遣労働ネットワークの実施した「派遣スタッフアンケート2013」によれば、「派遣スタッフが困っていること」では労働条件や職場環境の問題とならんで「契約外の業務をさせられる」が22％と高位を占めています。とりわけ、派遣法が義務づけている「派遣労働者が従事する業務の内容の明示」がいい加減で、派遣スタッフ全体の25％が、「業務内容が違った」としていることは重大です。

● 就業条件明示書記載業務外の仕事は断ってもかまわない

　本来雇用主ではない派遣先に派遣労働者の指揮命令権が与えられる根拠は、派遣先と派遣元が結ぶ「労働者派遣契約」の締結以外ありえません。その内容は派遣元と派遣労働者との間で締結される「派遣労働契約」によって確認され、就業条件明示書として派遣スタッフに渡されます。

　ですから、派遣先は就業条件明示書に書かれた範囲内の業務しか派遣スタッフに指示を行えません。派遣スタッフは、明示書に記載されている業務以外の仕事を命じられても、これに従う義務はありません。

● 派遣元責任者から派遣先に申し入れる

　就業条件明示書の範囲外の業務を頻繁に指示されるような場合に

は、派遣会社の責任者（派遣元責任者）に連絡をとり、派遣会社から派遣先に申し入れてもらいましょう。派遣会社と派遣先は協力して、派遣スタッフの就業条件を守る義務を負っています。

　派遣スタッフにとって、契約内容とまったく違う業務を日々強いられるのは耐えがたいものです。「こんな仕事ばかりやらされるのだったら、もう辞めたい」と思うこともあるでしょう。でも、短気を起こして辞めるのではなく、派遣会社・派遣先責任者に対して「契約の業務以外は受けられません」ときっぱり伝え、改善を求めるようにしたいものです。

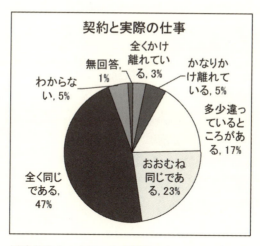

派遣労働ネットワーク「派遣スタッフアンケート2013」

2-8 派遣利用制限の原則と例外

Q 派遣法では派遣できない業務など厳しい規制があると聞きました。派遣利用で制限されている内容について説明してください。

A 派遣で働ける業務や派遣期間には一定の制限があります。しかし、原則の一方で例外がたくさんあって、大変わかりにくい法律になっています。規制の原則と例外について概説します。

● 常用代替防止のための規制

　労働者派遣は、常用労働者（正社員）を駆逐する（常用代替）リスクが高いので、例外的にしか認められません。

　具体的には、「業務」と「期間」の組み合わせによって派遣の受入れが厳しく制限されています（Q1-4参照）。

● 派遣が禁止されている業務

　1999年の法改正で業務の制限は原則としてはずされ、派遣受入期間の規制が新しい柱になりました。

　しかし、現在でも、①港湾運送、②建設、③警備（法4条1項）、④医療関連業務（令2条1項に定める8業務）などは「適用除外業務」として派遣活用が禁止、制限されています。

　これらの業務で派遣を受け入れることはできません。違反した派遣先には「労働契約申込みなし制度」が適用されます（法40条の6）。

　このほか、人事労務管理関係のうち、派遣先で団体交渉や労使協定の締結のための業務では派遣できません。弁護士、公認会計士、税理士、弁理士、社会保険労務士、行政書士などの業務は法律で求められる使命により委任契約で処理しなければならないこと、管理建築士は建築士法で「専任」とされていることから、派遣先の指揮

命令を前提とする派遣では処理できません。

● 期間制限は上限3年

新しい派遣法では、労働者派遣を臨時的・一時的な例外的な働き方／利用と位置づけ、期間制限は労働者単位と派遣先単位でそれぞれ上限3年まで認めることになりました。

● 期間制限「3年上限」の例外

期間制限の面では、前述したように2012年の法改正で「日雇い派遣（30日以内の短期雇用契約による派遣）」が原則禁止になりました（ただしこれにも認められる例外があります）（Q8-9参照）。一方で、3年の期間制限の例外としては、現在次の6つが認められています。

①無期雇用派遣労働者の派遣	期間制限なし
②60歳以上の者の派遣	
③「日数限定業務派遣」＊	
④終期が明確な「有期プロジェクト業務派遣」	プロジェクトの終期まで
⑤常用労働者の「出産・育児・介護休業代替派遣」	休業期間内に限定
⑥派遣後の直接採用とセットになった「紹介予定派遣」	6か月

＊1か月の勤務日数が派遣先の通常労働者の半分以下、かつ10日以下の業務を言います。たとえば棚卸の時期だけ仕事などが想定されていて、これは何年でも継続することが可能です。

これらは、受入れ期間の制限などルールの内容がそれぞれ違うので、どのタイプで派遣されているのか、就業条件明示書で確認することが必要です。

常用代替防止を目的とする規制には、このほか、リストラ型派遣（Q1-7参照）、専ら派遣（Q9-4参照）が禁止されています。

2-9 偽装請負

Q 「偽装請負」とされると、違法派遣として厳しく指導されると聞きますが、請負と派遣の違いがよくわかりません。

A 請負の場合、その業務は請負業者が独立して処理します。他社の労働者を受入れて労働者を直接指示できるのは派遣の場合だけです。労働者を直接指示しているのに派遣契約が結ばれていなければ、請負を偽装していると判断されます。

● 請負と派遣の違い

　派遣法で「労働者派遣」とは、自ら雇用する労働者を他人（派遣先）の指揮命令下で働かせることをいい、かつ派遣先がその労働者を雇用しないものをいう、と定義されています（法2条1項）。この場合、派遣先社員が業務指揮を行うことが認められます。

　一方、注文主と請負・委託業者が「請負（業務委託）契約」を結ぶ場合、請負・委託業者は自己の業務として注文主から独立して処理することとされていますから、労働者は注文主の指揮命令下で働くのではなく、請負・委託業者の指揮命令下で働くことになります（請負・委託だけでなく、労働者供給や出向との違いについては、Q1-2の図参照）。

● 横行する「偽装請負」・「偽装委託」

　派遣の場合、派遣先は、指揮命令する労働法上の「使用者」として派遣法に定められた責任を負いますが、請負・業務委託の場合には、指揮命令しないことが大前提なので、注文主は労働法上の責任をまったく負担しません。そうした形が大きな「利点」になるため、実際には注文主の指揮命令を受けて働いていながら、契約書は「業務委託契約」というような違法・脱法ケースが少なくありません。それが「偽装請負」や「偽装委託」と呼ばれるものです。

　偽装請負と適法な請負との区別については、通達で、もう少しく

わしい基準が示されており、①雇用する労働者の労働力を自ら利用し、②請負った業務を自己の業務として注文主から独立して処理するもの、のいずれにも該当する場合とされています（昭和61.4.17労告37号）。

● 偽装請負を行った派遣先には派遣労働者の雇用責任も

　偽装請負や偽装委託によって派遣法やその他の労働法の適用を免れることは、明らかな違法行為です。2015年10月からは、偽装請負と知り、あるいは、知ることができた（善意無過失）のに偽装請負で労働者を利用しつつ受け入れた派遣先には、「労働契約申込みなし規定」（法40条の6）が適用されることになりました。偽装請負を行った派遣先は派遣労働者を直接雇用しなければなりません。

　派遣先から善意無過失だったという派遣先の抗弁が主張される可能性がありますが、派遣法や労基法などの責任を免れる目的で、請負契約や委託契約を締結したうえ、スタッフに指揮命令を行って就労させた時点で労働契約締結の申し込みをしたものとみなされます。派遣先に対する責任が画期的に強化されたと言っていいでしょう（「労働契約申込みなし制度」については、Q8-14〜16を参照）。

2-10　派遣の仕事を長期の仕事につなげる

Q 登録型派遣は短期契約更新方式で、しかも期間制限があります。長期の仕事にはつながらないのでしょうか？

A 新しい派遣法に定められた雇用安定化措置も活用して、無期雇用化をめざしましょう。

● 「細切れ化」が進む労働者派遣契約と派遣労働契約

　2015年の労働者派遣事業報告の集計結果によると、労働者派遣契約の期間が6か月を超える契約の割合は、3.9％にすぎません。派遣会社の契約件数上、超短期の契約が多いことを考慮しても、実態は深刻です。また、派遣先を対象にした厚労省「平成24年派遣労働者実態調査」によると28.1％にすぎず、平成20年調査に比べて契約の短期化が進んでいます。

　また、派遣労働契約も細切れ化が進んでいます。先の派遣先対象の調査では、登録型派遣労働者の場合で、6か月を超える契約の割合は44.1％になっていますが、登録型派遣中心の日本人材派遣協会が実施した「派遣スタッフWebアンケート2016」では約9割が有期契約で、契約期間は「3か月」が66.8％と圧倒的比率を占めています。

　同じWebアンケート調査では、現在の派遣先で働いている通算期間では、3年以上が22.6％、1年以上だと51.4％になりますから、派遣の仕事は長期にあるにもかかわらず、労働契約があまりに短期化していることに驚かされます。

● 仕事の必要とは無関係な細切れ契約には規制が必要

　本来、労働契約の期間は業務の必要によって決まるはずです。そのため派遣先指針では、「労働者派遣の期間を定めるに当たっては、派遣元事業主と協力しつつ、当該派遣先において労働者派遣の役務の提供を受けようとする期間を勘案して可能な限り長く定める等、

派遣労働者の雇用の安定を図るために必要な配慮をするよう努めること」（第2の6(1)イ）としています。

　また、派遣元指針は、「労働者を派遣労働者として雇い入れようとするときは、当該労働者の希望及び労働者派遣契約における労働者派遣の期間を勘案して、雇用契約の期間について、当該期間を当該労働者派遣契約における労働者派遣の期間と合わせる等、派遣労働者の雇用の安定を図るために必要な配慮をするよう努めること」（第2の2(1)）としています。

　この指針ができてから長い年月が経っていますが、使う側にとって都合のいい派遣労働契約の細切れ化はむしろ年々進んできているのが現実であり、もっと規制を強化することが必要です。

●改正法による雇用の安定化の追求

　2015年改正派遣法では、派遣労働者の雇用の安定のために、派遣先の事業所における同一の組織単位の業務について継続して3年間当該派遣業務に従事する見込みがある「特定有期雇用派遣労働者」に対し、①派遣先への直接雇用の依頼、②新たな派遣就業先の提供、③派遣元事業主による無期雇用、④新たな就業の機会を提供するまでの有給教育や紹介予定派遣などの「雇用安定措置義務」を課しました（法30条、則25条の2～5。くわしくはQ8-4参照）。

　さらに国会の附帯決議を受けて厚労省が作成した業務取扱要領では、「派遣労働者の中には直接雇用を希望する者も相当程度存在することから、派遣元事業主は、一般的な責務として、雇用する派遣労働者の希望に応じ、直接雇用の労働者として雇用されることができるように雇用の機会を確保し、その機会を提供するよう努めることが求められる。」（第7の5(2)）と書き込まれています。

　こうした制度を活用して、直接雇用や無期雇用化をめざしましょう。

2-11 紹介予定派遣

Q 正社員採用をめざして紹介予定派遣に申し込みました。当初4か月の予定だったのですが、派遣先はあと4か月延長してじっくりみたいと言っているようです。

A 紹介予定派遣には独自のルールがあり、期間は6か月が上限とされています。試用期間的な派遣活用を不当に長引かせないためです。

●職業紹介を予定して行う紹介予定派遣

　紹介予定派遣とは、派遣元事業主が労働者派遣の開始前または開始後に、派遣労働者および派遣先について職業紹介を行いまたは行うことを予定してするものです（法2条4号）。

　紹介予定派遣の契約締結の際には、職業紹介後の従事すべき業務の内容および労働条件などを定めておかなければなりません。また、紹介目的派遣であること（派遣先に対して職業紹介を予定していること）を明示し、労働者の了解を得なければなりません（法32条）。その際、派遣終了時には、求人、求職の意思や労働条件を確認して職業紹介を行うものだということを明らかにしなければなりません。

　紹介予定派遣は、正社員をめざす人が実際に働いて職場や仕事内容を確認できる意味で労働者にメリットがあり、また、派遣先も試用期間的に使うことができるメリットがあります。

●紹介予定派遣は派遣先での雇用が約束されたものではない

　しかし、紹介予定派遣だからといって自動的に就職が決まるわけではなく、派遣先が採用しないこともあるということは覚悟しておかなければなりません。

　現実に、紹介予定派遣された労働者のうち職業紹介実施に至ったのは77.6％、直接雇用に結びついた（これも正社員とは限りません）のは56.7％にすぎません（厚労省「平成26年度労働者派遣事

業報告書の集計結果」)。

● 試用期間的利用であるがゆえの規制

　派遣先が雇用しない場合は、その理由を派遣元に対して明示する必要があり、それを受けた派遣元は派遣労働者に書面で明示することが義務づけられています（派遣先指針第2の18(2)、派遣元指針第2の13(2)）。

　また、派遣先がいったん採用内定したのに、それを取り消したときは、採用内定によって労働契約が成立していると判断され解雇制限法理が適用されます。したがって、客観的合理性および社会通念上の相当性が無ければ取消は無効とされます。

　設問についてですが、紹介予定派遣は、派遣先が、いわば試用期間的に派遣を利用しようというものですから、派遣期間はあまり長期にわたらないよう6か月以内に制限されています（派遣先指針第2の18(1)、派遣元指針第2の13(1)）。当初の4か月を延長して8か月にすることはできません。

　採用された後、企業が再度試用期間を設けることはできません。そのようなことがないように行政指導することになっています（派遣先指針第2の18）。

2-12 派遣先社員のための派遣受入れ時チェックポイント

Q 派遣スタッフを受け入れる派遣先として気をつけなければならないポイントを教えてください。

A 派遣労働者も同じ職場で働く仲間です。派遣先指針などに留意して、トラブルが発生しないようにしてください。

● 派遣活用目的の明確化

　厚労省「平成24年派遣労働者実態調査の概況」によると、派遣先が派遣労働者を就業させる理由は、「欠員補充等必要な人員を迅速に確保できるため」（64.3％）、「一時的・季節的な業務量の変動に対処するため」（36.7％）、「専門性を活かした人材を活用するため」（34.2％）、「軽作業、補助的業務等を行うため」（25.2％）の順になっています。まずは、どういう目的で派遣を受け入れるのか、派遣スタッフの業務や役割、一緒に働く派遣先社員の中での位置づけや働き方を明確にしてください。派遣先は派遣スタッフの雇用主ではありませんが、派遣法は雇用主ではない派遣先にも相応の責任を求めています。派遣スタッフが力を発揮できるよう、労働環境に配慮することはもちろん、契約内容や労働法を守るための条件整備が求められます。

● 適切な労働者派遣契約の締結

　上記の基本を決めるのが、派遣会社と締結する労働者派遣契約です。派遣法は26条で、そこに定めておかなければならないこと、定めてはならないことなどを定めています。
　派遣先指針に挙げられている内容を参考にポイントを列挙しておきます（○数字は、派遣先指針第2の項目番号）。

・派遣スタッフを活用するポストは適正か？
・派遣受入期間は適当か？期限を周知徹底しているか？⑭

- ・3年の上限期間延長手続きは適法に行われているか？⑮
- ・派遣労働者の雇用安定に配慮した契約としているか？⑥
- ・派遣料金額の決定に派遣スタッフと派遣先社員の賃金均衡が考慮されているか？⑨(1)
- ・派遣先責任者を定めているか？その法律知識などは適切か？⑬

●職場での派遣スタッフ受入れ体制の整備

　派遣スタッフの導入によって、社員と派遣スタッフとの間に競争関係が生まれ、トラブルが生ずることは少なくありません。職場でトラブルがおきないようにするためには、職場の受入れ体制にも十分配慮する必要があります。そのためには、派遣スタッフの就労条件や派遣就業に伴う法律上のルールを、共に働く派遣先社員に周知して、理解を求めておくことが必要です。

- ・労働組合と協議を行ったか？　職場の意見を把握したか？
- ・事前面接や試験による選別禁止が確認されているか？③
- ・派遣スタッフの個人情報保護や苦情対応体制はできているか？⑦
- ・職場の管理者に関係法令が周知されているか？⑩
- ・職場の管理者に就業条件が周知されているか？
- ・派遣契約の違反を知った場合に是正できる体制は？⑤
- ・派遣スタッフに福利厚生施設利用を保障しているか？⑫
- ・派遣スタッフへの説明会を開き、苦情処理手続き等を周知しているか？⑫

●トラブルが起きたときのルールを定める

　実際にトラブルが起きたときの処理手続きや、労働者派遣契約の解除・打切りに関するルールを整備しておきましょう。雇用形態や待遇の違いはトラブルの元になります。とくに派遣先社員とは違うルールの下で働くスタッフへの理解や配慮がないときにはトラブルに発展します。苦情処理は、こうした問題を解決するきっかけになりますので、スムーズな業務遂行のために積極的に位置づけてもらいたいものです。

第3章
派遣スタッフと派遣先社員の労働条件

---- POINT ----

- 派遣スタッフの労働条件は保障されづらく、派遣先社員・派遣スタッフ相互に影響がある
- 派遣元・派遣先にはスタッフの権利を守るために法令等の周知義務が課せられている
- 労働時間は派遣先が管理し、毎日の労働時間のカウントは1分単位、30分未満の切り捨ては違法
- 派遣スタッフに変形労働時間制、フレックスタイム制、専門業務型裁量みなし労働時間制を適用するには派遣元での労使協定が必要
- 派遣スタッフに企画業務型裁量みなし労働時間制の適用はない
- 契約に定められた所定外労働を超える残業は拒否できる
- 継続勤務6か月（出勤率80％以上）で年次有給休暇を取得できる（請求手続きは派遣元）

3-1 派遣スタッフの就業条件確保

Q 私たちの部署でも派遣スタッフを受け入れることになりました。労働条件について注意しておくべきことはありますか?

A 派遣スタッフの労働条件は保障されづらく、派遣先社員・派遣スタッフ相互に影響があります。協力しあって派遣法の仕組みを利用し権利を確保することが求められます。

●複雑な権利義務関係

　派遣が決定されると、スタッフは、就労期間の開始日として定められた日から、派遣先に出勤してその指揮命令を受けて働くことになります。しかし、労働者派遣は受け入れが制限されていることに加え、派遣先が行使できる指揮命令権の範囲も限られています。また、労働法上の責任が派遣先と派遣元に複雑に分かれており、スタッフの権利が侵害されやすいという特徴があります。そのため、派遣法は、特別な規制を置いています。派遣で働くスタッフや派遣スタッフを受け入れる派遣先は、こうした規制の内容をきちんと理解しておくことが必要です。

●派遣法に定められた派遣元・派遣先の義務

　派遣法は、派遣元事業主に対し派遣就業が適正に行われるよう必要な措置を講じる一般的な義務を負担させ(法31条)、派遣先事業主に対しては、労働者派遣契約を遵守するよう義務付けています(法39条)。そして、適正な派遣就業を確保するため派遣元事業主との密接な連携のもとに適切かつ迅速な苦情処理を図ること(法40条1項)や、派遣就業が適正かつ円滑に行われるようにするため、適正な就業環境の維持や、診療所・給食施設など派遣先の労働者が通常使用している施設利用の便宜供与など必要な措置を講じるよう義務付けています(法40条2項)。

　以上の派遣元・派遣先の義務の履行を確実なものとするため、派

遣法は、指針でそれぞれの具体的な義務を定めています。
● 派遣元の適正な就業条件・就業環境確保義務
　派遣元には、派遣先の就業環境や求められる技能・経験をきめ細かに把握して労働者派遣契約を締結することが求められます（派遣元指針第2の8(4)）。派遣先は、そうして締結された労働者派遣契約を遵守するため、派遣労働者の就労条件を関係職場の社員に周知徹底したり職場を巡回することが義務付けられています（派遣先指針第2の2）。また、派遣先の労働者との均衡に配慮した取扱いをなすよう義務付けられています。たとえば、均衡を考慮した適正な賃金や派遣料金の認定のほか、業務を円滑に遂行するうえで有用な物品の貸与や教育訓練の実施等をはじめとする派遣労働者の福利厚生等の措置について、必要に応じて派遣先に雇用され派遣労働者と同種の業務に従事している労働者等の福利厚生等の実情を把握し、当該派遣先において雇用されている労働者との均衡に配慮して必要な措置を講じるよう努めなければなりません（派遣元指針第2の8(6)）。
● 派遣先の就業環境の整備義務
　派遣先は、就業環境の整備について責任を負担するものとして、派遣就業が適正かつ円滑に行われるようにするため、セクシャルハラスメントなどの防止のほか、通常の労働者が利用する施設の便宜を供与したり、必要に応じた教育訓練に関する便宜を図るよう義務づけられています（派遣先指針第2の9）。同じ職場で指揮命令を受けて働く労働者が享受する就業環境や休憩室、仮眠室、医務室、食堂などの施設利用において格差があることは望ましくないことです。派遣労働者を通常の労働者と同様に尊重することは、労働法に貫かれるべき普遍的な原則です。そうした要請をふまえ、通常の労働者と同様の労働法上の保護が貫かれなければならないとするのが前述のILO181号条約の要請です。

派遣先は、派遣労働者の受入れに際して説明会等を実施して派遣就業が円滑に行われるよう配慮が義務付けられています。具体的には、派遣労働者を受け入れるにあたり、説明会等を実施し、派遣労働者が利用できる派遣先の各種の福利厚生に関する措置の内容についての説明、派遣労働者が円滑かつ的確に就業するために必要な、派遣労働者を直接指揮命令する者以外の派遣先の労働者との業務上の関係についての説明および職場生活上留意を要する事項について助言しなければなりません（派遣先指針第2の12）。

●派遣元・派遣先の連絡調整義務

　さらに、派遣元事業主と派遣先事業主は、相互に連絡体制をとって的確な調整を行うよう義務付けられています。派遣元事業主は、派遣先を定期的に巡回するなどによって、派遣労働者の就業の状況が労働者派遣契約の定めに違反していないかどうかの確認を行うとともに、派遣労働者の適正な派遣就業の確保のためにきめ細かな情報提供を行うなどして派遣先との連絡調整を的確に行うよう要請されています（派遣元指針第2の5）。また、派遣先事業主は、派遣元事業主の事業場で締結される36協定の内容など労働時間の枠組み当について派遣元事業主に情報提供を求めるなど、派遣元事業主との連絡調整を的確に行うよう義務付けられています（派遣先指針第2の11）。

●派遣元責任者・派遣先責任者

　派遣法は、派遣元・派遣先事業主それぞれに対して、派遣元責任者、派遣先責任者の選任を義務付け（法36条、41条）、苦情の処理等適正な就業環境整備のために役割を発揮させるよう求めています。両責任者は、労働者派遣契約と就業条件明示書に、氏名、連絡先などを特定して記載しなければなりません。

　派遣元責任者は法律に定められた資格要件を満たしたものでなければならず、具体的な職務は、以下のとおりです。

> [派遣元責任者の職務]
> a．派遣労働者であることの明示等
> b．就業条件の明示
> c．派遣先への通知
> d．派遣元管理台帳の作成・記載・保存
> e．派遣労働者に対する必要な助言および指導の実施
> f．派遣労働者から申し出を受けた苦情の処理
> g．派遣労働者の個人情報の管理に関すること
> h．派遣労働者の安全および衛生に関して、当該事業所の労働者の安全衛生に関する統括管理するものおよび派遣先との連絡調整を行うこと
> I．その他派遣先との連絡調整に関すること

　派遣先責任者は、派遣就業の場所ごとに、派遣先に雇用される労働者のなかから、専属の派遣先責任者として選任しなければなりません。労働関係法令に関する知識を有すること、人事労務管理について専門的知識または相当期間の経験を有すること、派遣就業に関する決定、変更を行う権限を有すること、その他派遣先責任者の職務を遂行できる人であることが必要です（派遣先指針第2の13）。職務は以下のとおりです。

> [派遣先責任者の職務]
> a．派遣先に適用される労働関係法令労働者派遣契約の定め、当該派遣労働者に関する派遣元事業主からの通知の内容を、指揮命令者その他の関係者に周知すること
> b．派遣先管理台帳の作成・記録・保存・周知に関すること
> c．派遣労働者から申し出を受けた苦情の処理に当たること、d．当該派遣労働者に関する安全衛生に関し、当該事業所の労働者の安全衛生に関する統括管理するものおよび派遣元との連絡調整を行うこと
> e．その他当該派遣元事業主との連絡調整に関すること

3-2 派遣スタッフの権利と管理台帳の作成保管義務

Q 派遣スタッフの受入れから派遣終了に至るまでの就業条件などはどのように管理されるのでしょうか？

A 派遣元・派遣先にはスタッフの権利を守るために法令等の周知義務が課せられています。また派遣元管理台帳、派遣先管理台帳によって、派遣スタッフごとに、就業期間、就業条件、教育訓練等の実施状況、意見聴取の状況などを記録し保管しなければなりません。

● 法令等の周知義務

　指針では、派遣元事業主と派遣先事業主に対して法令等の周知義務を課しています。

　派遣元事業主は、派遣法にもとづいて、派遣元事業主および派遣先事業主が講じるべき措置や労基法など労働関係法規にもとづく権利がどのように保障されるのかについて、説明会の実施や文書の配布によって、派遣労働者に周知しなければなりません（派遣元指針第2の9）。

　また、派遣先事業主は、派遣法にもとづいて派遣先として講じるべき措置や労基法等労働関係法令の適用関係の周知徹底をはかるため、説明会の実施や文書の配布等の措置を講じなければなりません（派遣先指針第2の10）。派遣労働者の受入れに際しては、派遣スタッフに、①派遣労働者が利用できる派遣先の各種福利厚生に関する措置の内容、②派遣労働者が円滑かつ的確に就業するために必要な派遣労働者を直接指揮命令する者以外の派遣先の労働者との業務上の関係についての事項などを説明し、職場生活上留意を要する事項について助言等を行うことが義務付けられます（派遣先指針第2の12）。

● 管理台帳

　派遣法は、派遣元管理台帳および派遣先管理台帳を作成して備え付けるよう義務付けています（法37条、42条）。管理台帳は、法の遵守を確実なものとするため重要な機能を発揮するものです。とりわけ受入れ期間制限がある臨時的・一時的派遣については、派遣先事業所の意見聴取や配属部署ごとの管理の方法にも工夫が必要ですし、キャリアアップやより安定した雇用への転換が必要となります。ただ備え付けておけばよいという管理方法は改善する必要があります。

　また、管理台帳は、労働者ごとに作成しなければならず、これに苦情処理の内容も記載することになっています。このように、苦情処理の内容も記載することにしたのは、派遣就業の適正かつ円滑な確保を目的とするものであって、派遣労働者を管理するためのものではありません。トラブルを生みだす職場の問題を改善するために、どのようにしてトラブルが解決されたのかを記録するためのものですから、その記載内容を派遣労働者を評価する資料として用いることは許されません。また、トラブルについて苦情を申立てた派遣労働者に不利益を加えることは禁止されています（派遣先指針第2の7(2)）。

● 派遣スタッフの開示請求

　派遣先・派遣元管理台帳に、派遣労働者の差別につながる情報を記載・保管することはできません。また、派遣スタッフは、管理台帳に記載された自身の記録については、派遣元・派遣先のそれぞれに管理台帳に記載された情報の開示を求めることができます。もし間違っていたり、差別的な情報が記載されていたときには、その削除訂正を求めることができます（派遣元指針第2の10(2)）。

3-3　労働時間管理〜派遣元の責任・派遣先の責任

Q 派遣先から、労働時間の管理は30分単位になっているので、30分未満は切り捨てるといわれました。問題ないですか？

A 労働時間は派遣先で管理する責任があります。毎日の労働時間のカウントは1分単位で行う必要があり、30分未満の切り捨ては違法です。

● 労働者派遣関係における労働時間

　派遣先は、労働者派遣契約に定められたスタッフの労働時間や業務の範囲で指揮命令権を行使できます。その内容は派遣労働契約でも定められているはずですが、スタッフは、派遣労働契約に定められた労働時間と業務の範囲を超えた派遣先からの指揮命令に従う義務はありません。

　労基法は、1日8時間、1週40時間を超える労働を禁止し、週1日は休日を与えなければならないと規定していますが（32条、35条）、派遣先はこうした法定労働時間を超えてスタッフを働かせることもできません。こうした指揮命令権にかかわる契約上・労基法上の責任は、すべて派遣先が全面的に責任を負担することになります。

　後述の法定労働時間を超えた労働を命じたり休日出勤を命じるときには、36協定を締結しなければなりませんが（労基法36条）、その協定は、派遣元と過半数組合等で締結したものでなければならず、派遣先に36協定があるからといって認められるものではありません。派遣元に36協定がないのに労働を命じたり、あってもその範囲を超えた労働を命じたときの労基法違反の責任は派遣先が負担します（法44条2項）。

● 派遣先の労働時間管理の責任〜申告は分単位で

　派遣先は、派遣スタッフの労働時間を適正に把握する責任を負担

しています。そのために、労働者の労働日ごとの始業・就業時刻を確認し、記録する必要があります。記録にあたっては、原則として、派遣先が自ら現認し、タイムカードなどの客観的な記録を基礎に確認・記録しなければなりません。自己申告によるときには、申告時間と実際の労働時間があっているかどうかを必要に応じて調査するなどが求められます。

　ケースのように、労働時間の申告を30分単位にしてそれに到達しないときには切り捨てる扱いにすることも少なくありませんが、それは違法です。派遣先には、分単位で正確に労働時間を把握し確認する責任があります。ただし、賃金支払いの便宜上の取扱いとして毎日の労働時間を1分単位でカウントしたうえで、1か月の合計の労働時間を、「30分未満は切り捨て、30分以上は切り上げ」などの端数処理が認められています（昭和63.3.14基発150号）。

● 派遣元・派遣先との連絡調整など

　派遣先の適正な労働時間管理には、労働契約に従うことはもちろん、前記の労基法に違反しないようにしなければなりませんが、そのためには、派遣契約の内容や36協定などの労働時間にかかわる派遣元の労使協定の内容を派遣先がよく知る必要があります。派遣先は、派遣元の労働時間の枠組みについて情報提供を求め、派遣元はこれに応じることが求められています（派遣先指針第2の11）。さらに、派遣先が労基法に違反するときには、派遣元は、スタッフを派遣してはいけないことになっています（法28条）。

　さらに、派遣法では、派遣先は派遣先管理台帳に派遣就業日数ごとの始終業時刻などを記載して派遣元にその内容を通知しなければならないとしています（派遣先指針第2の11）。派遣元は賃金等の算定にあたって派遣先に労働時間に関する情報を求め、派遣先は適正に把握した労働時間を派遣元に通知しなければなりません（派遣元指針第2の5、派遣先指針第2の11）。

3−4 所定労働時間・所定外労働・変形労働時間制

Q 変形労働時間制が適用されている部門があり、カレンダーは1日8時間・1週40時間、1週1日の休日に収まっていません。フレックスタイム制を採用する部門もあります。派遣スタッフも同じ扱いになりますか？

A 派遣元で変形労働時間制やフレックスタイム制を導入する労使協定がない以上、スタッフは派遣先のカレンダーなどに従う必要はありません。

●労働時間の原則

　派遣元は、スタッフを派遣するにあたり、働く日（曜日など）、何時から何時まで働くのか（所定労働時間）を定めておかなければなりません。法定労働時間である1日8時間、週40時間を超えて働かせたり、週1日の休日に働かせることは禁止されています（労基法32条1項）。例外は認められていますが、そのためには36協定を締結して労働基準監督署に届け出ることと、割増賃金を支払うことが義務付けられています。割増賃金は、法定外労働については25％、休日労働については35％、深夜労働については25％で法廷外労働が深夜にかかったときには50％、休日労働が深夜にかかったときには60％になります。さらに、中小企業（派遣会社のようなサービス業は資本金または出資金が5000万円以下または常時使用する労働者数が100人以下）は猶予されていますが、1か月60時間を超える法定外労働については50％以上の割増賃金の支払いが義務付けられています。

●変形労働時間制度など

　業務の繁閑の差があってどうしても法定労働時間を超えたり休日の労働が必要とされるとき、割増賃金を節約するため変形労働時間制が採用されることがあります。一定期間を平均して週40時間を

超えなければ、ある1日または1週が1日8時間、週40時間を超えてもよいとする変形労働時間制（労基法32条の2〜5）で、その導入には就業規則に制度を定めたうえ、過半数組合（ないときは過半数代表者）と書面による協定を結んで（1か月単位の場合は労使協定は不可欠ではありません）、それを労働基準監督署に届け出なければなりません。また、フレックスタイム制（労基法32条の3）とは、1か月以内の一定期間の総労働時間を定めておいて、労働者がその範囲で各日の始終業時刻を選択できるというものです。この制度の導入にも労使協定の締結と届出が必要です。

●労働時間の枠組みを決める責任は派遣元にある

1日8時間労働制などの労働時間の原則の例外となる変形労働時間制などの導入には、労使協定の締結・届け出が求められますが、それは派遣会社の責任です。派遣会社は、派遣スタッフが派遣先社員と同じように変形労働時間制やフレックスタイム制に従って働くには、就業規則に必要事項を定め、制度を導入するのに必要な法律に定められた事項を定めて労使協定を締結し（ただし1か月単位の変形性については必要条件ではありません）、労働基準監督署に届出なければなりません。そうして初めて、これらの制度にしたがった労働時間を労働者派遣契約に定めることができます。

●派遣元が法律に定める要件を満たしていないとき

これらの要件を満たしていないのに、労働者派遣契約で派遣先のカレンダーに従った就労日や労働時間をスタッフに義務付けることは違法です。もし、スタッフが派遣先の制度にならって、1日8時間、1週40時間を超えたり、週1日の休日に出勤して働いたときには、派遣会社は、スタッフに前述の割増賃金を支払う義務を負うことになります。

3-5　時間外・休日・深夜労働

Q 派遣先での仕事が時間内に処理できない量なので、毎日残業が発生しています。断ることはできないのでしょうか？

A 派遣労働契約で所定外労働が義務付けられていても法定外労働の部分を拒否できる場合があります。

●派遣労働契約・労働者派遣契約に定められた労働時間

　派遣労働契約や労働者派遣契約には、就労日（所定就労日）、始終業時刻、休憩時間（所定就労時間）を記載することが義務付けられています（法26条）。この記載は、労基法の労働時間規制に違反しておらず、労働者派遣契約は、派遣労働契約の枠内で締結しなければなりません。所定就業日以外の日や、所定就業時間を超えて働くことを予定するときには、その限度を特定して定めておかなければなりません。たとえば、就労日以外に1か月に2日の範囲で命じることがあるとか、就業時間外は1日4時間、1か月45時間、1年360時間の範囲で命じることがあるといった具合です。派遣先は、派遣労働契約に定められた範囲でしか業務命令できませんので、所定労働日・労働時間以外は何も記載していないときには、残業を命じることはできません。

●法定外労働には派遣元の36協定の締結・届出が前提

　スタッフに法廷労働時間の1日8時間、1週40時間を超える労働や、法定休日（1週1日）の労働に従事させるためには、派遣元事業場で36協定を締結・届出しなければなりません。36協定で定められる上限は、別表（278頁）のように定められています。派遣元で36協定が締結されていないときは、いくら派遣契約や派遣労働契約で所定外労働を命じることがあると定められていても、派遣先は、法定労働時間を超え、あるいは法定休日労働を命じることはできません。したがって、スタッフは、法律で定められた限度を超え

る就労を拒否できます。

● 36協定が締結されていても無効なときがある

　36協定は、当該事業場の過半数を組織する労働組合か、過半数を代表する労働者によって締結しなければなりません。「過半数」の母数は、派遣元事業場で働く営業担当社員などに加え、派遣されて就労しているスタッフも含みます。そして、過半数代表者は、スタッフもあわせて民主的な選挙などの手続きによって選出しなければならず、管理監督者であってはなりません。労使協定は形式的には締結されていても、民主的な選挙によらないときや管理監督者が過半数代表者になっているときは、その協定は無効です。また派遣スタッフを除外して選出した代表者が締結した協定も無効です。したがって派遣先は36協定がない時と同じように、時間外・休日労働を命じることはできません。もし命じられたとしてもスタッフは拒否できます。

● 恒常的残業への対応

　毎日長時間残業を義務付ける記載のある派遣労働契約や労働者派遣契約は、1日8時間制を定める労基法の趣旨から許されません。労働者派遣契約も、派遣労働契約も、所定外労働や所定休日労働は上限を特定して明示することが義務付けられているのは、これらの労働が臨時の必要にもとづく例外的な労働であり、かつ、派遣契約・派遣労働契約は使用者の必要にもとづいて包括的な残業命令権を予定していないということを意味しています。まずは、就業条件明示書を、派遣先社員は労働者派遣契約を確認してください。また、派遣元事業場の36協定も上記の点を確認・点検してください。派遣先が労基法に違反しているときは、派遣元はスタッフの派遣はできませんし、派遣契約を中途で解除する正当な理由になります。派遣会社を通じて是正させるよう求めてください。

3-6 裁量みなし労働時間制

Q SEとして派遣されましたが、派遣先の社員には残業代が支払われていないことを知りました。私も同じ扱いになるのでしょうか？

A 専門業務型裁量みなし労働時間制の適用には、派遣元での労使協定の締結・届出が必要です。なお派遣スタッフには企画業務型裁量みなし労働時間制は適用ありません。

● 裁量みなし労働時間制

　一定の裁量労働については実際に労働した時間数ではなく、一定の時間数労働したものとみなす労働時間制をいいます。そして、この裁量労働制には、命令で定められた専門業務を対象とした専門業務型裁量みなし労働時間制（労基法38条の3）と、本社等の企画業務等を対象とした中枢部門の企画業務型裁量みなし労働時間制（労基法38条の4）が認められています。

● 専門業務型裁量みなし制

　専門業務型の場合には、政令で定められた新商品・新技術の研究開発や情報処理システムの分析・設計業務などの専門業務に従事する労働者を対象にしています。専門業務の範囲は、これまでの派遣法で専門業務とされていた26業務とクロスしますが、これより高度の専門性が求められて絞り込まれています。そのうえ、派遣元で、①制度の対象となる業務、②対象となる業務遂行の手段や方法、時間配分等に関し労働者に具体的な指示をしないこと、③労働時間としてみなす時間、④対象となる労働者の労働時間の状況に応じて実施する健康・福祉を確保するための措置の具体的内容、⑤対象となる労働者からの苦情の処理のため実施する措置の具体的内容、⑥協定の有効期間（3年以内とすることが望ましい）、⑦前記④⑤に関し労働者ごとに講じた措置の記録を協定の有効期間およびその期間

満了後3年間保存することを協定に定めて所轄労働基準監督署長に届け出ることが必要です（労基則24条の2の2、平成15厚労告354号）。

●企画業務型裁量みなし制は派遣就業関係には適用されない

　企画業務型裁量みなし制度の場合には、職場の労使委員会を組織して、法律にもとづく決議事項（対象業務、対象従業員、事前同意、みなし労働時間、裁量労働従事者の出勤等の手続き、裁量労働従事者の健康と福祉の確保、苦情処理など）を決議してこれを所轄労働基準監督署に届け出ることが必要で、労働者の事前の同意が求められます（労基則24条の2の3）。この企画業務型裁量みなし制度は、労使委員会決議をベースにする制度の基本的趣旨から、派遣関係には適用できません。すなわち、労働時間の枠組みを決めるのは派遣元の責任とされていますが、この企画業務型裁量みなし制度は、就業先である派遣先の職場の実情を反映して労働者の健康や福祉にも重きをおく趣旨から、当該派遣先で組織された労使委員会でしか働き方の枠組みを決められないからです。

●スタッフに対する裁量みなし制の適用

　仮に専門業務型裁量みなし制の適用を受けたとしても、実際に働いた時間は把握・管理しなければなりません。派遣先は、実際の労働時間を派遣先管理台帳に記録し保管しなければなりません。また、業務の実態から、働いたものとみなす一定の時間を所定労働時間ないし法定労働時間を超えて定める場合もあります。その場合には時間外割増賃金の支払いが求められます。さらに、36協定と同じように、この専門業務型裁量みなし制の導入協定が適法な手続きによらないで作成されている場合もありえますが、そのようなときには、実際に働いた時間にもとづいて割増賃金の支払いが義務付けられます。

3-7　年次有給休暇の取得資格

Q スタッフの年次有給休暇はどんな場合に保障されますか？

A 派遣元に継続勤務6か月で出勤率80％以上なら年次有給休暇の取得資格があります。請求手続きは派遣元にします。

● スタッフの年次有給休暇

　同じ派遣元に6か月継続勤務した人で、出勤率が80％であれば、7か月目から法律に定められた10日の年次有給休暇を取得できます。その後1年を経過するごとに1～2日加算され、20日を上限とすることができます（労基法39条）。具体的な日数は、表のとおりです。もちろん週4日以下で働くスタッフには比例付与が認められます。派遣スタッフの場合、契約期間が数か月単位で短いことが一般的で、契約期間中の所定労働日数に比例して付与するという取扱いが行われることがあります。継続勤務7か月目で10日の年休権が発生しているといって異議を申し立てたところ、「当社は労働基準法ではなく当社独自のシステムが適用されますので、あなたに有給休暇はありません」と回答した派遣会社がありました。しかし、そのような取扱いは許されません。

● 取得資格要件としての「継続勤務」

　登録型スタッフの場合には、期間の定めを置いて雇用されるわけですが、それでも実態として継続して勤務していれば、継続勤務の要件を満たすことができます。少々のブランクがあっても年次有給休暇の取得資格要件となる継続勤務であることを否定すべきではありません。その場合、臨時的・一時的派遣の活用期間制限に関連して継続性がないものと判断される場合の基準として3か月を超えるブランクが想定されていることや、日々雇用労働者についておおむね1か月に1日働く日があれば継続して勤務したものと考える旨の

通達が参考になります（昭和63.3.14基発150号）。また、派遣先が変わってそのつど派遣労働契約を締結しても、同じ派遣元事業主に雇用されて継続して勤務している実態があれば、継続して勤務したものとして、7か月目に年次有給休暇の権利が発生します。

●取得資格としての出勤率

また、出勤率8割というのは、当該労働者の所定労働日を分母に実際に出勤した日を分子として算定することになります。その場合、出産休暇や育児・介護のための休業の権利を行使したときは、出勤したものとみなされます。派遣労働者は継続勤務の要件をクリアするのが難かしいことから、継続勤務の有無にかかわらず、派遣元事業場における通常の労働者の総所定労時間（就業規則等に定められた所定労働日数と所定労働時間を乗じた時間）の8割を勤務した労働者に年次有給休暇を保障する制度にしている派遣会社もありましたが、労基法に定める基準を下回ることはできません。

●権利保障のための派遣元と派遣先の責任

年次有給休暇の保障は、派遣元が責任を負います。しかし、休暇を現実に確保し、業務指示のうえで不利益な取扱いをしないようにするには、派遣先も年次有給休暇を保障した労基法の趣旨に従って就業条件を適正に確保する責任は負担するべきです。したがって、休暇の権利行使にブレーキをかけるようなことは許されませんし、権利行使したことを理由として派遣契約の解除をすることは法27条の解除禁止規定に違反し、違法・無効というべきです。その他の不利益取扱いやハラスメントも許されないことは当然です。

勤続年数	0.5年	1.5年	2.5年	3.5年	4.5年	5.5年	6.5年
付与日数	10日	11日	12日	14日	16日	18日	20日

3-8　年次有給休暇の権利行使

Q 年次有給休暇を取得するにはどうしたらよいでしょうか？

A 派遣元に時季を指定して請求すれば、年次有給休暇を取得できます。

●派遣元に時季を指定して請求する

　有給休暇は、スタッフから派遣元に「○月○日に有給休暇を取ります」と伝え、有給休暇を取る日を伝える（時季指定する）ことにより取得できます。「有給休暇を取得するときは1週間前までに申請すること」と定めている派遣会社もありますが、法律ではこのような取得要件は定められていないので、前日であっても有給休暇を申請することはできます。

　有給休暇の申請先は派遣元です。有給休暇を取得するに際して、派遣先の承認印などを求めるケースがありますが、承認印がなければ有給休暇を与えないという取扱いは許されません。派遣元には、有給休暇をいつ取るかを伝えれば足りますが、念のため、きちんと賃金を支払わせるため、そのことを記載した書面を派遣会社に提出（持参、郵送またはFAX）してコピーを取っておくようにしましょう。

　派遣元が派遣先に伝えることを忘れてしまうことがあるかもしれませんので、事前に派遣先にも「○月○日休むこと」を伝えておいたほうが良いでしょう。

●チケット制

　年休権行使の形態として、チケット制を採用するケースもありました。これは、スタッフに年休日数分のチケットを交付し、半月に一回賃金計算のためにタイムカードを派遣会社に送るのとあわせて年休権を行使した日を記載してチケットを同封し、指定の日の休み

を年休として処理して賃金を支払うというものです。年休権を行使する相手である派遣会社に足を運ばない労働形態であることから、事務処理上の便利さもあって採用する派遣会社が少なくありませんでしたが、チケットを同封していなければ有休として処理しないというのは許されません。欠勤の事後処理としてチケットを送付した場合に限り年休扱いする仕組みであるときも、チケットの送付という形式のみを問題にして年休処理を否定することもできません。

●年次有給休暇の権利の喪失

　派遣スタッフについては、せっかく発生した年次有給休暇なのに、同じ派遣元の契約終了までの間に取得できず消滅してしまうことがあります。年休の買い取りは認められていませんので、発生したらできるだけ早めに有給休暇を取得してしまおうというスタッフも少なくありません。こうした問題を解消するには、派遣会社との間で話し合って、権利行使できなかった年次有給休暇分について労働契約を締結ないし延長して休暇取得に充てるなどの取扱いも考えられます。

　また、法律で保障された権利なのに、派遣会社が決めた取得手続きをふまえた申請ではないことを理由に年次有給休暇を認めないことは許されません。スタッフが実際に休みを取得したときには、未払いの賃金の請求をする権利があります。またスタッフが不合理な手続き要件を課せられたために年休権を行使して休めなかったときには、損害賠償を請求できます。

3-9　派遣先職場における時季変更権行使

 派遣会社に年次有給休暇の取得を申請してそのことを派遣先に伝えたら、忙しいので年休取得は認められないといわれました。

 年休権を保障する責任は派遣会社にありますので、派遣元事業場で時季変更権を行使できるかどうかが問題です。派遣先の事情がどうであろうと、派遣元から正当な時季変更権の行使がない以上、年休は取得できます。

●時季変更権

　有給休暇は、スタッフが「○月○日に有給休暇を取ります」と時季指定して請求に対し、使用者には時季変更権が認められています。

　時季変更権とは、「請求された時季に有給休暇を与えることが事業の正常な運営を妨げる場合においては、他の時季にこれを与えることができる」というものです（労基法39条5項）。

　この時季変更権も派遣元が行使するもので、派遣先が行使できるものではありません。前述の「有給休暇を与えることが事業の正常な運営を妨げる場合」とは派遣元事業場での事情によるということになります。したがって、有給休暇を取得する時季に派遣先の繁忙期であったとしても、派遣元が、休もうとする派遣スタッフの代替スタッフを派遣すれば良いのです。派遣労働者一人が有給休暇を取得したことで派遣会社の事業の運営を妨げるようなケースはほとんどありませんし、もともといつでも代替となる派遣労働者をたくさん抱えていることが派遣会社の事業の特性であることを考えると、派遣会社が時季変更権を行使できるのは、相当数の派遣労働者が一斉に有給休暇を取ろうとするなどの特殊な事態が起こった場合に限られてくるでしょう。

　退職日以降に時季変更することはできませんから、退職直前に有

給休暇を請求したときには、派遣元は必ず認めなければなりません。退職直前の有給休暇を拒否するケースがときどき見受けられますが、違法です。有給休暇を書面で請求して、コピーを取っておけば、たとえ派遣元が有給休暇を拒否したとしても、有給休暇の権利行使として賃金を支払わなければなりません。賃金不払いは労働基準監督署の是正指導の対象となります。

● 代替要員の配置と派遣先の契約解除

　派遣労働者が時季を指定して年次有給休暇の取得を請求したとき、派遣会社は労働者派遣契約にもとづく債務の履行を確保するため、当該休暇を取得した労働者の代替要員を派遣することはありうることです。しかし、そうした措置を講じることが義務であるかどうかは、労働者派遣契約の内容によります。派遣先は、派遣会社から代替の労働者の派遣を請求することができるにしても、その確保ができないことを理由に派遣労働者の年休権の行使をもって労働者派遣契約を解除することは、許されません。それは、労基法が労働者に年次有給休暇の権利を保障した趣旨および年休権行使を理由に不利益に取り扱わないよう求めている定め（労基法136条）に反するからです。

　また、派遣会社は、代替の労働者が手配できないことを理由に、時季変更権を行使してスタッフの年休取得を拒否することはできません。時季変更権は、派遣会社の事業自体の正常な運営が妨げられる場合に限って行使が認められるに過ぎないからです。

3-10　派遣先カレンダーにもとづく休暇

Q　「休日は土日と祝日」なのに派遣先から『休日カレンダー』に従うよう指示されました。どうしたらいいですか？

A　就業条件明示書どおりに働けば問題ありません。派遣先のカレンダーによって就業できないときでも賃金の支払いを請求できます。

●就業条件明示書

　就業日や休日、始業・終業時刻などは、就業条件明示書に特定し、派遣に先立ってスタッフに交付することが義務付けられています（法34条、則26条1項）。方法は書面でもメールでも構いません。それに「休日は土・日と祝日」と記載されていたのであれば、契約上定められた休日は土・日と祝日のみで、派遣先の休日カレンダーに従う必要はありません。なぜなら派遣先は、就業条件明示書に記載された範囲で指揮命令することができますが、同じように派遣先のカレンダーに従って休めという指示をすることはできないからです。契約どおりに働くことができるようにするため就業条件明示書が交付されるわけですから、派遣就業にあたって必ず交付を受け、派遣先に出勤するときには携帯するようにしてください。もしその記載と異なることを指示されたときには、就業条件明示書を見せて、派遣元に連絡をとってもらうよう要請してください。

●あくまで出勤禁止というときは

　スタッフは、派遣先に出勤して働く権利がありますが、派遣先から「来ないでもらいたい」と言われても無理やり就労することは問題です。派遣先と派遣元でスタッフの就業条件確保に向けて調整することが義務付けられていますので、派遣元にも伝えて調整してもらってください。それでもカレンダーにしたがって出勤しないでもらいたいといわれたときには、「働く意思がある」ことを派遣元に

伝えて賃金の全額を支払ってもらってください。派遣元の責に帰すべき事情によってスタッフの労務の提供を受けられなくなったというわけですから、そのような場合には民法536条2項にもとづいて派遣元は反対給付である賃金の全額を支払う契約上の責任があります。

●賃金の全額払いか労基法26条の休業補償か

　労基法26条は、「使用者の責に帰すべき事由による休業」については、平均賃金の6割以上の休業手当を支払わなければならないと定めています。この規定は、民法536条2項の特別規定で、労働者側の立証責任を軽減し、迅速な生活を保障する趣旨にもとづくものです。この休業補償にもとづく賃金の支払いしかしないという派遣会社もありますが、本来は100％の賃金が支払われるべきです。

　労基法26条で支払義務が課せられる60％の計算方法も問題です。算定基礎となる賃金は、過去3か月の賃金を暦日数で割っています（労基法12条）ので、その6割を就業予定日のみ支払うことになれば、もともとの賃金の4割程度になってしまい、生活が成り立たないという苦情が多く寄せられています。

　「期間労働者に不利益を課する休業処分（休業命令）の合理性は、期間の定めのない労働者に対する場合と比べて、より高度なものを要する」（いすゞ自動車事件・東京地裁判決平成24.4.16）として、民法536条にもとづく賃金全額の支払いを命じるケースもありますので、きちんと請求してみてください。

3-11 職場の安全衛生（製造業務派遣）

Q 職場の安全衛生に関する責任は派遣元・派遣先、どちらで負担するのでしょうか？

派遣元と派遣先が協力しあってスタッフの安全を確保する義務があります。

● 安全衛生体制

　派遣労働者は労働災害発生率が高いことが指摘されています。また、最近の調査研究では、不安定な雇用形態であることから、就業によるストレスも高いことが指摘されています。そのため、派遣スタッフに対する安全衛生管理体制の強化が求められます。

　派遣元も派遣先も派遣スタッフの安全確保のための安全管理体制を確立しておく必要があります（法36条6号、41条4号）。派遣元は派遣スタッフも含めた人数に対応して、総括安全衛生管理者、産業医の選任、衛生委員会の設置などの体制を整備しなければなりません。派遣先も、派遣労働者を含めて算出した常時使用する労働者数などに対応して、派遣元と同じように安全衛生体制をととのえ、派遣労働者の安全衛生に関する事項も含めて必要な職務を行わせ、あるいは調査審議をしなければなりません。

● 安全衛生教育

　派遣会社は、派遣労働者を雇入れたときや、派遣先を変更するなど作業内容を変更したときには、できるだけ早い時期に、作業内容や取扱い機器・原材料の危険性・有害性・取扱い方法などについて十分な時間をかけて安全衛生教育を実施しなければなりません。作業内容の変更を把握したときには、派遣先が実施した教育の実施結果を書面等により確認することが求められます。派遣先に教育の実施を委託することも可能ですが、その実施結果は書面で確認する必要があります（派遣元指針第2の12）。

派遣先は、派遣労働者を受け入れたときには、従事する業務について安全を確保するために必要な教育が実施されているかどうか確認する責任があります。そしてスタッフの作業内容の変更や設備・作業方法が変わったときには十分な安全衛生教育を実施しなければなりません（派遣先指針第2の17）。危険有害業務に従事させるときには、派遣先が教育訓練を実施する責任を負いますが、派遣元は、その実施結果をきちんと把握する必要があります。また、スタッフには派遣先における禁止事項を周知徹底しなければなりません（派遣先指針第2の10）。

● 危険あるいは健康障害防止義務

　派遣元も派遣先も、労働者の危険や健康障害を防止する責任があります。派遣元は、クレーンの運転、玉掛作業、フォークリフト運転、ガス溶接などの就業制限業務については有資格者を派遣しなければなりません（労安法61条、労安則41条）。派遣先も資格を確認することが必要です。また、派遣先は、労働者が従事する作業について、危険性や有害性の調査を実施し、その結果にもとづいて安全対策を講じなければならず（労安法28条の2）、派遣スタッフに危険ないし有害な業務を処理させるときには、当該業務について特別な教育をすでに受けているかどうかを確認し、必要な特別教育を実施したうえ、その結果を派遣元に書面で連絡しなければなりません。安全な作業マニュアルを作成してスタッフの作業状況を確認することも求められます。派遣元・派遣先には、契約上スタッフが、派遣先での危険予知活動や安全衛生改善提案活動、健康づくり活動等の安全衛生活動に参加できるよう配慮する義務もあります。

● 健康診断

　入職時健康診断やその後年1回の一般健康診断は派遣元の責任で実施しなければなりません。危険有害業務に従事する場合などに義務付けられている特殊健康診断は派遣先が実施する義務を負います。

そして、派遣元は、派遣先が実施した特殊健康診断の結果や派遣先での有害業務の作業の記録を入手して保管しなければなりません。

● ストレスチェック・面接指導

派遣スタッフの時間外・休日労働が長時間にわたる場合も少なくありません。月100時間を超えるスタッフが派遣元に申し出たときは、派遣元は医師による面接指導を適切に実施することが義務付けられています（労安法66条の8、労安則52条の2）。また、常時使用する派遣スタッフに対し、1年以内の期間に1回は、心理的な負担の程度を把握するためのストレスチェックと面接指導などを実施する必要があります（労安法66条の10）。こうした取組みを効果的に実施するため、派遣元は、派遣スタッフの同意を前提に、派遣先に対し、派遣スタッフの労働時間、勤務状況、職場環境に関する情報提供を依頼し、派遣先にはこれに応じなければなりません。また、派遣先には、派遣スタッフの面接指導が受けられるよう配慮することや、派遣スタッフも含めた一定規模の集団ごとにストレスチェック結果を集計分析して、その結果をふまえて安全対策を実施することが求められています。

● 労働災害補償の手続き

仕事が原因（業務に起因する）でケガをしたり病気になったりしたとき、労働者が生活のことを心配しないで安心して治療に専念できるようにするため、労基法は、使用者に、治療費や治療のための休業中の生活を補償する（休業補償）責任を課しました（労基法76条）。治療しても障害が残ったときの生活補償（障害補償）や、労働者が死亡したときの遺族の生活補償（遺族補償）の責任も課しています（労基法77条、79条）。そして、すみやかな補償のために労働者災害補償保険制度が設けられ、労災保険から治療費や休業補償費、障害補償費、遺族補償費の支給が受けられます。また、労災保険制度は、通勤途上で発生した災害についても同様に補償を行

うことになっています（労災補償法7条1項2号）。労災補償責任は派遣元にあり、労災保険は派遣元が保険者です（強制加入）。労災保険給付は労働基準監督署に申請します。派遣元の事故態様についての証明が求められますが、対応してくれないときはその旨説明して事故などの発生状況を記載して手続きできます。また、派遣先は、スタッフが被災したときには、労働者死傷病報告を作成して派遣元事業場を所轄する労働基準監督署に提出しなければなりません。

　労災保険からは、治療費の全額が支給されますし、休業補償は平均賃金の80％が補償されます。また障害補償は、障害の程度に応じて、遺族補償は支給を受けることができる遺族が選択した年金と一時金のいずれかの形態で支給されます。

● 損害賠償請求

　ケガや病気の原因が仕事にあり、使用者に責任があると認められるときは、労基法に定められた労災補償責任とは別に、損害賠償責任を負うことになります。使用者には、労働者を自らの指揮命令下において働かせる以上、労働者が命を落としたり、健康を害しないよう配慮する労働契約上の配慮義務を負担しています（安全配慮義務・労契法5条）。労働者は労働契約を締結することによって命や健康まで使用者に売り渡すものではないということからすれば、当然の義務というべきです。こうした義務は、派遣先についても同じように認められることになります。したがって、スタッフは、派遣先に対して、事故や病気が仕事から発生したもので、それについて派遣先に安全配慮義務違反があったときは、事故や病気によって発生した経済的・精神的なすべての損害について賠償請求できます。

　派遣元についても、前述した義務を怠るなど事故や病気が発生しないよう配慮義務を尽くさなかったときは、派遣先と連帯して賠償責任を負担することになります。ただし、損害賠償金は、慰謝料を除き、労災保険給付との調整がありますので、注意してください。

第4章
妊娠・出産とスタッフの権利

---- POINT ----

●男女平等の実現には、妊娠・出産のための労働条件保障や社会的保護が不可欠

●女性差別撤廃条約は、婚姻または母性を理由とする女性に対する差別を防止し、特別の保護を求めている

●正社員のみならず派遣スタッフにも同一の権利を保障すべき

●労働者派遣は、労働者の権利行使による使用者の負担を免れるために利用されてきた

●派遣法では、派遣先・派遣元の労働法上の責任を明確にし、スタッフが不利益をこうむらないようにしている

●妊娠・出産に関する権利行使を理由とする派遣契約解除、解雇、配置、賃金等、待遇に不利益を加えることは許されない

●権利を保障するための仕組みを活かすことが必要

4-1 生理休暇

Q 生理休暇を取ろうとしたら、派遣先から医師の証明を求められました。そういう権利を行使すると派遣先から良い評価はもらえないと派遣元担当者はいいます。休まないほうがよいでしょうか？

A 生理休暇の取得には本人の申し出で足り、医師の証明を求めることは許されません。取得を困難にして権利保障の趣旨を著しく損なうような取扱いは違法無効です。

●生理休暇の権利

　労基法68条は、生理日の就業が著しく困難な女性に対する措置（生理休暇）として、「使用者は、生理日の就業が著しく困難な女性が休暇を請求したときは、その者を生理日に就業させてはならない。」と定めています。妊娠出産機能をもつ女性の健康と安全の保護の必要から権利として認められた休暇で、請求すれば使用者は休みを取得させる必要があります。生理の有無や周期、生理時の状況は健康状態をよく表しており、生理時には、労働ストレスや、ウイルスや細菌、有害物質による影響を受けやすく、事故にもつながりやすいという指摘もあります。繁忙などによるストレスや、生理時の健康に不安がある人は、休みをとって休息することが必要です。正規労働者より非正規で働く人のほうが、ストレス度が高いという調査結果もあります。労基法は、女性の健康と安全の保護という一般的な観点から、妊娠出産の可能性を問わず、生理時に休みを取る権利を保障したものです。その趣旨を活かすことが求められます。

●派遣先は請求を拒否できない

　生理休暇は派遣先に請求します。派遣先は、スタッフから請求があった以上、労働者を生理日に就業させることができません。「生理日」とは、生理に伴う下腹痛、腰痛、頭痛等の症状のある日とさ

れています。苦痛の程度を医学的に証明するのは不可能なので、本人の申出による以外にありませんから、医師の証明を求めることは合理性もなく、請求を困難にするので許されません。通達も「その手続きを複雑にすることの制度の趣旨が抹殺される」として、「原則として特別の証明がなくても、女子労働者の請求があった場合にこれを与えることにし、特に証明を求める必要が認められる場合であっても医師の診断書のような厳格な証明を求めることなく、たとえば同僚の証言程度の簡単な証明」で足りるとしています（昭和23.5.5基発682号）。

●休暇中の所得保障

　生理休暇については有給であることは要件ではありません。派遣スタッフの場合、無給になることが圧倒的に多いと思われます。生理休暇を取得することを理由とした不利益取扱いの禁止規定は、明確に設けられていませんので、これまで有給であるものを無給にしたり、皆勤手当や一時金の査定に生理休暇取得を不利益に扱ったりすることが違法無効かどうかが問題になってきました。

　生理休暇は健康と安全のための権利として保障されたものです。したがって、権利取得が著しく困難になって権利を保障した趣旨が損なわれるような取扱いは許されません。

●スタッフは無給、派遣先社員は有給

　休暇の権利に格差があることは少なくありません。派遣先社員が諸休暇を有給で取得できるのに、派遣スタッフは無給の取扱いにすることは違法ではありませんが、派遣元には派遣先社員との均衡を考慮して労働条件を決定する義務があります。派遣先は、同種の業務に従事する派遣先社員の労働条件などについて情報提供する義務があります。派遣スタッフも派遣先社員も同じ職場で働く仲間であるなら、健康のための大事な権利に格差があるのは理不尽です。格差解消に向けて点検してみましょう。

4-2 妊娠中の軽易作業への転換請求

Q 妊娠したので、倉庫での仕事から別の職場で働けるようにしてもらいたいと派遣元担当者に相談したら、派遣契約の仕事は倉庫での仕事となっているので認められない、もし軽い仕事が希望なら契約は続けられないと言われました。

A 請求した以上、派遣先は軽易作業に転換させなければなりませんし、不利益な取扱いをすることは許されません。

● 軽易業務への転換請求権

　医学的には、妊娠中の女性の健康と胎児の発育のためには、労働による負担を軽減しなければなりません。スタッフが請求したときには、軽易な業務に転換させなければなりません（労基法65条3項）。派遣元も派遣先も、この請求を拒否したり、軽易な業務がないことを理由に一方的に休業を命じることはできません。通達では、「原則として女子が請求した業務に転換させる趣旨であるが、新たに軽易な業務を創設して与える義務まで課したものではない」（昭和61.3.20基発151号・婦発69号）としていますが、請求された業務がないとか配置が難しいなどの事情があった場合は、調整して業務軽減措置を実施しなければなりません。これまで従事していた業務の負担の重い業務や、仕事量全体を軽くするために、サポート体制をとったり、休憩時間を長くしたりすることはできるはずです。

● 仕事の転換請求と派遣契約の中途解除

　こうしたきめ細かい措置を講じることは、均等法13条でも求められています。また、均等法9条3項では、使用者は、この請求を理由に、解雇その他の不利益な取り扱いをしてはならないとしています。軽易作業への転換請求が権利として認められていることや、女性の健康状態と意思の尊重が何より大事ということからすると、派遣契約の解消などとんでもないことです。労働者派遣契約の中途

解除は、妊娠・出産ないし権利の行使を理由とするものですので、法27条に反して違法無効となります。

● 労働者派遣契約で決めた業務内容の変更

労働者派遣契約で決めた特定の業務に従事できないとして転換請求したとき、契約外業務への転換請求は契約内容の変更になるとして派遣契約を打ち切られる可能性もあります。しかし、派遣先は、妊娠出産等を理由とする不利益な取り扱い禁止について責任を負う立場にあります。派遣先・派遣元は、契約内容を見直して軽易な業務への転換を実現できるかどうか調整をはかる義務があるというべきです。軽易業務への転換請求権の保障は、生活の基盤を失わないで健康を維持することに基本的な趣旨がありますので、契約で決めた業務以外に仕事に従事させることはできないというだけでは、その義務を尽くしたことにはなりません。

● 派遣先には軽易業務がないとき

軽易な業務への転換に向けた調整が不可能な客観的状況があって、派遣先では継続して勤務できないときでも、派遣会社の仕事に従事するなどの可能性もあります。

無期雇用派遣労働者は派遣契約の存続如何にかかわらず雇用が保障されますので、派遣元は、軽易業務への転換の権利を保障した趣旨を損なわないよう、派遣先で転換可能な軽易業務がみつからないなら、当該派遣先以外の自社を含む職場での仕事に従事することも考えられます。

また、新しい制度では、有期雇用派遣を「臨時的・一時的」働き方として位置づけつつ安定的な雇用への転換を図ることにしていますので、派遣元は雇用の安定化のための措置（派遣元での業務に従事するなどが含まれます）とともにスタッフの健康を守る配慮を尽くす必要があります。

4-3 通院休暇・通勤緩和・妊娠障害休暇

 切迫流産で医師から絶対安静を指示されましたが……。

 均等法では、医師の指示に従った就業を確保しなければなりません。医師に指示書を作成してもらって仕事を休み、安静を確保してください。

●均等法による義務づけ

均等法12条は、母子保健法の規定による保健指導または健康診査を受けるために必要な時間を確保すること、13条では、12条の保健指導または健康診査にもとづく指導事項を守ることができるようにするため、勤務時間の変更、勤務の軽減等必要な措置を講じなければならないとして事業主に義務付けています。義務を負担するのは、派遣元と派遣先です。

派遣元は、就業規則等に通院休暇や保健指導事項を守るための措置を定めてこれを保障する必要があります。仮に派遣元の就業規則等に定めがなくても、労働者は、均等法にもとづいて、派遣元や派遣先にこれらの権利を行使することができます。

●通院休暇の保障

母子保健法にもとづいて受診すべき回数として保障しなければならない通院休暇は、妊娠23週までは4週間に1回、妊娠24週から35週までは2週間に1回、妊娠36週から出産までは週1回、出産後1年以内は医師や助産師が指示する回数です（均等則2条の3）。ただし、医師や助産師がこれとは異なる回数の受診を指示したときには、それによります。厚生労働省の通達は、以下のように、配慮事項を定めています（平成9.11.4基発695号・女発36号）。

① 労働者が希望する場合には、母親学級および両親学級等集団での保健指導、歯科健康審査および歯科保健指導についてもで

きる限り受けられるように配慮することが望ましい。
② 「必要な時間」とは、医療機関等における待ち時間や往復時間を含む。
③ 必要な時間の与え方および付与の単位によって通院が妨げられることがあってはならない。
④ 通院休暇中の賃金については労使が話し合って決めておくことが望ましい。すでに有給通院休暇が保障されている職場ではこれを変更する必要はない。
⑤ 通院日や医療機関の選択は労働者の希望による。
⑥ 通院休暇の請求に診断書等を求めることは可能であるが、母子健康手帳を開示させることはプライバシー侵害に該当するから許されない。
⑦ 出産予定日や次回通院休暇はそれが把握できたときには早期に知らせることが望ましい。

● 妊娠障害休暇等の保障

均等法13条で保障される措置は、①妊娠中の通勤緩和措置、②妊娠中休憩に関する措置、③妊娠中および出産後の症状に対応する措置の3つです（妊娠出産指針2）。具体的には以下のとおりです。

①通勤緩和措置

医師の具体的な指導がないときでも、労働者から申請があったときには適切な対応をとる必要があります。

②妊娠中の休憩

勤務の負担が妊娠の経過に影響を及ぼすものとして医師等から指導を受けたことを明らかにして申出たときには、休憩時間の延長、休憩回数の増加等の措置を講じなければなりません。医師等による具体的な指導がないときでも、適切な対応を図る必要があり、医師等と連絡をとり、休憩室を設けたり、立作業に従事している場合には椅子を設置して休憩を取得できるようにするなどの配慮が求めら

れます。

③妊娠中および出産後の症状に対応する措置

　作業の制限や妊娠障害休暇の保障があります。妊娠中や出産後の症状に関して医師等の指導を受ける旨の申し出があった場合、事業主は、その指導にもとづいて、作業の制限、勤務時間の短縮、妊娠障害休暇の保障など、必要な措置を講じなければなりません。いずれの措置も必要かつ充分なものでなければなりません。作業制限は、ストレスや緊張を多く感じる作業、同一姿勢を強制される作業、腰に負担のかかる作業、寒い場所での作業が考えられますが、必要かつ充分なものでなければなりません。また勤務時間短縮も休業も、医師等の指示が充足できるようにする必要があります。

●不利益取扱いの禁止

　この規定にもとづく権利行使を理由とする不利益取扱いは、禁止されています（均等法9条3項）。妊娠障害休暇の必要にもとづく措置として、休暇中の臨時的な対応として代替要員を配置して休業を保障することは当然として、休業している労働者に配転措置を講じて復帰後も当該業務から一方的に外すことは許されません。

　派遣先でも派遣元でもかまいませんので、切迫流産で絶対安静を指示されたときには、医師がその旨を記載した指導票を提出して、絶対安静を確保してください。安静を指示されて就労できない期間中の賃金を支払うかどうかは、契約内容によります。ノーワーク・ノーペイの原則によって無給にすることもただちに違法になるわけではありませんが、これらの権利行使を理由にして不利益に取扱うことは許されません（均等法9条）。たとえば、他の理由で遅刻・早退・欠勤しても賃金カットを受けていないときには、不利益取扱いとして許されません。

通勤緩和措置一覧

通院休暇（均等法12条）	母子保健法による保健指導又は健康診査を受けるために必要な時間を確保することができるようにしなければならない。具体的には次に定めるところにより必要な時間を確保することができるようにしなければならない。ただし、医師又は助産師がこれと異なる指示をしたときは、その指示するところにより、当該必要な時間を確保することができるようにすること。 　　妊娠週数　　　　　　　　　期間 　　妊娠23週まで　　　　　　　4週1回 　　妊娠24週から35週まで　　　2週1回 　　妊娠36週から出産まで　　　3週1回 出産後一年以内は、医師又は助産師が保健指導又は健康診査を受けることを指示したときは、その指示するところにより、必要な時間を確保できるようにする。
通勤緩和・妊娠傷害休暇等の保障（均等法13条）	保健指導又は健康診査に基づく指導事項を守ることができるようにするため、厚生労働大臣の定める指針にしたがって、勤務時間の変更、勤務の軽減等必要な措置を講じなければならない。指針は具体的な措置として以下の3つを定めている。 ①　妊娠中の通勤緩和 ②　妊娠中の休憩に関する措置 ③　妊娠中又は出産後の症状等に対応する措置 いずれの場合も、個々の妊娠中及び出産後の女性労働者の症状に関する情報は、個人のプライバシーに属するので、その保護について特に留意する必要がある。

4-4　時間外・休日・深夜労働規制

Q 深夜過ぎまで残業して休日出勤もざらですが、健康が心配です。

A 妊産婦は、時間外・休日・深夜労働を拒否でき、不利益取扱いも許されません。

●妊産婦に関する時間外・休日・深夜労働規制

　労基法66条1項は、妊産婦は、変形労働時間制が採用されて1日8時間、週40時間を超える労働が義務付けられていても、1日8時間・週40時間を超える部分の労働を拒否できると定めています。また、66条2項は、1日8時間、1週40時間を超える労働を命じられたり、週1日の休日に出勤を命じられたりしても、妊産婦はこれを拒否することができると定めています。さらに3項では、妊産婦は、午後10時から午前5時までの深夜の時間帯の労働を拒否することができると定めています。

●派遣スタッフの権利

　派遣スタッフの場合、労働者派遣契約と派遣労働契約に、契約された労働時間＝所定外労働の有無とその範囲が明示されています。もともとそれが明示されていないときには、所定外の労働に従事する義務はありませんので、派遣先から指示されても、それに従うことはありませんが、所定外労働に従事することが予定され、その範囲も特定して明示されているときには、派遣スタッフは、その指示に従って働く義務があります。しかし、前述のように1日8時間、1週40時間を超えたり、深夜の時間帯にかかる労働については、妊娠中および出産後1年を経過しないスタッフが派遣先・派遣元に請求したときには、従事させることはできません。

●賃金はどうなるのか

　時間外・休日・深夜労働は、そもそも臨時の必要にもとづく例外

的な労働ですから、基本的に拒否する権利があるというべきです。変形労働時間制などで、深夜労働や1日8時間・1週40時間を超える労働が所定内労働として義務付けられていることがありますが、この権利を行使すると、その一部について不就労が生じることになるので、賃金カットの問題が生じます。しかし、権利行使したスタッフは、1日8時間、1週40時間を超える部分の労働は拒否しても、その部分と調整されるそれを下回る日または週についても法定労働時間分は働く意思をもっているので、たとえば1日の所定労働時間が5時間であっても、当該労働者には8時間働いてもらうこともできるはずです。それができないために就労を拒否しなければならない事情がないなど合理的な理由が認められないときは、賃金を支払わなければなりません（民法536条2項）。

●不利益取扱いの禁止

　派遣スタッフが義務付けられた労働を拒否したとき、派遣契約の内容が守れないことを理由に派遣契約を解除することも考えられますが、それは許されません。この権利を行使したことを理由として不利益な取扱いをすることは許されませんが（均等法9条）、その趣旨は、労働者派遣契約の解除にあたっても貫かれるべきだからです。法27条では、労働法でスタッフの権利を保障した趣旨をないがしろにするような契約解除を禁止しています。派遣先は契約解除のみならず、スタッフの差し替えを要求することもできません。労働者派遣契約を更新しない取扱いについては法律による規制はありませんが、新しい派遣法では、派遣スタッフの雇用安定化が義務付けられるようになっています。その趣旨は、女性スタッフが妊娠・出産や仕事と生活の両立のために雇用や仕事を失うことがあってはならず、直接雇用の原則をふまえて安定的な雇用を保障すべきであるということにあります。派遣先も派遣元も、そうした観点にたってスタッフの雇用をつないでいくべきです。

4-5　出産休暇と不利益取扱いの禁止

 妊娠したので出産予定日とともに産休にはいる日を派遣元担当者と派遣先の上司に報告したら、契約を解除すると言われました。

 妊娠・出産等を理由にした契約解除は許されません。

●出産休暇の権利保障と契約解除の禁止

　出産休暇は、出産予定日の6週前（多胎妊娠については14週前）から出産後8週間認められます。労基法65条で「使用者は、6週間（多胎妊娠の場合にあつては、14週間）以内に出産する予定の女性が休業を請求した場合においては、その者を就業させてはならない。」（1項）、「使用者は、産後8週間を経過しない女性を就業させてはならない。ただし、産後6週間を経過した女性が請求した場合において、その者について医師が支障がないと認めた業務に就かせることは、差し支えない。」（2項）と定めています。

　これらの権利は当然、派遣スタッフにも保障されています。請求先は派遣元になります。請求を受けた派遣元は、必ずスタッフに休みを取らせなければなりません。「忙しいから」といって先延ばしにすることも許されません。また、この権利は通算で出産休暇期間を定めていても、産後の6週間の休業は強制であり、またこれを超える2週間も労働者が休業を求める以上（医師の診断書を添えて就労を求めない以上）は休ませなければならないことになっています。

　請求を受けた派遣元としては、休業を請求したスタッフの代わりに誰かほかのスタッフを就業させて派遣契約をつなぐことになります。派遣先は、スタッフの産休取得を理由に派遣契約を解除することはできません（法27条、均等法9条）。休業したスタッフは、出産休暇明けに職場復帰するときそのポストに戻ることができます。

派遣元は、後述のように、すでに他の派遣スタッフが働いているからといって、休業したスタッフの派遣先や職場、仕事を変えるなどの不利益取扱いはできません。

● 所得保障等

出産休暇中の所得保障は、無給でもかまいません。しかし、出産のために休業する労働者が健康保険被保険者であれば、出産手当金の給付を受けられます。給付は、標準報酬日額の3分の2に相当する金額を、出産の日以前42日（多胎妊娠の場合には98日）から出産後56日までを範囲に就労しなかった日数分支給されます（健康保険法102条）。また2009年10月以降は、出産に要する費用について、被保険者ないし被扶養者が出産したとき申請すれば、42万円までの範囲で健康保険から給付を受けられます（同法101条）。さらに、健康保険から、被保険者ないし被扶養者に対して出産育児一時金の給付を受けることもでき、1年以上健康保険被保険者であった女性が資格喪失した日以降6か月以内に出産したときでも出産育児一時金の給付を受けることができます（同法106条）。

● 出産休暇による不就労の取扱い

出産休暇取得による不就労が労働者の基本的な権利に不利益に働かないよう、労基法では、年次有給休暇の取得要件については出勤したものとして取り扱うこととし（39条8項）、また平均賃金の算定にあたっては、産前産後休業期間中は算定期間から除外する（12条3項2号）と定めています。

● 解雇制限

出産休暇中および復帰後30日以内の解雇は、当該解雇が客観的に合理性があると判断されたとしても許されません（労基法19条1項）。これは、生活の基盤を喪失させる解雇が行われた時に被る精神的打撃に配慮したものです。後述する不利益取扱い禁止としての解雇とは基本的性質が異なるので、注意が必要です。

4-6 育児時間

Q 保育園の送り迎えのために出勤時間を1時間遅らせてもらいたいのですが、スタッフでも可能ですか？

A スタッフも1時間の育児時間を取得できます。

● 哺育のための権利

　労基法67条は、女性が生後1年未満の子どもを哺育するときには、授乳その他の世話のために、休憩時間以外に1日2回、各30分の育児時間を与えなければならないと定めています。スタッフもこの権利を行使することができます。請求先は派遣先です。

　スタッフがこの権利を派遣先に行使して請求したときは、使用者は労働者に、授乳その他の世話のための時間を与えなければなりません。通達では、1日の労働時間が4時間以内の労働者については、1日1回、30分の育児時間の付与で足りるとしていますが、それは、労基法67条の規定が、1日の労働時間が8時間程度の通常の労働者であることを前提としているからで、あくまでその通常の労働時間の半分以下で働く労働者についての取扱いとして許されるというものです（昭和36.1.19 基収8996号）。したがって、たとえば、1日6時間程度の時間働く労働者の育児時間を4分の3の1回22分30秒だけ認める、といった取扱いは許されません。

● 育児時間の取得方法

　育児時間は、育児をしている労働者が、実際に必要な時間帯に請求して取得できるものでなければ意味がありません。したがって、どの時間帯に育児時間を取得するかは、労働者が自由に選択することができることになっています。派遣スタッフが選択のうえで権利を行使した以上、派遣先はそれを認めなければなりません。

　派遣先が一方的に育児時間の時間帯を指定して、その時間帯しか

権利を認めないとすることは労基法違反になります。今日の通勤実態からすると、1日2回に分割して取得するのは不便なことが少なくありませんし、保育所の送り迎えの便宜を考えたときには、1日2回に分けないで連続した1時間で育児時間を請求するのは当然の権利としてゆるされるべきです。派遣スタッフが終業時刻の前1時間を育児時間として請求したとき、「2回に分割せよ」として認めないのは労基法違反です。

● 所得保障

　労基法67条では、育児時間中の賃金保障については定めがないので、無給であっても法律に違反しません。育児時間中の賃金については、賃金制度によることになりますが、特に登録型派遣スタッフの場合には賃金が時間給になっていることが少なくなく、その場合には賃金は支払われません。無期雇用派遣スタッフや有期であっても常用型で働く派遣スタッフの場合には、月単位、あるいは日単位で賃金が支給される制度も少なくありません。そうした場合で、欠務にかかわらず賃金を支給する取扱いになっているところでは、取得した育児時間分賃金を差し引く取扱いは、育児時間を取得したことを理由とする不利益な取扱いとして許されません。

　ILO183号（母性保護条約）は、哺育のための業務の中断は労働時間として算定し、それに対応した報酬を支払うよう定めています。国際水準にもとづいて権利を向上させることも課題です。

4-7　妊娠・出産等を理由とする不利益取扱いの禁止

Q 出産休暇に入りましたが、派遣元から次期の契約は更新できないという連絡が入りました。どうすることもできないのでしょうか？

A 派遣元は、スタッフの妊娠出産やこれにかかわる権利を行使したことを理由とする不利益な取扱いを禁止されています。雇用安定措置も義務付けられていますので、妊娠・出産等を理由に更新拒否をすることは許されません。

●均等法にもとづく解雇など不利益取扱いの禁止

　出産休暇の取得を理由とする不利益な取扱いは、均等法9条によって禁止されています。この規定は、雇用主である派遣元に適用されることはもちろんですが、指揮命令権を行使する派遣先にも適用があることは当然です。均等法9条が禁止しているのは、①女性労働者が婚姻し、妊娠し、または出産したことを退職理由として予定する定めをすること、②女性労働者が婚姻したことを理由として、解雇すること、③女性労働者が妊娠したこと、出産したこと、出産休暇を請求し、休業をしたことその他の妊娠または出産に関する事由であって厚生労働省令で定めるものを理由として、当該女性労働者に対して解雇その他不利益な取扱いをすることです（詳細は、280頁以下の一覧表参照）。

　したがって、妊娠した女性労働者がそのことを告げた途端に、これ以上は不要といわんばかりに職場から排除し、孤立した職場環境に置いたりして職場から排除するような取扱いは許されません。賃金等の待遇に不利益を加えることも許されません。スタッフに対する取扱いも同様です。

●妊娠・出産等を理由とする解雇の禁止と立証責任の転換

　妊娠・出産したことあるいはこれらに関連して権利を行使したこ

とを理由にした解雇は禁止されますが、均等法では、妊娠出産などを理由とする解雇かどうかの立証は労働者側には困難であるため、均等法9条4項で、立証責任を使用者側に転換していることを明らかにしています。すなわち、「妊娠中の女性労働者及び出産後一年を経過しない女性労働者に対してなされた解雇は、無効とする。ただし、事業主が当該解雇が前項に規定する事由を理由とする解雇でないことを証明したときは、この限りでない。」と定めています。したがって、妊娠出産等を理由とする解雇ではないことは、使用者において厳格に証明されなければ、労働者は働き続ける権利があります。

　また、均等法6条では、女性であることを理由とする差別的取扱いを禁止し、4号で、退職勧奨や労働契約の更新拒否についても禁止の対象になることを明確にしていますので、出産休暇を取得したことなどを理由として派遣スタッフの契約更新を拒絶することも許されません。

●派遣契約の解除・打ち切り

　均等法9条は、前述のように、女性労働者が妊娠したこと、出産したこと、妊娠出産にかかわる諸権利の行使を理由として、解雇その他不利益な取扱いを禁止しています。そして、派遣法は、派遣スタッフの権利を保障するため、労働者派遣契約を規制していますが、法27条で、「労働者派遣の役務の提供を受ける者は、派遣労働者の国籍、信条、性別、社会的身分、派遣労働者が労働組合の正当な行為をしたこと等を理由として、労働者派遣契約を解除してはならない。」と定め、労働法の趣旨を損なう理不尽な派遣契約の解除を禁止しました。これによると、妊娠出産や妊娠出産にかかわる権利行使を理由として労働者派遣契約を解除することは、この規定に反して違法無効というべきです。

　また、均等法指針によると、前記の「不利益取り扱い」の類型の

なかに、派遣労働者として就業する者について、派遣先が当該派遣労働者に係る労働者派遣の役務の提供を拒むこと（第4の3（2）ル）とし、これに該当する場合として、①妊娠した派遣労働者が、派遣契約に定められた役務の提供ができると認められるにもかかわらず、派遣先が派遣元事業主に対し、派遣労働者の交替を求めること、②妊娠した派遣労働者が、派遣契約に定められた役務の提供ができると認められるにもかかわらず、派遣先が派遣元事業主に対し、当該派遣労働者の派遣を拒むこと、を掲げています（第4の3(3)ト）。したがって、労働者派遣契約の解除はもちろん、派遣スタッフの差し替え要求も許されません。

　前述したように、労働者派遣契約を更新しない取扱いについては法律による規制はありませんが、たとえ労働者派遣契約といえども、妊娠出産等のみを理由として契約の更新を拒絶して派遣労働者の受入れを拒否することは、前記の規制の趣旨を損ない、公序に反して違法無効というべきです。しかも、新しい派遣法では、派遣スタッフの雇用安定化が義務付けられるようになっています。その趣旨は、女性スタッフが妊娠・出産や仕事と生活の両立のために雇用や仕事を失うことがあってはならず、直接雇用の原則をふまえて安定的な雇用を保障すべきであるということにありますので、派遣先も派遣元も、そうした観点にたってスタッフの雇用をつないでいく法律上の義務があるというべきです。

『妊娠しました』に対する会社の心無い対応

派遣労働者として働いていたＡさん（30代・女性）は、3か月更新の契約でしたが、長期で働くことを予定していました。ある日、体調不良で病院に行ったところ、妊娠していることがわかり、Ａさんは、派遣先の上司に妊娠していることを告げました。ところが、数日後、派遣会社から1通のメールが届きました。「派遣先としては妊娠して体調が悪い人材を継続的に雇用できないということです」。Ａさんは、契約を1か月残して解雇されることになりました。

「働き続けたい」と訴えるＡさんに、派遣会社の担当者は、その後も心無いメールを送りつけてきました。一部抜粋すると、

－同じ男として面倒をみる自信がないのに子どもを妊娠させたりは私はいたしません。私にも妻はおりますが、家でごろごろしております。きっちり面倒はみております（私の小遣いは無いですが）。いつ妊娠しても大丈夫な経済的蓄えもございます。

－今回の派遣先には、妊娠ということを言ってしまっており、派遣先も辞めさせたいという意向が固まってしまっております。

－やはり、妊娠という言葉は即『辞めてください』となってしまうケースがほとんどです。通常、就業先が嫌で辞めたいスタッフが辞める口実としてよく使う手段が『妊娠しました』発言です。『妊娠しました』と言われてしまうと就業先としては続けさせようにも続けさせられない、という判断が非常にございます。たらればを言っても始まりませんが、続けたいなら『妊娠しました』発言は絶対言ってはいけなかったのです。

Ａさんは、配偶者も非正規雇用であったため安定収入が無く、自分自身も収入を失ってしまうと、とても出産・子育てはできないと判断しました。Ａさんはすでに中絶の予約を入れていましたが、ユニオンに相談して、育児休業を取得している派遣労働者がいることを知って中絶の予約をキャンセルし、ユニオンに加入して解雇撤回を求めようと決意しました。派遣会社と交渉した結果、派遣会社はＡさんの解雇を撤回し、Ａさんの育児休業取得を認めることを約束しました。Ａさんは「派遣スタッフが安心して子どもを産めないような現在の『派遣』の制度はおかしい。子どもを産む権利は誰にでもあるはず。1回はあきらめかけたけれども、出産できてよかった」と話しています。

4-8　不利益な言動

Q 派遣先社員と結婚しました。子どもができたので上司に報告しましたが、「いつ辞めるのか？」など嫌味を言われます。

A 妊娠・出産にかかわるハラスメントは許されません。派遣先もこうしたハラスメントを防止する義務を負っています。

●ハラスメントは許されない

　派遣元も、派遣先も、スタッフが、妊娠・出産あるいは妊娠出産にかかわる権利行使に関連してハラスメントを受けないようにしなければなりません。具体的には均等法のセクハラ指針とほぼ同様の規定を設けて、女性が妊娠出産等により働く環境を害されないようにしようとするものです。厚労省の調査によると、派遣スタッフのマタハラ経験率は2人に1人と著しく高率です。格段の取組みが求められています。

　指針では、ハラスメントには、妊娠出産に関する言動により就業環境が害されるものと、制度の利用に関する言動により就業環境が害されるもの（状態への嫌がらせ型）や、制度の利用に関する言動により就業環境が害されるもの（制度の利用への嫌がらせ型）にわけて、どのようなものがあるのか例示を列挙しています。ただし、業務分担や安全配慮等の観点から、客観的にみて、業務上の必要性にもとづく言動によるものと判断される場合には、職場における妊娠・出産等に関するハラスメントに該当しないとされています（妊娠出産ハラスメント指針2(1)、(4)、(5)）。派遣スタッフに「いつ辞めるのか？」などとして退職を促す発言は、業務上の必要にもとづく発言とは考えられないものですので、対処が求められる嫌がらせということになります。

●指針で対処が求められる妊娠出産に関する嫌がらせ

　状態への嫌がらせ型の例示のなかでは、①解雇その他不利益な取

扱いを示唆するもの（女性労働者が妊娠当したことをにより、上司が当該女性労働者に対し、解雇その他不利益な取扱いを示唆すること）、②妊娠したこと等により嫌がらせ等をするもの（客観的にみて、言動を受けた女性労働者の能力の発揮や継続就業に重大な悪影響を生じる等当該女性労働者が就業するうえで看過できない程度の支障が生じるようなものが該当する）とされ、女性労働者が妊娠等したことにより、上司または同僚が女性労働者に対し、繰り返しまたは継続的に嫌がらせをすること（当該女性労働者がその意に反することを当該上司または同僚に明示しているにもかかわらずさらにいうことを含む）としています。

●指針で対処が求められる制度の利用への嫌がらせ

　また権利を行使しないよう圧力をかけたり、権利行使の請求を撤回するよう求める上司や同僚からの行為は許されないことになっています。指針では、「客観的にみて、言動を受けた女性労働者の能力の発揮や継続就業に重大な悪影響が生じる等当該女性労働者が就業する上で看過できない程度の支障が生じるようなものが該当する」とされ、上司あるいは同僚の言動については「繰り返し又は継続的に嫌がらせ等」をすること、とされています。同僚からのハラスメントの例としては、同僚が当該女性労働者に、繰り返しあるいは継続的に制度等の利用の請求等をしないように発言すること（当該女性労働者がその意に反することを当該同僚に明示しているにもかかわらずさらに言うことを含む）も該当するとされています（妊娠出産ハラスメント指針2(4)ロ③）。指揮命令下にある上司の発言とは違って、同僚からの権利行使を抑制するような発言については、「繰り返し」に加えて「意に反することをわかりながら」という要件が求められているようにも読めますが、心理的に負担となるような言動を広く防止していく取組みが求められます。

●防止措置等

　このように対処が求められる嫌がらせの範囲は、行為が違法といえるかどうかといったことを念頭においてか、限定されているように見えますが、指針自体が「例示」と述べていることも考慮されるべきです。特に、ハラスメントの防止を雇用管理の基本とする場合には、ハラスメントの土壌や兆候などについても対策を講じる必要があります。対策としては、①ハラスメントを許さないとする事業主としての方針を明確化して、労働者に周知・啓発すること、②苦情や相談に応じて適切に対応する体制を整備すること、③職場における妊娠・出産等に関するハラスメントについて、事後の迅速かつ適切な対応をすること、④職場における妊娠・出産等に関するハラスメントの原因や拝啓となる要因を解消するための措置が求められます（妊娠出産ハラスメント指針3）。

●派遣先就労の確保に向けて派遣法を活用する

　派遣スタッフが派遣先で妊娠出産等に関するハラスメントを受けて、就業環境を害されるようなことがあったときは、解決するためにいくつかの方法が考えられます。ひとつは、派遣法にもとづく苦情解決制度を利用して派遣元・派遣先責任者の間で調整して解決することです（法40条1項、派遣元指針第2の3、派遣先指針第2の7）。その場合には、派遣元担当者、派遣先担当者のどちらでも結構ですので（就業条件明示書に記載してあります）、ハラスメントを受けた内容を簡略に示して要望を伝えれば、両者の間できちんと解決をしなければならないことになっています。また、派遣労働者も、前述の雇用管理上の措置の対象になりますので、派遣先のハラスメント苦情相談窓口を利用することも考えられます。派遣先は、自社の社員と同じように、苦情解決のために誠意をもって対応することが求められます。ハラスメントをなくして働きやすい職場環境をつくり、就業を継続できるようにするためには、個人加盟制のユニオ

ンや派遣先・派遣元の労働組合を通じて労使交渉によって解決する方法もあります。

　派遣先での就業確保に向けて、派遣先が、労基法や均等法にもとづく権利を侵害し、あるいは指針にもとづく対処を講じようとしないときで、このまま推移したときには派遣スタッフの健康や働き続ける権利が実質的に侵害されてしまうときには、派遣元は、スタッフの労務の提供を差し止めるべきです。法28条は、「労働者派遣をする事業主は、当該労働者派遣の役務の提供を受ける者が、当該派遣就業に関し、この法律又は第4節の規定により適用される法律の規定（これらの規定に基づく命令の規定を含む。第31条及び第40条の6第1項第5号において同じ。）に違反した場合においては、当該労働者派遣を停止し、又は当該労働者派遣契約を解除することができる。」と規定しています。この規定は、派遣スタッフの権利を侵害するような取扱いをする派遣先については、派遣停止や労働者派遣契約解除という対抗手段を行使できるようにするためのもので、派遣元がこうした権利を行使したとしても派遣先から賠償責任を問われることはないことを定めたものです。こうした権限を行使して派遣スタッフの権利を守ることは派遣元事業主としての責任です。こうした権限と責任を履行しないで放置した結果、派遣スタッフの権利が侵害されてしまったときには、派遣先のみならず、派遣元も派遣スタッフに対する賠償責任を負担することになります。

第5章
仕事と生活の両立

―― POINT ――

●スタッフ（登録型を含む）にも仕事と生活の両立を図るための権利が保障される

●家族的責任を持つか持たないかにかかわらずすべての人の職業生活と家庭生活（私生活）の調和を図る労働条件が保障されるべき

●登録型派遣は仕事と生活の両立を図ろうとする女性が専門的な技能を活かす働き方として認められたが実際には両立は難しい

●派遣スタッフが仕事と生活を両立させるには雇用の安定と賃金など待遇の改善が不可欠

5-1 育児・介護休業の対象者

Q 育児・介護休業の申請をしたら、拒否されました。スタッフは育児休業はとれないのですか？

A 育児休業や介護休業を所定の手続きにしたがって取得を申し出たときは休業を認めなければなりません。登録型を含む有期派遣スタッフも法律にもとづいて権利を行使できますが、一定の要件を充たさなければなりません。

● 育児休業の権利

　育児休業は、原則として1歳未満の子どもを養育する男女労働者が取得できます（育介法5条1項）。子どもは法律上の親子関係にある必要はなく、特別養子縁組の監護期間中の子や養子縁組里親に委託されている子を含みます（育介則5条）。また、「養育する」とは、同居し監護することです。例外的な場合を除いて原則として1回しか取得できません（育介法5条2項）。取得には、書面（事業主が認める場合はFAX・メールも可）に一定事項を記載して開始日1か月以上前までに申し出ることが必要です（育介法6条3項、育介則5条2項、3項）。

　派遣スタッフも、派遣元に請求して休業することができますが、有期の定めをおいて雇用される派遣スタッフは、事業主に引き続き雇用された期間が1年以上あり、かつ養育する子が1歳6か月に達する日までに労働契約（更新後の労働契約を含む）が満了することが明らかでないことが求められます（育介法5条1項1号、2号）。

● 介護休業の権利

　一定の要介護状態にある家族を介護する男女労働者は、介護休業を取得できます（育介法11条1項）。派遣スタッフも、派遣元事業主に申し出ることにより、93日を限度として、対象家族一人につき3回の介護休業を取得できます（育介法11条2項）。介護休暇が

認められる「要介護状態」とは、「常時介護を必要とする状態」をいうとされています（育介法2条3項）。

　派遣スタッフも、派遣元に請求して休業の権利を行使することができますが、期間を定めて雇用される労働者については、①当該事業主に引き続き雇用された期間が1年以上であり、かつ②介護休業開始予定日から起算して93日を経過する日から6月を経過する日までに、その労働契約（当該契約に係る更新後の労働契約を含む。）が満了することが明らかでない場合に休業できます（育介法11条1項1号、2号）。

● 子どもの看護休暇

　小学校就学前の子どもを養育する男女労働者は、子どもが病気やケガをしたときに看護のために休みを取る権利（看護休暇）（育介法16条の2）が認められます。対象となる子どもが1人の場合には5日まで、2日以上の場合には10日までですが、子どもの予防接種などのためにも認められるし、両親そろって同時に取得することもできます。また、子の看護休暇は、1日単位で取得することもできますが、1日の所定労働時間が4時間を超える労働者は1日の所定労働時間の2分の1（労使協定でこれとは異なる時間を半日と定めることもできる）で取得することもできます（育介法16条の2第2項）。この休暇は、派遣スタッフについても認められますが、日々雇用の労働者は除外されます。

● 権利の趣旨と基本的性質

　育児休業、介護休業、子どもの看護休暇については、所定の事項を明らかにして使用者に取得を申し出れば、使用者は拒否することができず、法律にもとづいて休業ないし休暇を取得させなければなりません。

　育介法では、育児・介護のための休業の権利は、「労働者の雇用の継続」（＝育児・介護によっても働き続けられるようにするこ

と）を趣旨としているため、有期の定めをおいて雇用されている非正規雇用労働者については、雇用継続の権利がそもそも保障されていないということで権利行使できないことが原則であると考えられてきました。しかし、育児や介護のような家族的責任は、人間である以上（つまり、正社員であろうと派遣スタッフなど非正規社員であろうと）、誰もがいつか何がしかの形で担う必要のあるものです。ILO156号条約では、家族的責任のニーズにもとづく権利の保障を求めており、雇用スタイルがどうであるかによって権利が保障されたりしなかったりする性質のものではないはずです。そして、有期の定めも、日本では、真に短期の臨時的・一時的な利用に限られているわけではありません。そのため、非正規労働者にも広く育児介護休業の権利の保障が求められてきました。

新しい派遣法では、派遣スタッフの雇用の安定がメインのテーマになっていますが、育介法も見直され、前述のように、1年以上雇用が継続してきた労働者であれば、育児休業では1年半、介護休業では93日以降6か月後の時点で、雇用が打ち切られることが明確でない以上（その間に期間満了日が来ても、更新しないことがはっきり確定していない限り）、育児・介護休業の権利を保障しなければなりません。契約更新しないという意思表示が行われているときでも、それが、妊娠・出産、育児・介護や、これらと仕事の両立のための権利行使などを理由とするときは、更新拒絶は違法・無効です。したがって、権利を行使することができます。

● 派遣スタッフの育児介護休業の権利

無期雇用派遣スタッフの場合には、1年以上の雇用継続の実績を問わず（ただし労使協定で除外できますが）権利行使できます。また、有期雇用派遣スタッフでも常用型派遣スタッフについては無期雇用派遣スタッフと同じように権利を行使できます。形式的には有期の定めをおいていても、常用型は、雇用継続を予定して有期の定

めをおかないものと同じと考えられるべきです。

これに対して登録型スタッフの場合には取得できるかどうか問題になることが少なくないと考えられます。しかし、育介法の権利行使の要件である「派遣元に1年以上継続して雇用された」労働者は、新しい派遣法で、派遣元が「特定有期雇用派遣労働者等」として雇用安定化措置のための義務を負担しなければならない派遣スタッフを含むというべきです。法律に定める期間経過後に雇用打ち切りが明らかとはいえませんので、育児介護休業の権利を行使することができます。

● 1年以上継続して雇用されていない登録型スタッフの権利

登録型派遣スタッフで、いま雇用されている派遣元での雇用実績が継続して1年以上になっていないときには、育児・介護休業を請求しても派遣元は権利行使を認めないことができます。派遣スタッフの場合、他の派遣元を通じて継続して働いているケースが少なくありません。本当は、このような場合にも育児・介護休業の権利が認められてもよいはずです。現行制度では、このような場合には休業の権利を行使できないので雇用を失ってしまうことになりますが、そうなれば、不利益は重大です。権利行使できれば、雇用を失わないで雇用保険から休業給付金を受給できるのに、権利行使できないと雇用を喪失して（求職者給付を受けられたとしても）、保育所に子どもを預けることもとても難しくなってしまい、結局、仕事と子育ての両立はできなくなってしまいます。

しかし、派遣元業者であればこそ、スタッフが育児・介護のニーズにもとづいて休業するときには、育児・介護休業給付金によって雇用をつなぎ、派遣契約については代替のスタッフを充てて派遣先での職場と仕事を確保することが可能になるはずです。交渉によって、そうした努力を追求することを通じて雇用の安定を図っていくことが求められます。

5-2 休業中の労働条件

Q 育児休業中の労働条件はどうなるのでしょうか？

A 就業規則によりますが、派遣スタッフも、休業期間中の所得補償（雇用保険から平均賃金の67％）を受けることができます。

●労働条件の明示

育介法21条は、休業することによって労働者の立場が不安定にならないよう、育児休業および介護休業に関して、あらかじめ、以下の労働条件を明らかにしておくよう義務付けています。

① 労働者の育児休業および介護休業中における待遇に関する事項（休業期間中の賃金その他の経済的な給付、教育訓練、福利厚生施設の利用等）
② 育児休業および介護休業後における賃金、配置その他の労働条件に関する事項（育児休業終了後の賃金（退職金を含む）の金額および算定方法や復職後に従事すべき職務の内容および就業の場所、昇進・昇格、年次有給休暇等に関する事項）
③ そのほか厚生労働省令で定める事項

そして、育児休業については、労働者が休業申し出をした日からおおむね2週間以内、介護休業については申し出をした日からおおむね1週間以内に、上記の取扱いを明らかにした書面を交付するよう求めています（育介則5条4～6項）。

また、労基法89条1項1号は、就業規則に定めるべき事項のなかに、「休暇（育児・介護休業を含む）に関する事項」を定めていることから、育児介護休業の対象となる労働者の範囲その他の取得要件、取得に必要な手続き、休業期間については、就業規則に定めておく必要があるものです。

休業期間中および復帰後の労働条件は、このようにして明示された労働条件によりますが、もし仮に、休暇期間中の待遇も休業明けの待遇についても明示されなかったときでも、休業によって労働契約内容に変更があるわけではないので、復帰後はこれまでと同じ労働条件で働く権利があります。
●休業期間中の所得保障等
　◇賃金・休業補償
　育介法では、休業期間中の賃金について規定していないので、労使の話し合いによって決めることになりますが、育児介護休業については、雇用保険の一般被保険者であれば、休業開始時の賃金月額の67％の休業給付金を受給できます（雇用法険法61条の4、61条の6）。また、介護休業に対しては、法律にもとづいて介護休業を取得した雇用保険一般被保険者で、休業開始前2年間に賃金支払い基礎日数が11日以上ある月が12か月以上あれば、休業取得ごとに休業開始時の賃金月額の67％に相当する額を通算93日まで受給できます（同法61条の5第6項）。
　◇休業期間中の社会保険料・雇用保険料
　休業期間中の社会保険料については、労働者・使用者双方の負担分が免除されます。雇用保険料については、賃金が支給されていなければ保険料を負担する必要はありません。雇用保険については、育児休業後やむなく退職しても、失業給付金が受けられます（雇用保険法10条）。
　◇住民税
　住民税については、本人の申し出があれば、自治体の長が一時的に納税することが困難と認めるときに、育児休業期間中1年以内の期間に限って徴収が猶予されます。猶予された住民税は、職場復帰後延滞金とともに納付しなければならないとされていますが、2分の1相当額は免除され、自治体の長の判断によって全額を免除する

ことができるとされています。

　◇年次有給休暇

　年次有給休暇の取得資格について、出勤率80％を満たしているかどうかを判断するについては、育児休業、介護休業期間は出勤したものとみなすことになっています（労基法39条8項）。

● 職場復帰の原則

　育介法22条は、休業の申し出および復帰が円滑に行われるよう、使用者に対し、労働者の配置その他の雇用管理、育児休業または介護休業をしている労働者の職業能力の開発および向上等に関して、必要な措置を講ずるよう努めなければならないと定めています。派遣元事業主も、派遣スタッフについて、前記の義務を負います。

　休業しても、労働契約の内容が変わるわけではありませんので、原職に復帰することが原則です。指針でも、①原則として原職または原職相当職に復帰させることが多く行われていることに配慮すること、②休業取得者以外の労働者の配置その他の雇用管理は、前記①のことを前提に行われる必要があることに配慮しなければならないとしています（育介指針第2の7）。

　派遣スタッフについても、原職復帰が原則です。派遣元は、スタッフが職場復帰に対応できるよう、職業能力の開発および向上等に必要な措置を講じるよう義務付けられています（育介法22条）。

● 具体的に配慮すべき事項

　厚労省は、正社員（派遣先社員）の育児介護休業を念頭において、復帰のために必要な措置の具体例を示しています。具体的には、事業所の労働者全体の配置、他の労働者に対する業務の再配分、人事ローテーション等による配置転換、派遣労働者の受入れおよび新たな採用等、適切な措置を講じることによって、当該休業労働者が担当していた業務を円滑に処理する方策を講じるよう求めています。この代替要員確保のためにあるのが、産前産後休業等の代替派遣で

すが、こうして一時的な人員補充のために仕事をする派遣スタッフの育児介護休業や仕事への復帰への配慮も、同じように保障される必要があります。

● 復帰後の職場と仕事の確保

　無期雇用派遣スタッフや有期雇用派遣でも常用型派遣スタッフの復帰の権利は、労働契約の内容からきちんと確保されるはずです。しかし、登録型派遣スタッフの場合は、一筋縄ではいきません。復帰のための職場と仕事の確保は、仕事と生活を抱えながら雇用の安定化を実現するうえで不可欠です。派遣元としても、雇用安定化を責務とし、そのための措置を講じることが派遣元として事業を営む許可基準にもなっているわけですから、安易に「休業明けでは仕方がない」とすることは許されません。派遣元は、育児介護休業を取得するところから、スタッフとコミュニケーションをとって、休業後の職場と仕事の確保に向けて話し合いながら努力を重ねることが求められます。

　これらの権利の実現には、継続的な交渉や調整が必要となりますが、それがスタッフの権利を保障する方向で円滑に進めるようにするためには、労働組合の役割は大きいといえます。

5-3 家族的責任と労働者の配置

 常用型派遣スタッフとして働いていますが、常時の介護は必要ないですが認知症の父を介護しています。派遣先との契約が終了したので、住居の移転が必要な派遣先での就労を指示されました。社宅は用意されると言われましたが、応じなければ解雇でしょうか？

 解雇は許されません。

● 労働者の配置への配慮義務

　育介法26条は、勤務場所の変更を伴う配置については、労働者の育児や介護の状況を配慮するよう義務付けています。また労契法3条3項は、「労働契約は、労働者及び使用者が仕事と生活の調和にも配慮しつつ締結し、又は変更すべきものとする」と定めています。したがって、使用者には、労働者の勤務場所を決定するに際しては、労働者の家族的責任に関する状況を充分配慮しなければならない法律上の義務があります。

　指針では、具体的に配慮すべき事項として、①労働者の子の養育または家族の介護の状況を把握すること、②労働者本人の意向を斟酌すること、③勤務場所の変更を伴う配置転換を実施するについては、子の養育または家族の介護の代替手段の有無の確認を行うよう求めています（育介指針第2の14）。これらはあくまで例示にすぎませんのでこの内容を充足していれば、配慮義務を尽くしたというわけではありません。また、これらの配慮義務の対象となる子どもや家族は、法律にもとづく育児休業や介護休業の取得要件を充足する子どもや家族に限られるわけではありません。

　勤務場所の変更を伴う転勤は、転居を伴わないものであっても、子育てや介護のニーズをかかえる労働者には深刻であり、通勤時間

が長くなることだけでも職場における責任と家族的責任を両立させることが困難になってしまうことがあります。配慮義務は、このような転居を伴わない転勤にも及びます。

　家族的責任に対する配慮義務が尽くされない配転命令を違法無効とするのが最近の判例の傾向ですが、それは、家族的責任にもとづく労働者への配置上の配慮義務が法律に定められるようになったことが影響しています。派遣スタッフの場合も、そうした配慮は同じように払われてしかるべきです。派遣先との労働者派遣契約が終了したときの配置転換は、不可避となります。そして、次の派遣先をどこに決めるかについても難しい問題に直面します。

●派遣先の変更と家族的責任への配慮

　そのような場合でも、次の派遣先については、可能な限り家族的責任を配慮して、決めることが求められます。話し合いにより、できるだけ不利益を回避する方法（労働時間への配慮など）が講じられるようにすべきです。

　無期雇用派遣労働者や、有期雇用派遣労働者でも常用型派遣労働者の場合には、派遣先での仕事が終了したときのために、異なる派遣先での仕事に就くことが就業規則や労働契約で義務付けられていることもあります。しかし、そうした場合であっても、家族的責任への配慮が払われなければなりません。派遣元としては、他の労働者の配置の状況などを総合考慮して、できるだけ派遣スタッフの家族的責任に支障を生じない措置をとるべきです。

　たとえば、充てられる派遣先が限られているとしても、保育所の送迎や通勤時間を配慮した勤務時間にするなど不利益を緩和する措置を講じることが求められるというべきです。育介法では、勤務時間短縮措置など仕事と生活を両立させるために必要な労働条件の確保を義務付けているので（育介法24条）、配属が予定される派遣先との間で労働条件を調整することも求められます。

● 派遣先が見つからないことを理由とする配転命令とその効力

　これらの調整を行っても、予定される配属先しか仕事が確保できず、その条件では仕事と生活の両立は不可能になってしまう場合、派遣元は、スタッフに配転命令してこれに従わせようとすることもあります。しかし、派遣スタッフの家族的責任から新しい派遣先での職場や仕事に対応できない客観的事情があるときには、配転命令に従えないことを理由にして解雇することはできません。

　新しい派遣法では、無期雇用派遣労働者については、派遣契約が終了したことを理由とする解雇はしないこと、仕事がなくても少なくとも労基法にもとづく休業補償として平均賃金の60％を支払うことを就業規則の内容にすることを求めていますが（許可基準）、それは無期雇用派遣スタッフとして雇用の安定を保障することを趣旨とするものです。その趣旨によれば、家族的責任を負担するスタッフについて就労可能な派遣先が見つからないことを解雇の理由にすることは到底認められないことになります。

　次の職場と仕事がみつかるまで待機せざるをえないこともありますが、その場合の賃金保障については、労使で話し合って決める以外にありません。派遣元の責任で仕事に就くことができないと判断されるときには、民法の危険負担の原則にしたがって、派遣元が賃金の全額を支払う責任が生じますし、少なくとも前記の休業補償をしなければなりません。

　こうした家族的責任をめぐる待遇の決定には、労使が風通しのよい状態で誠実に話し合って決めることが一番です。そのために労働組合が果たす役割は大きいものがありますので、困ったら、相談して取り組んでみてください。

派遣では仕事と生活の両立はできない
NPO法人派遣労働ネットワーク（'13スタッフアンケート調査結果）

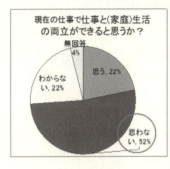

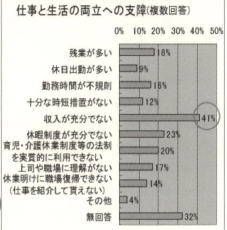

生活はとても苦しい
NPO法人派遣労働ネットワーク（'13スタッフアンケート調査結果）

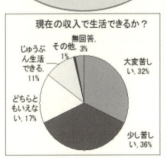

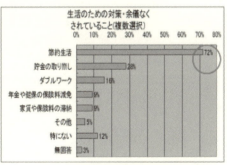

5-4　家族的責任と労働時間

Q ①　子どもが保育所のいじめを受けたので保育園を変えました。送り迎えの時間がこれまでと違うので、出退勤時刻の変更を要求したいのですが、できますか？

A ①　スタッフも法律にもとづいて権利を行使できます。

Q ②　顧客先の受発注システムの開発業務に従事していますが、今度の仕事はタイトで連日深夜に至る残業があります。親の介護を分担しているので拒否したところ責任が果たせないなら仕事を代わるよう言われています。どうすればよいでしょうか？

A ②　時間外・深夜労働を拒否したことを理由とする不利益な取扱いは許されません。

● 育児・介護のための短時間勤務制度など

　育児・介護などの家族的責任と仕事の両立をはかるためには、勤務時間への配慮が不可欠です。育介法では、285頁以下の一覧表のような勤務時間短縮等の制度を規定していますが、これらの権利は派遣スタッフにも同じように保障されるものです。

● 時間外労働の制限

　小学校就学前の子どもを養育する男女労働者や、要介護状態にある家族を介護する男女労働者が請求したときは、使用者は1か月について24時間、年間150時間を超える時間外労働に従事させてはならないとされています。ただし、これには労使協定による適用除外（①1年未満しか勤続しない労働者、②週2日以下しか働かない労働者）が認められているほか、「事業の正常な運営を妨げる場

合」には認めなくてもよいと定められています（育介法17条、18条）。本来臨時の必要にもとづく例外的な労働である時間外労働の前記の限られた範囲での免除さえ、「事業の正常な運営を妨げる」場合には認めないというのは、家族的責任との両立より、職場における責任を優先させるもので、問題があります。

● 深夜業の制限

　小学校就学始期までの子どもを養育する男女労働者と、要介護状態にある家族を介護する男女労働者は、1回について1か月以上6か月以内の期間について、開始日と終了日を明らかにして、開始予定日1か月以上前までに請求したときには、使用者は深夜の時間帯に就労させることはできません（育介法19条、20条）。この権利は、有期の定めをおいて雇用される労働者にも認められます。ただし、日々雇用者、雇用されてから1年未満のもの、深夜に常態として子どもの保育あるいは介護できる同居の家族がいる労働者などについては除外されています。また、この深夜労働の免除についても、「事業の正常な運営を妨げる場合」には認めないことができるとされていますが、時間外労働の免除について述べたように問題です。

● 使用者の配慮義務、不利益取扱いの禁止

　育介法は、使用者に、以下のような配慮を義務付け（育介指針第2の4、5、11）、不利益取扱いを禁止しています（育介法10条、16条の9、18条の2、20条の2、23条の2）。

　◇時間外労働について

　労働者が時間外労働の制限を容易に受けられるよう、あらかじめ制度を導入して、規則に定めておくべきことに留意するよう義務付けられています。また、労働者が時間外労働の制限を請求したことまたは時間外労働の制限を受けたことを理由として、当該労働者に対して解雇その他の不利益な取扱いをしてはなりません。

◇深夜労働制限について
深夜業の制限については、下記の配慮義務が課せられています。
① 労働者がこれを容易に受けられるようにするため、あらかじめ制度が導入され、規則が定められるべきものであること
② あらかじめ、労働者の深夜業の制限期間中における待遇(昼間勤務への転換の有無を含む)に関する事項を定めるとともに、これを労働者に周知させるための措置を講ずるように配慮すること
③ 労働者の子の養育または家族の介護の状況、労働者の勤務の状況等が様々であることに対応して、制度の弾力的な利用が可能となるように配慮すること
④ 労働者が深夜業の制限を請求したことまたは深夜業の制限を受けたことを理由として、当該労働者に対して解雇その他の不利益な取扱いをしてはならない。

●スタッフの権利
　派遣スタッフにも当然前記の権利が保障されます。義務を負うのは基本的には派遣元です。前述した指針の趣旨や労契法の内容によれば、就業規則等に勤務時間についての諸権利が記載されていなくても、派遣元にはスタッフの勤務時間が仕事と生活を両立できるように配慮する労働契約上の義務がありますので、スタッフの請求に応じて権利を保障する義務があるというべきです。
　また、勤務時間の短縮や出退勤時刻の変更、時間外・休日・深夜労働の取扱いなどの労働時間については、指揮命令権を行使する派遣先にも、スタッフの権利を確保するよう配慮する義務があります。
　仕事によっては、技能の専門性や容易に人員体制を整備できないなどの問題があって、どうしても時間外労働に従事せざるをえなかったり、それが深夜に及んで過酷になってしまうことが少なくありません。しかし、本来そうした長時間勤務を強いられるような体制こそ問題というべきです。労働時間の原則からいって、1日8時間

で仕事を終えられるように就業環境や人員・支援体制を整え、業務量を調整するのが使用者の責任というべきです。

　したがって、ケースのように、深夜にならない時間に帰宅させてもらいたいという要請には応じられないとして、派遣先職場や仕事を代わるよう指示したり、辞めてしまうよう圧力をかけるなどは、権利の侵害として許されません。

　いずれにしても、これらの権利を守るためには、派遣先社員とともに、どうすれば仕事を分かち合い協力しあって短時間で仕事を終えられるようになるのか現場での調整が必要になります。派遣スタッフと派遣先社員は同じ人間であり、同じ事業の目的に向かって仕事を助け合う仲間です。そうした立場に立って、お互いに尊重しあい、話し合って問題を解決する。風通しのよい関係を築くことが求められます。

5-5　不利益取扱いの禁止とスタッフの雇用

Q 登録型派遣スタッフとして働いていますが、産前産後の休暇を2か月とってそのあと保育園がみつかるまで育児休業で休みたいと申し出ました。すると、派遣元から、次の派遣契約の更新はないので、休業期間中に仕事と雇用を失うことを告げられました。こんなことは許されるのでしょうか？

A 許されません。

●育介法による不利益取扱いの禁止

　育介法は、育児・介護休業・子の看護休暇の申出または取得、所定労働時間の免除、時間外労働・深夜労働の制限・免除、労働時間短縮等の申出等を理由とする解雇その他不利益な取扱いを禁止しています（10条、16条の4、16条の7、16条の9、18条の2、20条の2、23条の2）。このような不利益取扱いの禁止は、法律で定められた休業や労働時間短縮等が権利として確保されなければならないという要請にもとづくものです。そして、この不利益取扱い禁止に抵触する取扱いは、違法無効であり、解雇や配置転換、降格などの行為については撤回させられ、労働者はこれまでどおりの条件のもとで働き続けることができます。

●禁止の対象になる不利益取扱いの範囲

　禁止される解雇その他不利益な取扱いには、労働者が育児・介護休業等の権利行使との間に因果関係がある行為でなければなりません。指針では不利益な取扱いの例を以下のように示しています（育介指針第2の11(2)）。

　① 解雇すること
　② 期間を定めて雇用される者について、契約の更新をしないこと

③ あらかじめ契約の更新回数の上限が明示されている場合に回数を引き下げること
④ 退職または正社員をパートタイム労働者等の非正規社員とするような労働契約内容の変更の強要を行うこと（勧奨退職や正社員をパートタイム労働者等の非正規社員とするような労働契約内容の変更は、労働者の表面上の同意を得ていたとしても、これが労働者の真意にもとづくものでないと認められる場合には、「退職又は正社員をパートタイム労働者等の非正規社員とするような労働契約内容の変更の強要を行うこと」に該当する）
⑤ 自宅待機を命ずること（事業主が、育児休業もしくは介護休業の休業終了予定日を超えて休業することまたは子の看護休暇の取得の申出に係る日以外の日に休業することを労働者に強要することは、不利益な取扱いのうちの「自宅待機」に該当する）
⑥ 降格させること
⑦ 減給をし、または賞与等において不利益な算定を行うこと（育児休業もしくは介護休業の休業期間中または子の看護休暇を取得した日について賃金を支払わないこと、退職金や賞与の算定に当たり現に勤務した日数を考慮する場合に休業した期間または子の看護休暇を取得した日数分は日割りで算定対象期間から控除すること等専ら休業期間または子の看護休暇を取得した日は働かなかったものとして取り扱うことは、不利益な取扱いには該当しないが、休業期間または子の看護休暇を取得した日数を超えて働かなかったものとして取扱うことは、「不利益な算定」に該当する）
⑧ 不利益な配置の変更を行うこと、就業環境を害すること（業務に従事させない、専ら雑務に従事させる等の行為は「就業環

境を害すること」に該当する）

　また、不利益な取扱いに該当するかどうかは、配置等の変更前後の賃金その他の労働条件、通勤事情、当人の将来に及ぼす影響等諸般の事情について総合的に比較考量のうえ判断するとしています。具体例としては、通常の人事異動のルールからは十分に説明できない職務または就業の場所の変更を行うことにより、当該労働者に相当程度経済的または精神的な不利益を生じさせることは、「不利益な配置の変更」にあたるとしています。

　指針はあくまで例示ですから、これ以外の不利益取扱いも許されません。

● スタッフに対する不利益取扱い・ハラスメント

　第4章でも説明したとおり、派遣スタッフにもこうした不利益取扱いを受けない権利は保障されます。したがって、派遣元・派遣先が、育児休業等の権利を取得したことを理由としてスタッフを不利益に取扱うことは許されません。不利益取扱いの例には出てきていませんが、派遣スタッフが権利を取得したことを理由として、労働者派遣契約を中途解除したり、契約更新を拒絶することも許されません（育介法10条ほか）。

　さらに、派遣先で、家族介護の必要から所定外労働に従事できないスタッフについて、派遣先社員や上司が、それまでのスタッフと比較して「役に立たない」「差し替えてもらうよう派遣元に話をする」など権利を行使しないよう圧力をかけることは、許されません。こうした言動は、上司からの働きかけである場合には、特に、不利益取扱いに該当する「就業環境を害する」行為となります。新しい育介法では、派遣先も、派遣元も、育児休業、介護休業その他の権利に関する制度やその利用に関する言動によって、スタッフの就業環境が害されないよう、当該労働者からの相談に応じ、適切に対応するために必要な体制の整備その他の雇用管理上必要な措置を

講じなければならないとされました（育介法25条、育介指針第2の14）。

　対応策については、**第4章**に記載したとおりです。

●権利救済のための手段

　前述した不利益な取扱いを受けたときには、各労働局（雇用均等室）に申告して是正するよう指導勧告させることができます。また、司法救済も可能であり、その場合には、解雇や配置転換などの取扱いを違法無効として権利を回復するだけでなく、そのような取扱いによって被った精神的・経済的損害の賠償を求めることもできます。

第6章 派遣スタッフの待遇

---- POINT ----

●派遣元のマージン率の規制や派遣労働者であることを理由とする差別禁止規定はまだない

●派遣スタッフの賃金を適正にし、派遣先社員との均衡に配慮して決めるため派遣元と派遣先の双方に説明と配慮が求められる

●通勤手当、食堂の利用、安全管理などの待遇は派遣先社員との不合理な格差は認められない

●東京都の調査では派遣スタッフで賞与・一時金が「ある」は8.3％、退職金制度が「ある」は10.0％だが、賃金についての不合理な格差を禁止する制度はない

●派遣の登録をしていても一定の年齢になると仕事の紹介が減少するが、本来、派遣では「若いほうがイイ」は許されない

6-1　派遣料金と賃金

Q 同じ業務で1年以上働いていますが、先月から時給がダウンしました。派遣先は「仕事にも慣れてきたので時給が上がるように、派遣料金を上げた」と言っていたので納得できません。

A 契約途中の賃金切り下げは許されません。契約更新時に派遣料金の変動を賃金に不利益に反映させることも、場合によっては損害賠償などを求めることができます。

● 賃金の一方的不利益変更は許されない

　賃金は重要な労働条件です。どんな事情であろうと、一度決めた賃金をスタッフの同意なく一方的に減額＝不利益に変更することは許されません（労契法8条）。また、常用型派遣スタッフのように賃金規程にもとづいて賃金額を決めているときには、賃金規程を変更することによって賃金を切り下げることも考えられますが、それも原則として許されません（労契法9条）。賃金規程の変更によってスタッフの賃金を不利益に変更できるのは、労働者の受ける不利益の程度、労働条件の変更の必要性、変更後の就業規則の内容の相当性、労働組合等との交渉の状況その他の就業規則の変更に係る事情に照らして合理的なものであるときに限られます。「派遣料金がダウンしたのでスタッフの賃金を減額する」というのは当然とはいえません。

● 登録型スタッフの派遣料金の動きと賃金への影響

　登録型派遣では、派遣労働契約と労働者派遣契約が連動することが少なくありません。派遣先が、契約期間満了時に競合他社と相見積もりを提出させ、安い料金を提示した派遣元と契約を締結する場合は、スタッフの仕事を確保したければ、派遣元には低い派遣料金で派遣契約を締結せざるをえません。そのため、スタッフの賃金に

も不利益が及びます。厚生労働省のデータでは、派遣料金が上がっても賃金はそれほど上がっていなかったり、下がってしまうこともあります。賃金がこのような状態では生活の見通しもききません。

● 派遣料金・賃金の平均の公開義務

　派遣料金から賃金を引いた差額＝マージンが派遣会社の経費や利益に充てられます。派遣料金や賃金は「契約自由の原則」が働きますので、派遣法では、マージン率の上限規制までは設けていません。しかし、賃金を決める派遣元は、直近の派遣料金や賃金の平均（いずれも１日８時間当たりの平均額）を公開するよう義務付けられています（派遣元指針第２の14）。スタッフが派遣される契約を定めた派遣料金の開示までは義務付けられていませんが、スタッフが求めたときにはきちんと開示している派遣会社もあります。こうした派遣料金とマージンの開示が賃金の不当な減額を抑制することにつながることが期待されます。

● 契約更新時の賃金切り下げに対抗するには

　契約の切り替え時とはいっても、スタッフの働きが同じかそれ以上の働きをしているのに派遣料金を競争入札などでダンピングし、それをスタッフにしわ寄せするのは不公正です。まして、派遣料金がアップしているのに賃金を減額するのは著しく不合理です。派遣元指針では、派遣料金が上がったときは、賃金も上げるよう努めなけらばならない（派遣元指針第２の８(6)ハ、ニ）とされています。派遣料金がアップしているのに、契約更新時期をとらえて賃金減額を呑まなければ更新しないというケースについては、不法行為にもとづく損害賠償請求が可能な場合もあります。あきらめないで、派遣元に派遣料金の動きや派遣先との交渉経過など賃金減額の事情を聞いてください。あわせてユニオンなどの相談窓口にアクセスしてください。

6-2 派遣先・派遣元の説明義務・配慮義務

Q 派遣先社員と同じ仕事ですが、賃金は大きな格差があり、派遣先の就業時間中の教育訓練にスタッフは加えてもらえません。不公平だと派遣元に訴えても「わからない」「どうしようもない」と取り合ってもらえません。

A 派遣先社員との均等待遇は派遣先社員が常用代替されないための担保になるものですから、格差是正に一緒に取り組むことが求められます。

●均衡確待遇確保義務

　賃金などの待遇は基本的には派遣元との労働契約で決めるものなので、当然に派遣先社員と同じ待遇を求める関係にはありません。しかし、スタッフも派遣先社員と一緒に働いているわけですから、同じ仕事に同じ役割を発揮している派遣先社員とスタッフとの間に待遇格差があるのは不合理です。何より、不合理な格差は働くもののほこり（自尊感情）を傷つけ、その結果力の発揮を妨げます。また、格差は、「安いほうがいい」ということで「常用代替」を促進させます。派遣法の基本趣旨からみても、格差を放置することは問題です。派遣労働ネットワークのアンケート調査でも、派遣先社員との待遇格差には多くが不公平感ややりきれなさを感じています。

●均等・均衡処遇のための派遣先・派遣元の義務

　派遣法では、派遣元には、派遣料金開示義務、均衡待遇配慮義務、説明義務を、派遣先には、均衡確保に向けた賃金等情報や福利厚生施設等の提供、派遣料金設定を均衡を図るようにする努力を義務付けています（法30条の3、40条5項、6項、派遣元指針第2の8(6)、9、11、派遣先指針第2の9(1)、(2)）。

　派遣元は、賃金の決定に当たっては、スタッフの業務と同種の業務に従事する派遣先社員の賃金水準との均衡を考慮しつつ、職務の

内容、成果、能力または経験などを考慮に入れて、賃金を決定するよう配慮しなければなりません（法30条の3）。派遣スタッフから求めがあったときは、賃金、教育訓練、福利厚生の実施などに関し、均衡を考慮した待遇の確保のために配慮した事項を説明するよう義務付けられています（法31条の2第2項）。さらに、これから働こうとするスタッフには、能力・経験・職歴・保有資格等を考慮して雇用したときの賃金額の見込みを説明しなければならず、一定の幅があってもかまいませんが、「賃金の決定にあたって派遣先から提供のあった派遣先の同種の労働者に係る賃金水準を参考にした」など、きちんとした説明が求められます（法31条の2第1項）。

　派遣先は、派遣元からの要請に対応して、同種の業務に従事する派遣先社員の賃金水準について情報提供する配慮義務が課せられています。同種の業務に従事する派遣先社員が実際に支給されている賃金水準を情報提供することが望ましいとされていますが、求人情報や職種（雇用グループ）の一般的賃金相場（業界における平均賃金など）でもかまわないとされています（法40条5項、6項）。こうした「求人情報」や「相場」で実際の格差を改善することは困難ですが、派遣先には、そればかりでなく、派遣料金の設定にあたり、スタッフの就業の実態、労働市場の状況等を考慮して、スタッフと同種の業務に従事している労働者の賃金水準との均衡が図られるように努めなければなりません（派遣先指針第2の9(2)）。

●改善に向かって働きかける

　ケースの場合、ユニオンに加入して派遣元に説明を求め、改善に向けて交渉することです。派遣元は、少なくとも、派遣先に働きかけて協力を求め、その結果をスタッフやユニオンに報告してさらに働きかけるなど、誠意を尽くす義務があります。不合理な格差をなくすことは、派遣先社員の権利を守り、風通しのよい職場づくりにもつながります。力をあわせて取り組みましょう。

6-3 有期・無期雇用の差別の禁止

Q 登録型有期雇用派遣で働いていますが、通勤交通費が支給されていません。営業担当者など派遣元のオフィスで働く社員や無期雇用派遣で働くスタッフには支給されているのに不公平です。

A 期間の定めがあることによる不合理な労働条件格差は許されません。

● 不合理な労働条件格差の禁止

　労契法20条は、「有期労働契約を締結している労働者の労働契約の内容である労働条件が、期間の定めがあることにより同一の使用者と期間の定めのない労働契約を締結している労働者の労働契約の内容である労働条件と相違する場合においては、当該労働条件の相違は、労働者の業務の内容及び当該業務に伴う責任の程度（「職務の内容」）、当該職務の内容及び配置の変更の範囲その他の事情を考慮して、不合理と認められるものであってはならない。」と定めています。つまり、同じ派遣元に雇用された労働者の間で、有期契約労働者と無期契約労働者との労働条件に格差があるとき、それは不合理なものであってはならず、合理性がないと認められるときには、格差は是正しなければなりません。ここでいう「労働条件」は、賃金や労働時間などだけでなく、労働契約の内容となっている災害補償、服務規律、教育訓練、付随義務、福利厚生など、労働者に対するいっさいの待遇が含まれます。また、有期の定めをおいて雇用される有期雇用派遣労働者には、常用型派遣スタッフと登録型派遣スタッフがいますが、この規定はどちらにも適用されます。

● 通勤手当の問題

　通勤手当が支給されない登録型スタッフの割合は、他の雇用形態と比較して格段に高率です。通勤費が時給から出費されても、非課

税にはなりません。登録型スタッフは、通勤手当が支給されず、通勤費を賃金から支出してもその分まで課税されるという二重の不利益を受けています。そのため、派遣労働ネットワークでは、長年「通勤交通費非課税キャンペーン」に取り組んできましたが、新しい派遣法を受けて、労契法を依り所に派遣労働者の対しても通勤交通費の支給を求める取組みを進めます。

●登録型スタッフに対する通勤手当不支給は違法？

　登録型スタッフに対する通勤手当不支給が「有期の定め」によるもので不合理な格差であるときには、是正しなければなりません。不合理かどうかは、①職務の内容（業務の内容およびその業務に伴う責任の程度）、②その職務の内容および配置の変更の範囲、③その他の事情を考慮して、個々の労働条件ごとに判断されます。通勤手当、食堂の利用、安全管理などの格差は、特段の理由がない限り合理的ではないと考えるべきです。指針でも、派遣元の通常の労働者に通勤手当を支給しながら派遣スタッフには支給しない扱いは労契法20条にもとづき、「労働者の業務の内容及び当該業務に伴う責任の程度、当該職務の内容及び配置の変更の範囲その他の事情を考慮して、不合理と認められるものであってはならない」としています（派遣元指針第2の8(3)ハ）。また、通勤手当はあくまで例示であり、その他の労働条件も同様に、派遣労働者にとって不合理と認められるものであってはならないとしています。

●通勤費支給を理由とする不利益取扱いは許されない

　通勤費を支給したときには、結局その分だけ時間給を減額することにしかならないという危惧もあります。また遠距離から通勤している人は不利になります。しかし、労契法20条は、有期の定めをおいて働く労働者の待遇改善を趣旨とするものですから、通勤手当の支給を口実にその分だけ時間給を減額する取扱いなどの取扱いは許されません。

6-4 派遣スタッフの教育訓練

Q 派遣スタッフへの教育訓練が義務付けられたと聞きましたがどんな内容ですか？

A 派遣会社には、派遣スタッフ全員を対象に有給で無償の教育訓練を実施することが義務付けられています。それを履行できる体制にないときには事業許可はおりません。

● 教育訓練は新しい労働者派遣制度の肝

　新しい労働者派遣制度は、有期雇用派遣は臨時的・一時的な「働き方」／「利用」の位置づけを与え、より安定的な雇用への誘導を前提にキャリアアップをはかることを基本にしています（法30条の2、派遣元指針第2の8）。したがって、派遣会社は、派遣スタッフのキャリアアップのための教育訓練やキャリア・コンサルティングの実施が義務付けられました。この教育訓練は、労働者派遣事業の許可要件になっており、派遣会社は、教育訓練の実施を規定に盛り込むなどしたものを添えて許可申請しなければなりません。実際に教育訓練を実施できると確認されるときには「許可」を受けられますが、そうでないときはは許可は得られず、派遣事業を営めません（法7条1項2号、則1条の4第1号）。

● すべての派遣スタッフを対象に有給かつ無給の訓練を実施する

　許可を受けるには、教育訓練は、①雇用するすべての派遣労働者を対象としていること、②有給かつ無償であること、③派遣スタッフのキャリアアップに資する内容であること、④入職時の教育訓練が含まれたものであること、⑤無期雇用派遣労働者に対して実施する教育訓練は、長期的なキャリア形成を念頭に置いた内容であること、以上の要件を満たすことが求められます。また、教育訓練の時期・頻度・時間数等については、⑥キャリアの節目などの一定の期間ごとにキャリアパスに応じた研修等が用意されていること、⑦フ

ルタイムで1年以上の雇用見込みの派遣労働者一人当たり、毎年おおむね8時間以上の教育訓練の機会を提供すること、⑧派遣元は教育訓練計画の実施に当たって就業時間等に配慮しなければなりません（業務取扱要領第3の1(8)ロ(イ)）。

● 権利としてのキャリアアップ

　労働者のキャリアアップは、職業生活を支える基本であり、派遣スタッフの人権というべきです。新しい派遣法は、許可基準のなかに教育訓練を取り込み、就業規則などに定めてスタッフの権利として保障する仕組みをとりました。たとえば、派遣スタッフが積極的にキャリア・コンサルティングを活用するなどして、教育訓練をリクエストし、当該派遣元で就業を続けることでキャリアアップを図ることができます。しかし改正法の施行から1年以上が経過しましたが、十分に教育訓練が実施されているとはいえない状況です。

● 派遣先社員の教育訓練とスタッフの権利

　派遣先も、派遣元から求めがあったときには、派遣スタッフの職務遂行状況や職務遂行能力の向上度合などの情報を提供する努力義務を負担しています（法40条6項）。また、派遣先社員に教育訓練を行っている場合、派遣元から求められたときには、派遣元で同様の訓練を実施することが可能である場合を除き、同種の業務に従事する派遣スタッフにも教育訓練を実施するよう配慮しなければなりません（法30条の3第2項）。派遣先の業務に密接に関連した教育訓練については、実際の就業場所である派遣先が実施することが適当であり、実際に実施も可能と考えられることからこの義務を課したわけですから、派遣先の労働組合も、派遣スタッフに対して教育訓練が実施されているかをチェックして、スタッフのキャリアアップの権利を具体的に保障するために働きかけていくことも必要です。

6-5　派遣スタッフの福利厚生（医務室・食堂の利用・チケット）

Q 派遣スタッフは、派遣先の社員食堂が利用できません。社外のレストランを使っていますが、先日は混雑し、休憩時間までに戻れませんでした。社員食堂よりも料金も高く納得できません。

A 派遣先には、派遣スタッフに、給食施設、休憩室、更衣室などの福利厚生施設を利用させる配慮義務があります。

●円滑な派遣就業を確保する派遣元・派遣先の義務

　派遣元は、派遣スタッフと同種の業務に従事する派遣先社員との均衡を考慮しつつ、教育訓練や福利厚生その他、円滑な派遣就業を確保するために必要な措置を講じるよう配慮義務を負っています（法30条の3第2項）。

　また、派遣スタッフ（登録状態にある労働者を含む）の希望や能力、経験に応じた就業機会を確保し、労働条件の向上など雇用の安定を図るために必要な措置を講じるなどして、スタッフの福祉を増進する努力義務を負っています（法30条の4）。

　これに対応して、派遣先は、派遣先社員が利用している福利厚生施設で、業務の円滑な遂行に資するものとして厚生労働省令で定める施設を派遣スタッフにも利用機会を与えるよう配慮義務を負担しています（法40条3項）。また、派遣スタッフの就業が適正かつ円滑に行われるようにするため、適切な就業環境を維持し、派遣先社員が利用している診療所等の施設の利用について便宜を供与するなど、必要な措置を講じる努力義務を負っています（法40条4項）。

●福利厚生施設の利用

　以上のように、福利厚生施設のうち派遣先社員が利用している食堂、休憩室、更衣室は、派遣スタッフにも同じように利用させる配慮義務が定められています（法40条3項、則32条の3）。福利厚生

施設のなかでも社内の施設については、派遣スタッフと派遣先に直接雇用されている労働者の間で別の取扱いをすることは適当でないことが趣旨とされています。定員の関係で同じ時間帯に食堂の利用を行わせることが困難であれば、たとえば別の時間帯に設定するなどの措置が必要です。これらの施設の利用については、派遣元が就業条件明示書に記載しなければなりません。したがって、スタッフは、権利として、これらの福利厚生施設を利用することができます。

●診療所などの利用を

　診療所などの施設については、適正な就業環境を図るという観点から、派遣スタッフにも派遣先で雇用されている労働者と同じように利用させるよう努めなければならないとされています（法40条4項）。医務室の利用などはスタッフの人権問題でもあります。体調不良になった派遣スタッフが派遣先の医務室を訪れたところ「あなたは派遣だから利用できない」といわれたという訴えもありました。命と健康にかかわることで、派遣先の労働者と派遣スタッフに格差があってはなりません。派遣先の労働組合でも、改善を求めていくことが必要です。

6-6　派遣スタッフの基本給・一時金・退職金等

Q 派遣先社員にはボーナスや退職金が支給されますが、派遣スタッフには支給されません。「派遣だから……」とあきらめてきましたが、同じ仕事をして同じ役割を発揮しているのに納得できません。

A 派遣元・派遣先にはスタッフの均等・均衡処遇を実現するために努力することが求められています。

● 派遣スタッフの待遇格差

　厚労省の発表した「平成24年派遣労働者実態調査の概況」によると、就業中の賃金（基本給、税込みの時間給換算額をいう。以下同じ）は、「1000円～1250円未満」が29.9％と最も高く、次いで「1250円～1500円未満」、「1000円未満」がそれぞれ20.2％となっています。「平均賃金」は1351円で、男性が1495円、女性が1236円、登録型が1263円、常用型が1432円となっています。賃金については「満足していない」35.1％、「満足している」34.9％、「どちらとも言えない」27.2％となっています。満足していない理由をみると、「派遣先で同一の業務を行う直接雇用されている労働者よりも賃金が低いから」が29.9％と最も高くなっています。また過去1年間に、現在の派遣先における就業について、苦情を申し出たことがある派遣労働者は14.1％で、苦情の主な内容で最も多いのが「人間関係・いじめ」ですが、次いで「賃金」23.0％、「業務内容」21.6％の順となっています。さらに、東京都産業労働局「派遣労働に関する実態調査2014」によると、賞与・一時金（いわゆるボーナス）については、「ある」が8.3％、「支給されない」が86.6％、退職金制度については、「あり」が10.0％、「なし」が84.9％です。

● 登録型スタッフの賃金格差

　登録型スタッフの所得格差は、基本給にも格差があることに加え、

一時金や退職金の支給がないことが大きな要因になっています。これは、常用型スタッフとの格差の要因でもあります。Q6-1のマージン開示とQ6-2の説明義務・均衡配慮義務を活用して、まずは基本給についての改善をはかっていくことが求められます。一時金や退職金については、前述の義務付け条項を活用して改善するには大きな壁があります。フランスでは、複数の企業を通じて働くスタッフに、生活保障の趣旨から「派遣終了手当」の支給を義務付けていますが、そうした工夫が求められます。

● 中退共の仕組みにならった退職金制度の構築を

　登録型スタッフは複数の派遣元に登録し、派遣元Aは1年、派遣元Bは3か月といった働き方をしている人も少なくありません。こうした働き方には退職金制度など考えられないという考えが一般的です。しかし、中小・零細企業で単独では退職金制度を持つことが困難な事情を勘案して、国の援助で中小企業退職金共済制度（中退共）が確立しています。派遣労働ネットワークでは、これにならった制度の確立を要求してきました。有期雇用派遣を「臨時的・一時的」働き方・活用と位置づけてより安定的な雇用への登用ルートを用意するのだからこのような制度は必要ないとする意見もあるかもしれませんが、安定雇用への道がどれだけスタッフに保障されるかは未知数です。中退共には、農閑期などに季節的かつ短期間・定期に働く人を対象に掛金を積み上げて要件を満たしたときに支給される「特定業種（建設業・清酒製造業・林業）退職金共済制度」があります。これにならって、派遣会社が変わっても、ポータビリティが高く安定した退職金制度を確立し、充実させることは登録型スタッフにも応用可能です。

　派遣スタッフの待遇改善は、派遣先社員の課題でもあります。派遣業界はもちろんですが、派遣先労使や派遣スタッフも含め、制度の実現に積極的に組むことが求められます。

6-7 賃金からの天引き問題

Q 工場に派遣され会社指定の寮（アパート）に住んでいますが、賃金から寮費のほかいろいろ経費が天引きされています。納得できません。

A 税金や社会保険料など以外の費目で賃金控除するときは、書面による協定書を締結する必要があり、本人同意が必要です。それがない限り天引きは許されません。

●賃金支払い原則と天引きのルール

賃金は、①通貨で、②全額を、③労働者に直接、④毎月1回以上、⑤一定の期日を定めて、支払わなければなりません（労基法24条）。賃金から法令で義務付けられた税金や社会保険料を差し引きことは許されますが、それ以外の費目を控除するときには、労働者の過半数が加入している労働組合または労働者の過半数を代表する者との労使協定と本人の同意が必要です。

派遣スタッフについては、賃金の支払義務を負う派遣元の労使が協定を締結しなければなりません。その場合、過半数代表者選出の母集団は派遣スタッフも含まれますので、注意してください。

また、労使協定によって全額払いの原則を曲げるわけですから、どのようなものでも控除できるわけではありません。控除できるのは「購買代金、社宅、寮その他の福利、厚生施設の費用、社内預金、組合費等、事理明白なものについてのみ」とされています（昭和27.9.20基発675号）。協定書に記載すべき内容は少なくとも①控除の対象となる具体的な項目、②①の項目別に定める控除を行う賃金の支払い日、とされています。また、控除できる額の限度は明確にはされていませんが、原則として賃金額の4分の3を超えて相殺することはできないと考えられています。

●横行していた違法な天引き

1999年の法改正以前、「業務請負」と称して労働者派遣をするという偽装請負を行っていた会社が、建設業、製造業、港湾運送業など労災事故が多発する危険な現場で労働者を働かせるについて、労災になっても労災保険給付を求めて労働基準監督署に駆け込まれないようにするため、労災保険を使わないでも事故の補償をする保険に入るという名目で賃金から天引きするようになりました。これらの会社は、その後、日雇い派遣を営むようになりましたが、日々派遣のマッチングのための携帯電話代や、会社のマーク入りのTシャツやスニーカーの装着を義務付け、その費用を労働者負担として天引きするといったことが横行するようになりました。製造業務が解禁され、2000年代に入ると、「軽作業」（実際にはかなりの重労働）などを中心に「日雇い派遣」が急激に拡大しましたが、各社がほぼ例外なく、ひとつの契約ごとに200〜300円の「データ装備」などの名目をつけて賃金控除を行っていました。

●違法な賃金からの天引きに対抗する

　派遣ユニオンと派遣労働ネットワークは、こうした違法な天引きの撤廃に着手しました。当時、日雇い派遣の二大企業のひとつといわれていたフルキャストとグッドウイルは、派遣ユニオンとの交渉で天引きを廃止しましたが、フルキャストは過去に遡って返金したものの、グッドウイルは返金しませんでした。そのため、組合員は天引きされたデータ装備費の返還を求めて東京地裁に提訴し、和解で天引き分を支払わせました。このように、違法な天引きを行った派遣会社に対しては、10年前にさかのぼって天引き分を不当利得返還請求権を行使できます。グッドウイルは、規制緩和の寵児と持ち上げられた代表者のもと、介護事業などにも手を広げてきていましたが、2008年に事実上廃業し清算会社へと移行していきました。

6-8 性別・障害・年齢による差別の禁止と均等待遇保障

Q 派遣スタッフとして働いて15年になりますが、先日派遣契約が終了して次の派遣を待っています。しかしなかなか仕事がありません。どうすればよいでしょうか？

A 年齢や性別、障害を理由に派遣就労から排除することは許されません。

●派遣スタッフに対する差別の禁止

　職安法3条は「何人も、人種、国籍、信条、性別、社会的身分、門地、従前の職業、労働組合の組合員であること等を理由として、職業紹介、職業指導等について、差別的取扱を受けることがない」と定めています。この規定は、年齢や障害を理由とする差別の禁止は触れていませんが、これも許されない差別です。性別による不合理な差別的労働者派遣は、均等法にも違反しますが、年齢差別についても、雇用対策法10条で「事業主は……労働者の募集及び採用について、厚生労働省令で定めるところにより、その年齢にかかわりなく均等な機会を与えなければならない」と定めていることから、年齢による不合理な差別的労働者派遣は許されません。この規定は、派遣元にも派遣先にも適用されます。

　しかし、派遣登録しても一定の年齢になると仕事の紹介が減少するという苦情が少なくありません。この傾向は女性に顕著です。障害による差別も障害者差別解消法にもかかわらず、まだまだ根強く残っています。

●労働者派遣から差別をシャットアウトする規制

　派遣元は派遣先と労働者派遣にかかる契約を締結する際、派遣スタッフについて、これらの差別につながる情報を派遣先に提供することは許されません。また、法26条6項は、派遣先が派遣労働者を特定することや派遣元が特定行為に協力することを禁止していま

すが、その趣旨も、派遣に際して性別や年齢、障害などにもとづく排除や制限は許さないということにあります。

　ILO181号条約は、労働者派遣や職業紹介から性別・年齢・障害・性的マイノリティーなどを理由とする差別を撤廃するよう求めていますが、日本はこの条項を留保して批准しています。もっと徹底した積極的な差別撤廃のための法制度が求められます。

● 差別をのりこえて雇用を確保する

　派遣元も派遣先も差別を撤廃する責任を負担しています。なかなか仕事の紹介がないというとき、何が原因であるのか追究してください。派遣元にはスタッフごとに派遣元管理台帳が作成・備え付けられていますので、その搭載情報を確認してください。スタッフからの情報の開示・謄写請求があったとき派遣元は拒絶することはできません。管理台帳に、仕事の経験やスキル、取得した資格が正確に記載されていないときは修正を求めてください。派遣元には修正に応じる義務があります。肝心の派遣スタッフのスキル評価は、開示が手控えられることもありますが、派遣元は、登録スタッフに、差別なく雇用を確保する責任がありますし、スキル評価は雇用確保に不可欠な情報です。また派遣元には教育訓練の一環として、キャリアカウンセリングが義務付けられています。したがって、派遣元は積極的に開示して公正かつ適正な評価といえるか、雇用を確保するための課題は何かについて合理的な説明をする責任があるというべきです。こうしたやりとりのうえに、やはり性別や年齢、障害による不合理な排除以外の何ものでもないというのであれば、そうした差別をのりこえる派遣先へのアプローチの方法も話し合ってみてください。派遣元が誠実に対応しないときには、損害賠償責任の追及もありえます。

6-9　派遣を理由とする差別の禁止と均等待遇保障

Q 派遣で働き始めました。「外部の人」と見られ、差別されていることを痛感させられます。

A 派遣労働者であることを理由とする差別禁止はありませんが、「均等待遇」は人権保障を支える基本原則ですので、差別はこの原則に反して違法というべきです。

● 均等待遇原則の普遍性

　職安法3条は、職業紹介や職業指導等において人種、国籍、信条、性別、社会的身分などにより差別を受けることがないと定めています。また、労基法3条は、で「使用者は、労働者の国籍、信条又は社会的身分を理由として、賃金、労働時間その他の労働条件について、差別的取扱をしてはならない」と定め、4条で「使用者は、労働者が女性であることを理由として、賃金について、男性と差別的取扱いをしてはならない」と定めています。この他、労契法では期間の定めがあることによる不合理な労働条件を禁止し（20条）、パート法では職務の内容、人材活用の仕組みや運用などが通常の労働者と同一のパートタイム労働者については、パートタイム労働者であることを理由として、その待遇について差別的取扱いをしてはならない、としています（9条）。これらの規定を支えているのは、近代市民法の基本原理である「均等待遇」原則です。

● 派遣法の定め

　派遣法には、派遣スタッフであることを理由とした不合理な差別を明確に禁止した条文がありませんが、2012年改正では、法律の名称と目的に「派遣労働者の保護」が明記され、2015年法では、図のように均等・均衡処遇の確保に向けた法整備にも着手されています（法30条の3、31条の2）。労働者派遣についても、あらゆるステージにおいて派遣労働者であることを理由とした不合理な差別

の禁止を法制化することが求められます。
●派遣労働者を理由とする不合理な差別は許さない
　派遣労働者に対する「ジンパ」などの侮辱的呼称や「ハケンだから」という差別的言動は、労働者としての人格を傷つける差別です。このような差別は違法であり、損害賠償請求の根拠になります。また、「ハケンだから」会社の福利厚生施設の利用はさせないといった取扱いや仕事の配置・労働時間・休日・休暇の取扱いについても同じ問題があります。派遣だから「正社員の補助・雑用」「連休の間の休暇取得をさせない」「嫌な仕事を回されて処理するのに長時間働く」といった取扱いも許されません。

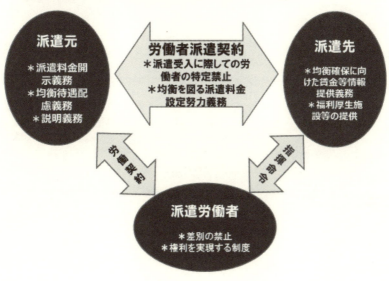

第7章
ハラスメント

---- POINT ----

- ハラスメントは、派遣先・派遣元に防止義務が課せられている
- 許されないセクハラ、マタハラ、育児介護ハラスメントは、ガイドラインで例示されている
- 派遣スタッフは、セクハラ、マタハラ、育児介護ハラスメントの解決のため、派遣先・派遣元に苦情申告できる
- 違法なハラスメントで傷つけられたときは損害賠償請求でき、健康被害には労災補償を求めることができる
- 職場に復帰して働き続けるためには調整しなければならないことがたくさんあり、解決にはユニオン・援助者が必要
- 常用代替が進む職場では、派遣スタッフと派遣先社員がお互いに傷つけあうハラスメントもある
- ハラスメントの原因をなくす取組みが必要

7-1　派遣スタッフをめぐる職場のハラスメント

Q はじめは派遣先社員からいじめられていましたが、そのうち上司から派遣社員を辞めさせるために協力するよう要求されてとても辛いです。対策はあるのでしょうか？

A どんな場面でも人を傷つけるハラスメントは許されません。

●ハラスメントとは

　「ハラスメント」とは「いじめ」「嫌がらせ」のことですが、セクシュアルハラスメントやマタニティーハラスメント、育児ハラスメントは、均等法や育介法のガイドラインで例示されて、使用者に防止対策を講じるよう義務付けられています。均等法で定められているセクシュアルハラスメント（均等法11条）は、労働者の意に反する「性的な言動」で、これへの対応により労働条件で不利益を受けたり（地位利用型）、就業環境が害される（環境型）ことを言うとされています（セクハラ指針2(1)）。場所は社内に限られるものではなく、取引先の事務所、取引先と打合せをするための飲食店（接待の席も含む）、顧客の自宅、取材先、出張先、業務で使用する車中などを含みます。また勤務時間外の「宴会」なども、実質上職務の延長と考えられれば該当することもあります。使用者は、社内の従業員からのハラスメントに限らず、取引先や利用者のような顧客によるハラスメントも、使用者が防止義務を負担する範囲とされています。

　職務上の地位や権限を背景にしたパワーハラスメントは、「職務上」の正当な権限行使とはいえない嫌がらせと正当な権限行使の機会に行われる嫌がらせがありますが、会社の事業運営のために権限を与えられたものが、その人の指揮下にある労働者を威圧したり、屈辱感や悲しみを与えたりして、力の発揮を妨げることは本末転倒

です。法律には定められていませんが、厚生労働省の報告書（「職場のいじめ・嫌がらせ問題に関する円卓会議」）では、「同じ職場で働く者に対して、職務上の地位や人間関係などの職場内の優位性を背景に、業務の適正な範囲を超えて、精神的・身体的苦痛を与える又は職場環境を悪化させる行為をいう」と定義しています。

● 使用者のハラスメント防止義務

前述のように、セクシュアルハラスメントやマタニティーハラスメント、育児ハラスメントについては使用者の防止義務が法律によって直接義務付けられていますが、一般論としても、労契法は「使用者は、労働契約に伴い、労働者がその生命、身体等の安全を確保しつつ労働することができるよう、必要な配慮をするものとする」（5条）と定めています。これは「安全配慮義務」と呼ばれるもので、「生命、身体等の安全」には心身の健康も含まれます。また、労安法では、快適職場づくりが事業者の努力義務とされ（71条の2）、仕事による疲労やストレスを感じることの少ない、働きやすい職場づくりをめざし、「作業環境の管理」「作業方法の改善」「労働者の心身の疲労の回復を図るための施設・設備の設置・整備」「その他の施設・設備の維持管理」の4つの視点から措置を講じるよう求めています（労安指針第1）。パワーハラスメントなど、広く、安全配慮義務や快適職場の観点から、企業の防止義務を徹底することが求められています。これらのハラスメント防止義務は、派遣元はもちろん、派遣先も負担します。

● 派遣労働の力関係によるハラスメントと対応策

労働者派遣は、派遣元に雇用された労働者を派遣先の指揮命令下で働かせるというもので、スタッフは、派遣先と派遣元の二重の権力関係のもとで働くことになります。そのため、スタッフは、派遣元の担当者、派遣先社員や上司、同じ立場の派遣スタッフとの間でもハラスメントのリスクがあります。セクシュアルハラスメントは、

男女の力関係や性差別が土壌になって発生しますが、労働者派遣関係の構造から、リスクは通常の形態で働いている場合より高いことが問題です（厚生労働省調査「平成26年度個別労働紛争解決制度の施行状況」）。ただでさえ職場のハラスメントが発生する原因は、雇用形態の多様化のよる人間関係の希薄化、処遇の個別化による足の引っ張り合い、ノルマや業績が強く求められることによるストレスなどが指摘されていますが、それが派遣社員という身分的な優劣感情とともに、派遣スタッフに向けられていることは間違いありません。このような場合には、派遣先と派遣元には防止義務が課せられて迅速な苦情処理の責任があることをふまえ、できるだけ早い時期に対策をとるよう要求することが肝心です。

●常用代替が生み出すハラスメントと対応策

　正社員を派遣などの非正規雇用に切り替えていこうとする職場では、ハラスメントが横行することがあります。スタッフは辞めさせられる正社員のポストに投入されて引き継ぎ業務から始めるといった場面では、辞めさせられる正社員とその同僚たちから、引き継ぎの拒否や仲間はずれ、キツイ対応や人格的な非難にあうことがあります。また、正社員の削減を命じられた管理職から、「外部の人」である派遣スタッフに削減に協力するよう求められることもあります。削減したい正社員の仕事を監視したりチェックするよう指示されたり、ミスしたときには厳しく指摘するよう求められたりします。人がいじめられているのを見ることさえ辛いことなのに、このようなことに協力するのは良心の呵責に耐えられず精神的に追い詰められてしまうものです。ターゲットになった派遣先社員もスタッフも、同じ派遣先の「常用代替」策の犠牲者なのに、このように分断されお互いに傷つけあうのはたまりません。

　まずは、派遣先社員は派遣先に働き続ける権利を主張し、派遣スタッフは派遣元にハラスメントを苦情申告して健康に働く権利を主

張してください。派遣先も派遣元も、派遣法の趣旨が、直接雇用の原則とともに常用代替を防止しより安定的な雇用を確保することにある(国会附帯決議)ことをふまえて対応することが求められます。また、前述のようなハラスメントは正当な権限にもとづくものではありませんし、派遣先社員にもスタッフにも深刻な心の傷を負わせる行為ですので、派遣先社員もスタッフも、それぞれ労働局やユニオンなど第三者に相談してください。第三者が介入することによって、このような恥ずかしい行為が止まることもあります。だれもが派遣先社員とスタッフが手を結ぶとよいと考えるでしょうが、そのためには労働組合の役割が大きく、リーダーシップをとってこのようないじめの根本にある非人間的なリストラ・合理化問題を解決することが求められます。

●損害賠償請求など

　防止義務が課せられるハラスメントは相当広範囲な言動に及び、苦情申告して解決を求めることができます。またハラスメントの態様が他人の権利を侵害する違法なもので、派遣先社員やスタッフの健康を損なわせたり労働者としての人格評価や尊厳を貶めるときには、行為者とその雇い主に損害賠償請求をすることが可能です。

　これらの行動に出たことを理由として労働者に不利益を加えることは許されません。苦情申告したり派遣先に賠償請求したことを理由に派遣契約を中途解除したり、派遣労働契約の更新を拒絶することは許されません(派遣元指針第2の3、派遣先指針第2の7)。このような不利益が容認されるなら、スタッフには、ハラスメントに異議を唱え、安心・安全な職場環境を求め、損害を回復することが権利として認められていないことになってしまうからです。

　ハラスメントに見舞われたときには、健康を取り戻して元気に働けるようにするケアも求められます。一人で悩まず、ユニオンなどに相談してください。

7-2 セクシュアルハラスメントへの対応

Q 派遣先社員から受けたセクハラを営業担当者に訴えました。営業担当者は、「守ってあげるから」「事情を聴きたい」といいながら終業時刻後に飲食に付き合うよう要求し、「君は魅力的だから」など性的関心を向けるようになりました。どうすればいいですか？

A 派遣元担当者の言動もセクハラです。派遣先と派遣元の相談窓口にそれぞれ正式に苦情申告するなど、選択肢はいくつもあります。

●防止義務が課せられるセクシュアルハラスメント

　均等法は、使用者に、前述したセクシュアルハラスメントの防止義務を課しています。スタッフがのぞまない性的言動は、スタッフの対応によって不利益を与えるような地位利用型のものから働く環境を害する環境型に至るまで広く職場からなくすよう求められています。男性から女性に向けられる性的言動のみならず、女性から男性に向けられる性的言動や、同性間でのものも含まれます。

　派遣先社員が、家族関係や付き合っている異性関係や性的体験を聞き出そうとしたり、性的接触をするといった言動は、すべて該当します。こうした言動は環境型といえますが、派遣先社員としての立場を利用して「次の契約を更新できるようにする」といって飲食に誘い性的関係を迫るなどの行為は「地位利用型」といえます。また、ケースのように営業担当者が、派遣先の問題解決は自分にまかせておけば安心だ、などといって飲食の機会に誘い出し、「魅力的だから」などの発言をすることは地位利用型のセクハラといえます。

　そもそも、性的言動それ自体、不快に感じるかどうか以前に、職場の仕事とは結び付かないものですから、派遣先社員やスタッフが不快に感じる性的言動を広く防止すべきは当然というべきです。均

等法では、事業主が適切かつ有効な実施を図るために、厚生労働大臣は必要な指針を定めるものとされています（11条2項）。
●事業主の雇用管理上の措置を定めたセクハラ指針
　指針は10項目が定められており、事業主はこれらを必ず実施しなければなりません。10項目のポイントは以下のとおりです。

1　事業主の方針の明確化およびその周知・啓発を図る
　① 職場におけるセクシュアルハラスメントの内容・セクシュアルハラスメントがあってはならない旨の方針を明確化し、管理・監督者を含む労働者に周知・啓発すること。
　② セクシュアルハラスメントの行為者については、厳正に対処する旨の方針・対処の内容を就業規則等の文書に規定し、管理・監督者を含む労働者に周知・啓発すること。
2　相談（苦情を含む）に応じ、適切に対応するために必要な体制を整備する
　③ 相談窓口をあらかじめ定めること。
　④ 相談窓口担当者が、内容や状況に応じ適切に対応できるようにすること。また、広く相談に対応すること。
3　職場におけるセクシュアルハラスメントに関し、迅速かつ適切に対応する
　⑤ 事実関係を迅速かつ正確に確認すること。
　⑥ 事実確認ができた場合には、すみやかに被害者に対する配慮の措置を適正に行うこと。
　⑦ 事実確認ができた場合には、行為者に対する措置を適正に行うこと。
　⑧ 再発防止に向けた措置を講ずること（事実が確認できなかった場合も同様）。
4　1から3までの措置と併せて講ずべき措置
　⑨ 相談者・行為者等のプライバシーを保護するために必要な措置を講じ、周知すること。
　⑩ 相談したこと、事実関係の確認に協力したこと等を理由として不利益な取扱いを行ってはならない旨を定め、労働者に周知・啓発すること。

●派遣先社員のハラスメントに対する派遣元と派遣先の責任
　前記の指針にしたがって対策を講じなければならない責任は、派遣元はもちろん、派遣先も含まれます。防止しなければならないセ

クハラのなかには、取引先からのセクハラもあります。派遣元は、スタッフが派遣先社員からセクハラを受けないように防止義務を負担していますので、スタッフが苦情を申告したとき、これに対応して派遣先社員のセクハラをやめさせる責任を負っています。派遣元には、ハラスメントがなくなって安心して働ける職場環境が確保されるまでスタッフの派遣を停止する権限もありますし（法28条）、派遣先はスタッフの派遣を停止されたからといって派遣元に損害賠償請求することもできません。こうした権限を背景にして派遣先に適切な対処を求めることも可能です。派遣元がそうした権限があるのに適切な対処をしないまま、スタッフがセクハラを受け続けて損害が発生・拡大したときは、派遣元は、派遣先とともに、スタッフに対して損害賠償責任を負担することになります。

　スタッフは、派遣元を通じて派遣先にハラスメントを辞めさせるよう働きかける方法もありますが、直接派遣先の相談窓口に苦情申告することもできます。苦情申告を受けた派遣先は、指針に従って、スタッフの権利を守るために苦情を解決しなければなりません。

● 派遣元担当者のハラスメント・二次セクハラと責任

　登録型スタッフの場合、苦情窓口が事実上営業担当者になることもありますが、営業担当者は、派遣元のハラスメント防止規定にしたがって適正に対処することが求められます。派遣元は、営業担当者にもしっかりセクハラ防止教育を実施する責任があります。

　ケースのように、ハラスメントのような深刻な問題の相談に乗るといってスタッフが望まないのに（望むわけもないでしょう）飲食に付き合わせるなどの行為や、セクハラ被害者にも原因があるかのような言動は、二次セクハラの典型です。派遣会社としては、セクハラの苦情があったときは会社として対応し、派遣元管理台帳に講じた対処とともに記録しなければなりません（派遣元指針第2の3）。それを、自分が対応するので大丈夫といって、社内ルールに則って

対処する姿勢が見えないときは特に要注意です。まして、帰り道にスタッフが拒否しているのに自宅まで送ろうとしたり性的な要求に及んだりなど言語道断です。営業担当者は、派遣スタッフにとって、仕事の継続やキャリアアップのために重要な情報を直接入手する立場にあります。また、派遣先や派遣元に直接言いにくいことも担当者に打ち明けて未然にトラブルを防止する役割を期待することもあります。前述したような行為は、そうした立場やスタッフの信頼を裏切るものです。派遣会社は、このようなことを厳しく戒める姿勢を明らかにして周知徹底し、厳正に対処する責任があります。

●スタッフとユニオンの力で解決する

　言いづらいことかもしれませんが、一人で悩まないで、できるだけ早く、セクシュアルハラスメントの解決について理解のある第三者に相談することをお勧めします。ユニオンも選択肢のひとつです。何より、プライバシーを尊重し、スタッフの意向にしたがって、派遣元・派遣先に対してどのように働きかければよいかといったことから相談して進めていきます。派遣先でのハラスメントは前述のように派遣元はもちろん派遣先にも苦情解決の責任があります。ハラスメントをやめさせて環境を改善するよう団体交渉を申し入れたときは、派遣元も派遣先もこれに応じる責任があります。

7-3　苦情申告と不利益取扱い

Q 上司のセクハラについて派遣元と派遣先に苦情申告しました。そしたら派遣元から同じ派遣先では働けない、次の契約更新は望めないといわれました。悪いのは派遣先上司なのに私が職場を失うことになるのは理不尽です。

A まったくそのとおりです。派遣先の環境を整備してスタッフが働き続けられるようにすることが先決です。

●苦情申告のあとの手順

　スタッフは、派遣先・派遣元双方に苦情を申告することができます。その場合には、派遣元と派遣先で話し合って苦情への対処をすることになります。申告されたハラスメントの内容から、上司のもとで引き続き働けない、あるいは心身の健康を害したり仕事に集中できないといったときは、スタッフの意向を尊重しながら、上司かスタッフかどちらかの机を移動させるなど緊急の措置を講じる配慮義務があります。こうした対策は、上司が加害者とされる場合だけでなく、派遣先社員である場合も同じです。

　緊急措置をとったら、スタッフのプライバシーと意向を尊重しながら事実を確認していきます。事実確認は必要最小限にする必要がありますし、スタッフが苦情申告したことで、さらにハラスメントを受けるような事態を回避することが求められます。派遣先も、派遣元も、これらの手続きについて管理台帳に記載しておくことが求められています。

●再発防止など環境整備に必要な視点

　加害者に対する処分の観点が優先すると、処分自体が違法だとして争われないようにするため、厳密に証拠上の裏付けをとりたいという傾向に流れます。しかし、優先しなければならないのは、なんといっても被害者の権利の回復と安全・安心できる職場づくりであ

り、再発防止に向けた環境整備です。

　スタッフがこれまでどおりに働けるようにすることが最優先なのに、ケースのように、スタッフを排除することで問題を解決しようとすることは本末転倒です。スタッフが別の部署に異動して働くことを希望したときには、その可能性を追求すべきです。派遣先の上司（指揮命令者）や社員を異動させて引き続き当該職場で働くことを希望する場合もあります。配属部署によっては、上司や派遣先社員が余人をもっては代えがたい技能や経験をもち、異動させることが客観的に不可能な場合もあります。派遣先としては、そうした事情とともに、ハラスメントによってスタッフを傷つけ、ともに仕事をすることが不可能な状況をつくったという問題も考慮に入れて、社員の処遇を決める必要があります。

●スタッフに対する雇用の確保

　前述したように、苦情申告をしたことで、次の派遣契約は更新しないといった対処は許されません。登録型スタッフの場合、派遣契約の終了は雇用の終了に結びつきやすいので、特に問題です。そうした不安定な立場にあるからこそハラスメントを受けやすいのに、改善を求めたときには派遣先の加害者を守るために犠牲にさせられてしまうのでは、苦情申告を権利として認めたことになりません。

　新しい派遣法では、特定有期派遣労働者に対する雇用安定化措置が義務付けられていますし、派遣先もスタッフの雇用安定化に協力する義務があります。そうした雇用安定化に向けた双方の責任を自覚して、総合的な観点からスタッフの処遇に不利益がないよう配慮することが求められます。もしそうした配慮を払わないでスタッフを排除するなどの不利益を加えたときには、派遣先はもちろん、場合によったら派遣元も損害賠償責任を負担することになります。

7-4 派遣先社員がスタッフからハラスメントを受けたとき

Q 正社員で働いていますが、このところ正社員が退職させられ派遣スタッフに入れ替えられることが急激に増えました。私も人事に呼びだされ「あなたの仕事は派遣の仕事」といわれて退職勧奨されました。机も派遣スタッフの横にされ、スタッフから「仕事ができない」と攻撃されるようになりました。

A 退職強要そのものが違法です。権利を守るために第三者機関や労働組合に相談してください。法的対処も可能です。

●派遣スタッフとの入れ替えを狙ったリストラは許されない

　雇用は直接雇用が原則であり、派遣スタッフが派遣先社員を淘汰して代替していくような常用代替の連鎖は、派遣法の趣旨とは正反対のものです。派遣スタッフに入れ替えることを狙って派遣先社員をリストラすることは法の趣旨に反して違法です。本来、派遣先社員がリストラされた後ポストに派遣スタッフを受入れることを禁止すべきですが、派遣法では、そうした規制はなく、退職後1年以内の労働者を派遣労働者として受入れることが禁止されているだけです（法40条の9）。

　しかし、常用代替防止の趣旨や、退職後1年を経過しない労働者を派遣スタッフとして受け入れることを禁止している派遣法の定めからすると、ケースのような派遣スタッフへの入れ替えを狙った解雇は、客観的な合理性も相当性もなく、到底許されるものではありません。だからこそ、会社は、退職強要を強引にすすめ、そのために派遣スタッフまで利用しようとしていると考えられます。

●退職強要も嫌がらせも許されない

　執拗に退職勧奨したり嫌がらせをして退職届を提出するまで続けることも許されません。労働者は会社の退職勧奨に応じる義務はありません。労働者は働くために労働契約を締結しているのですから、

上司が執拗に退職を「指示」するのは権限の逸脱です。あくまで「お願い」ベースのはずで、しかも、一度はっきりと「退職したくない」と意思表示しているものを何度も仕事を妨害してまで勧奨行為を繰り返すことも信義に反して許されません。
　退職勧奨が、脅して不安や恐怖を感じさせたり、人格的な誹謗中傷を加えて自信を喪失させたり、多数回かつ長期にわたって勧奨行為を繰り返して緊張や不安を強いるなどの行為は、労働者の自由な意思決定を妨害します。スタッフを利用した「仕事ができない」という攻撃は、労働者としての人格的評価や意欲を低下させ、自信を喪失させという意味ではなはだ問題です。このような行為は、社会的相当性に欠ける違法な退職勧奨行為＝不法行為として損害賠償責任を追及することができます。会社は、労働者に転職を求めるなら、新しい職場で頑張れるように励ますことこそ配慮というものであって、働く意欲も自身も喪失させるなど、とんでもないことです。

● 負けない対処法

　まずは、誰もがこうした攻撃を受けると仕事への自信を失ってしまいますが、信頼できる第三者や労働組合に相談してください。そして、会社には、自信をもって「退職しない」「何度言われても変わらない」ことを告げてください。派遣スタッフには、協力を求められて苦しい思いをしているのかもしれませんが、非難攻撃や言い方はとても傷つくこと、ハラスメントに協力させられることもハラスメントになるので、会社のやり方は不当だと言ってください。そして、会社にも派遣スタッフにも、すでに何を言われ、どのような事態になっているのかを第三者に相談していることも伝えるようにしてください。不当な退職勧奨やハラスメント、あるいはやりとりは、すべて録音することをお勧めします。それでも退職勧奨が続くなら、労働組合を通じて交渉するか、賠償請求など法的手続きにすすむことを検討してください。

7-5　ハラスメントによるメンタルヘルス不全

Q 派遣先社員から言葉や接触によるセクハラを受けるようになって心療内科を受診したら「重度のうつ状態」と診断されました。出勤するのも辛いですが、休むと契約更新されないので、出勤せざるをえません。どうしたらいいでしょうか？

A 労災申請をして療養給付や休業補償給付を受けることができます。労災で療養中の解雇は禁止されています。

●セクシュアルハラスメントと労災認定

　厚生労働省では、労働者が発症した精神障害が労働災害に該当するかを判断するために「心理的負荷による精神障害の認定基準」を定めています。精神障害の発症から遡って6か月間に起きた出来事について心理的負荷の程度を「強」「中」「弱」の3段階で総合評価し、労災に該当するか否かが判断されます。セクシュアルハラスメントのように「心理的負荷」となる出来事が繰り返されている場合で、発症前6か月よりも前に出来事が始まり、発症まで継続していたときは、6か月を超え始まった時点から評価するとされています。また、強姦や本人の意思を抑圧して行われたわいせつ行為などについては、認定基準に示す「特別な出来事」として、心理的負荷の程度が「強」とされて、他の事情に関わりなく業務上災害とされます。「特別な出来事」ではない場合は「心理的負荷の総合評価の視点」（①セクシュアルハラスメントの内容、程度、継続する状況、②セクシュアルハラスメントを受けた後の会社の対応および内容、改善の状況、職場の人間関係など）を考慮して判断されます。

●心理的負荷が「強」に該当するとき

　では、「心理的負荷による精神障害の認定基準」をもとに、心理的負荷がどのように判断されるのか、具体例を見ていきましょう。

　まず、「強」と判断される場合を見ると、身体への接触を含むセ

クシュアルハラスメントであって①継続して行われた場合、②継続はしていないが相談しても改善されなかった、または相談した結果、職場の人間関係が悪化した場合、などが挙げられています。また発言のみでも、①発言の中に人権を否定するようなものを含み、かつ継続して行われた場合、②性的な発言が継続して行われ会社は把握しているにもかかわらず、改善されなかった場合、などは「強」に該当します。

一方、身体への接触を含むセクシュアルハラスメントであっても、行為が継続しておらず会社の対応によって解決した場合、または発言のみで、①継続していない場合、②複数回行われたが、会社の対応によって終了した場合、などは心理的負荷は「中」とされています。また、「○○ちゃん」などの発言をされた、職場内に水着姿のポスターが掲示された、などについては心理的負荷は、一番低い「弱」とされています。もちろん、心理的負荷が「中」や「弱」であっても、長時間労働が認められる場合や他の出来事が複数生じた場合、総合評価が「強」とされて労災が認定されることもありうるとされています。

● 労働者死傷病報告は派遣元と派遣先双方で提出

派遣スタッフの場合は、雇用主である派遣元が労災保険に加入しているため、派遣元を管轄する労働基準監督署に申告をすることになります。労働基準監督署は、申告を受けて調査をすることなります。派遣先でのセクシュアルハラスメントであれば、当然、労働基準監督署は派遣元だけでなく派遣先も調査することになりますが、それにあたっては、スタッフのプライバシーを尊重することは当然です。

また、労働者が労働災害などにより死亡または休業したときには、事業者は、会社を所轄する労働基準監督署に「労働者死傷病報告」を提出しなければなりません。被災者が派遣スタッフである場合は、

派遣先と派遣元の双方が、派遣先の事業場の名称などを記入し「労働者死傷病報告」を提出する必要があります。

● 労災認定とスタッフの雇用

　労災認定を受けたときは、療養費全額と休業補償（平均賃金の8割）を受けることができます（労災法14条、29条）。また、労災療養中の労働者を解雇することは許されません（労基法19条）。無期雇用派遣スタッフや常用型と判断される有期雇用派遣スタッフの場合は、派遣元はスタッフを解雇したり雇用を打ち切るなどすることはできませんので、安心して療養することができます。また、雇用契約が継続している以上、使用者の責めに帰すべき事由による就労不能については、労働者は賃金を請求する権利がありますので、賃金から休業補償給付を差し引いた部分の支払いを求めることができます。

　登録型スタッフの場合、休業を理由に派遣契約を中途で解除することは法27条にもとづいて禁止されていますが、労働者派遣契約の更新を拒否することまでは禁止されていません。前述のように、契約打切りが公序に反するような場合には、そのこと自体違法です。また、労災保険給付は継続して受けられます。

● 職場復帰支援プログラム

　病状が回復したときでも、うつ病などのメンタルヘルス不全については再発の危険が高いとされていることに注意が必要です。また、セクシュアルハラスメント被害の場合、外傷後ストレス障害を負うことも少なくありませんが、加害者と接触する可能性のある職場や仕事は禁物です。したがって、元の派遣先の職場に復帰するようなときには、復帰先の環境整備がきちんと行われているかどうかが問題になります。

　調整のうえ、復帰できるような状態になったとしても（元の職場かどうかにかかわらず）、スタッフの意向や主治医の意見をふまえ、

リハビリから復帰に至るまでの支援プログラムを立てて慎重に復帰をめざす必要があります。厚生労働省も、以下のことを基本において職場復帰支援プログラムにもとづく慎重な復帰を求めています。

　第1に、復帰する職場は原職が原則です。新しい職場環境や人間関係が大きなストレスになることを避ける意味があります。メンタルヘルス不全の原因が、元の職場のハラスメントであるときには、異動や配置転換を視野に入れ、本人と話し合いを重ねながら、復帰する職場を検討していきます。

　第2に、復職の目途がたったら、リハビリ勤務を試みます。本格的に復職したときのストレスを緩和するために"慣らし"勤務の期間を設けるという位置づけです。リハビリ勤務は、最初は出勤だけ（電車に乗ることも困難なときがあります）、その後数時間ないし半日勤務とか、週あたり何日かといったように、徐々に慣らしていきます。職場や仕事の内容は、スタッフとよく話し合って無理なく安心できるように配慮する必要があります。

　第3に、少しずつ勤務時間を延長するなどして元の働き方に近づけるようにします。うつ病は、治療によって症状が軽快していくことと、勤務できる能力が元の状態に戻るのにズレがあるといわれていますので、無理なら負担を減らすなど柔軟な復職プログラムの運用が望まれます。

　これらの交渉には、援助者の力を得ることをお勧めします。ひとりで考えて、行動できることは限られています。まして心身ともに傷ついているのであればなおさらです。セクシュアルハラスメント問題に取り組んでいる労働相談の窓口やユニオンに相談してみてください。

第8章
派遣スタッフの雇用

---- POINT ----

●派遣スタッフは、あくまで派遣元との派遣労働契約によって、雇用の権利が保障される

●常用型派遣労働契約の場合は、派遣契約が解消されても、労働契約には影響しない

●登録型派遣労働契約の場合は、派遣契約が解消されれば、雇用は期間満了により解消する

●派遣法は、労働法による労働者保護の趣旨を損なう不合理な派遣契約の中途解除を禁止しているので、契約の中途解除があっても労働契約は存続する

●有期雇用派遣は、臨時的・一時的働き方／利用と位置づけられ、2つの側面から上限3年の利用制限を受ける

●特定有期派遣労働者等には、雇用安定化措置が義務付けられている

●期間制限違反などの違法派遣には、派遣先の労働契約申込みなし制度の適用がある

8-1 派遣スタッフの解雇

 派遣先の品物がなくなった責任を問われて即日解雇されました。身に覚えのないことなので悔しいのと即日解雇では生活にも支障があります。何とかならないでしょうか？

 解雇には30日以上前の予告が必要ですし、そもそも不当解雇は許されません。

● 派遣元の雇用責任

　派遣スタッフの雇用責任は派遣元が負担しています。派遣契約がどうであろうと、雇用契約は派遣元と派遣スタッフとの間に成立しており、これを解消するについては、労基法や労契法が全面的に適用されます。使用者である派遣元は、法律による決まりを守らなければなりません。

● 解雇予告

　使用者は、労働者を解雇しようとするときには、少くとも30日前にその予告をするか、予告しないときには、30日分以上の平均賃金を支払わなければなりません。これには「但し書き」があって、「天災事変その他やむを得ない事由のために事業の継続が不可能となった場合又は労働者の責に帰すべき事由に基いて解雇する場合においては、この限りでない。」とされていますが、その場合には労働基準監督署の認定を受ける必要があります（労基則7条）。

　派遣先で商品がなくなった責任を問われての解雇だということで、確かに解雇理由だけみると「労働者の責に帰すべき事由に基づく解雇」なのでしょうが、即日解雇には労働基準監督署の認定が必要で、それには使用者側からの申告のみならず、労働者からの事情聞き取りも行われます。そのうえで予告ないし予告手当の支払いをしなくてもよいという認定を受けなければなりません。たとえ「懲戒解雇」であっても当然に即日解雇できるわけではありません。

ケースの場合には、そうした手続きも認定も受けていないのですから、30日以上前に解雇予告するか、30日分以上の予告手当を支払わなければなりません。解雇理由がどうであれ、30日分の予告手当を請求する権利があります。

●労基法にもとづく解雇制限

労基法19条では、使用者は、労働者が業務上の負傷や疾病によって療養のために休業している間とその後30日、産前産後の女性が出産休暇を取得して休業する期間とその後30日間の解雇を禁止しています。これらの解雇禁止は、解雇の正当な理由があっても許されません。使用者が、打切補償を支払ったとき、あるいは天災事変その他やむを得ない事由のために事業の継続が不可能になったときには、労働基準監督署の認定を経て許されることになっています。

●懲戒解雇

懲戒には、就業規則で懲戒事由や懲戒の種類、手続きを決めておく必要があり、かつ、それを労働者に周知しておかなければなりません。そして、労契法15条では、「労働者の行為の性質及び態様その他の事情に照らして、客観的に合理的な理由を欠き、社会通念上相当であると認められない場合」は、権利濫用として認められないとしています。ケースの場合は、事実も究明しないまま解雇ということですので、懲戒解雇についての規定があっても許されません。

●無期雇用派遣労働者の場合の解雇制限

労契法16条は、「解雇は、客観的に合理的な理由を欠き、社会通念上相当であると認められない場合は、その権利を濫用したものとして、無効とする。」と定めています。解雇の理由が客観的に合理的かどうか、また解雇という処分が社会通念上相当性を有するかどうかが問われます。ケースの場合、派遣先で商品が紛失した責任を問われたということですが、往々にして職場で発生した不祥事の責任を派遣スタッフが押し付けられるなどの不当な取扱いが問題にな

っています。そのような場合には、客観的合理的理由がない解雇となりますし、派遣先も派遣元もきちんとした調査もしないで責任をスタッフに押し付け「くさいものにフタ」をするような経過があったときにはなおさらのこと、許されない解雇といえます。

● 有期雇用派遣労働者の場合の解雇制限

　有期雇用派遣スタッフの場合には、労契法17条で、契約期間中の解雇等について、使用者には、より厳しい責任が課せられています。1項では、使用者は、「やむを得ない事由がある場合でなければ、その契約期間が満了するまでの間において、労働者を解雇することができない。」とし、かつ2項で「使用者は、有期労働契約について、その有期労働契約により労働者を使用する目的に照らして、必要以上に短い期間を定めることにより、その有期労働契約を反復して更新することのないよう配慮しなければならない。」とされています。

　したがって、ケースの場合に期間途中で前記のような解雇をすることは言語道断であることはもとより、派遣労働契約の満了を理由に雇用責任を免れようとすることについても濫用により違法無効となる場合があります。

● 雇用責任が継続する場合

　労契法では、次の（1）（2）いずれかに該当する場合、契約期間満了までの間に、労働者が契約更新の申込みをしたときまたは期間満了後遅滞なく有期労働契約の締結の申込みをしたときで、「使用者が当該申込みを拒絶することが、客観的に合理的な理由を欠き、社会通念上相当であると認められないときは、使用者は、従前の有期労働契約の内容である労働条件と同一の労働条件で当該申込みを承諾したものとみなす。」と規定しています。

（1）　過去に反復して更新され、契約期間満了時に労働契約を終了させることが、期間の定めのない労働契約を締結している労働

者を解雇するのと社会通念上同視できると認められる場合。
(2) 労働者において期間満了時に契約の更新を期待する合理的な理由があると認められる場合。

　ケースについても、有期派遣労働契約を締結して派遣されていた場合でも、前述の（1）（2）の場合で働き続ける意思があることを派遣元に表明しているときには、派遣元はそれまでと同じ条件のもとで契約が更新されたものとして、雇用責任を継続して負担することになります。

● 賃金請求権など

　このように、解雇が無効だとすると、スタッフから派遣元に就労の意思を表明したときには賃金の支払を求める権利があります。疑われた派遣先職場に戻って働くことは環境整備も必要ですが、それは派遣元の責任です。また疑われた派遣先以外の職場を用意することも派遣元の責任ですので、きちんと働く意思があることを表明して権利を行使することです。そして、有期雇用で働くスタッフの場合、雇用契約の期間満了によって派遣元の雇用責任は終了し、したがって職場を用意したり、賃金を支払う義務がないといわれるかもしれませんが、派遣労働者についても、有期契約の定めについて、労契法19条の適用があります。これによって契約が更新したものとみなされる場合にも、スタッフとしては、派遣就労を求め、賃金の支給を求める権利があります。

　ケースのように、派遣先での不祥事の責任を押し付けられたり、解雇を受けるようなこと労働者にとって不名誉きわまりないことです。そのような場合には、派遣先・派遣元に対する損害賠償請求が可能です。

8-2 派遣スタッフの雇用（無期雇用派遣・有期雇用派遣）

Q 派遣先は変わっても同じ派遣元で10年ですが、次第に雇用期間は短くなっています。働き続ける権利はありますか？

A 派遣元に対する雇用継続への期待が客観的に法的保護に値するなら継続して働く権利があります。5年継続して有期で働いたスタッフは無期雇用への転換を請求できます。

● 無期雇用派遣と有期雇用派遣の違い

　有期雇用派遣か無期雇用派遣かは、派遣労働契約に有期の定めを置いているかどうかによります。労働者派遣契約書には、どちらのスタッフを派遣するか記載しなければなりません。派遣先では、無期雇用派遣は期間制限なく受け入れることができますが、有期雇用派遣では、個人（派遣スタッフ）単位と事業所単位の2つの場面で継続して3年を超えることができないという期間制限を受けます（法40条の2第2項）。

● 派遣労働契約に期間の定めがあるとき

　長年同じ派遣元を通じて働いていても、派遣労働契約の期間の定めが短期化することが少なくありません。それは、派遣先からの派遣契約の打ち切り・解除のリスク（Q8-1のように、派遣労働者の解雇にも制限があるなど）を回避して雇用責任を軽くするためです。

　しかし、長年雇用を継続してきた実態によっては、期間の定めは単なる形式でないに等しいような場合には（期間制限を受ける行政規制の場面ではあくまで「有期雇用派遣」ですが）、派遣スタッフと派遣元との契約関係では、期間の定めなく雇用されたスタッフ、すなわち無期雇用派遣スタッフとして待遇される権利があるはずです。また、期間の定めを置いた労働契約のもとに派遣されていたとみられる場合でも、実質的にみれば、引き続き雇用されて働くこと

を予定していたり、あるいはそのように雇用が継続されることについての期待が法的に保護される場合には、契約を更新して継続して雇用される権利があるというべきです（労契法19条）。

● 無期雇用への転換の促進

労契法18条では、有期労働契約の期間の定めのない労働契約への転換が認められています。具体的には、同じ使用者（派遣元）との間で締結された2以上の有期労働契約の契約期間を通算した期間が5年を超えるときには、スタッフは派遣元に、有期労働契約の契約期間が満了する日までの間に、期間の定めのない労働契約の締結の申込みをしたときは、使用者は当該申込みを承諾したものとみなされることになります。この場合、賃金などの労働条件は、現に締結している有期労働契約の労働条件（契約期間は無期）と同一です。

また、派遣法では、過去1年を超えて同じ派遣元を通じて働いてきたスタッフや、3年を超えて雇用される見込みのある特定有期派遣労働者については、①派遣先への直接雇用、②無期雇用派遣への転換、③派遣先就労の確保による雇用の継続、④その他安定した雇用の継続が確実に図られると認められる措置のいずれかの雇用安定化措置を講じなければならないことになっています（法30条）。

● どうすれば無期雇用の権利を主張できるか

ケースの場合には、すでに無期雇用と同じ状態で期間の定めのない労働者として権利主張できるかもしれません。しかしそれは、何かあったときにそうした権利を主張するということにとどまります。その前に無期雇用であるという地位と権利を確立しておきましょう。待遇の改善のためには、派遣元との間で、「無期雇用」労働者としての地位や権利を確認することが求められます。前述した労契法にもとづく転換権の行使も考えられます。業務取扱要領では、派遣元の雇用安定化措置義務とあいまって、有期雇用派遣労働者の無期雇用への転換の促進を求めていますので、活用してください。

8-3　派遣スタッフの雇用（登録型派遣・常用型派遣）

Q 労働者派遣契約が終了になりますが雇用はどうなりますか？

A 労働者派遣契約が解消されると同じ派遣先では働けません。しかし、一律に自動的に雇用がなくなるわけではありません。

● 常用型派遣と登録型派遣

　労働者派遣には登録型派遣と常用型派遣という区別もあります。登録型派遣は、労働者派遣契約が締結されるつど派遣元に雇用されて働くスタイルで、常用型派遣とは、労働者派遣契約の成否とは無関係に雇用される（常時雇用される）労働者を派遣するスタイルで、業務取扱要領によると、①期間の定めなく雇用されているもの、②一定の期間を定めて雇用されていても、雇用期間が反復継続されて事実上①と同等と認められるもの、③日々雇用されるものであっても雇用契約が日々更新されて事実上①と同等と認められるものを含むとされています（第4の1(1)イ）。前出の伊予銀・いよぎんスタッフサービス事件では、裁判所は、13年継続して同じ派遣先である伊予銀行に働いた労働者について、派遣契約が終了しても賃金を支払う合意はなかったとして「登録型派遣労働契約」であるとし、いくら長期に働いても、登録型派遣では、雇用継続への期待は客観的なものではありえず、派遣契約終了によってスタッフの雇用も終了すると判断しました。派遣法の基本趣旨に常用代替防止がある以上、派遣スタッフの雇用が犠牲になるのも当然だ、というわけです。しかし、こうした判断は著しく理不尽です。

● 派遣契約が終了しても雇用は当然には終わらない

　労働者派遣契約と派遣労働契約は別の契約ですので、労働者派遣契約の解消によって派遣労働契約まで自動的に解消されてしまうわけではありません。派遣契約が期間満了によって終了させられたと

き、それでも雇用を継続する合意といえるかどうかが問題です。
- ●期間の定めなく雇用されるものとみられるとき

　有期の定めを置いていても（日々雇用派遣であっても）、雇用期間が反復継続されて事実上期間の定めなく雇用されているものと同等とみられるときは、前述の「常時雇用されるもの」と判断できる場合があります。また、有期の定めをおいていても、労契法18条によって無期雇用への転換権が認められますし、派遣元には無期雇用への転換が雇用安定化措置として義務付けられています。これらは登録型スタッフが無期雇用への転換をはかる権利の根拠です。

- ●無期雇用と同等とはみられないとき

　以上のような無期転換の権利が認められないケースでも、労働者派遣契約には、派遣法が適用される具体的な契約と、その契約の基本を定めた基本契約とがあり、後者の基本契約には期間の定めを置いていないか、具体的な労働者派遣契約の期間の定めより長い期間を設定していることが少なくありません。個別の派遣契約が期間満了になっても基本契約は継続しているなら、継続して働く可能性があったはずです。期間の定めをおいた労働契約の更新にかかわる労契法19条の定めによれば、スタッフが就労の継続の意思を表明し、更新拒絶か客観的に合理的な理由を欠き社会通念上相当と認められないときは、派遣元はスタッフからの更新の申込を承諾したものとみなされます。

- ●雇用を確保する

　登録型スタッフにも雇用の権利があります。派遣契約が終了すれば雇用も終わりというのでは、雇用を保障されたことにはなりません。派遣元には、スタッフの雇用を守る責任がありますので、前述した法律上の根拠をふまえ、まずは派遣元に働きかけてください。登録型派遣スタッフの雇用の安定と待遇改善を実現するために、ユニオンに加入して仲間と一緒に取り組むことが求められます。

8-4　派遣労働契約の上限期間の定め

 3か月の派遣労働契約を締結しましたが、最長2年半という記載もありました。このような記載は許されるのでしょうか？

 脱法的で許されません。

●特定有期雇用派遣労働者等

本当は無期雇用や直接雇用された正社員として働きたいのに、そのチャンスがなく有期の派遣スタッフとして働く人が少なくありません。そうした希望を実現することが求められます。新しい派遣法では、①派遣先への直接雇用の依頼、②新たな就業機会（派遣先）の提供、③派遣元事業主において無期雇用、④その他安定した雇用の継続が確実に図られると認められる措置のいずれかの措置を講じなければならないとして、有期雇用派遣労働者の雇用安定化措置を定めています（法30条2項）。この派遣元の義務の対象になる有期雇用派遣労働者を「特定有期雇用派遣労働者等」（＝以下の労働者（則25条））としています。

① 有期雇用で働く派遣スタッフが、個人単位の期間制限（同じ組織単位で3年）に到達することが見込まれるときで、予定される派遣期間終了後も引き続き就労を希望するもの（特定有期雇用派遣労働者）

② 派遣元に雇用された期間が通算して1年以上である有期雇用派遣労働者（特定有期雇用派遣労働者を除く）

③ 当該派遣元事業主に雇用された期間が通算して1年以上で、今後派遣労働者として期間を定めて雇用しようとする労働者（いわゆる「登録状態」の者）

①の特定有期派遣労働者に対する雇用安定化は「措置」義務とさ

れ、②と③については努力義務になっていますが、努力義務であっても法律上の義務であることに変わりはありません。

●脱法は許されない

　派遣元の措置義務が課せられる特定有期雇用派遣労働者であるためには、同じ派遣先の組織単位で3年を超えて働く見込みが必要で、契約を更新して3年になる場合を含みます。ケースの場合、2年半を雇用契約の上限とする合理的な理由が考えられない以上、雇用安定化のための措置義務を免れる意図があるとみられます。

　派遣スタッフを雇用安定化措置の対象にしないよう、派遣期間を故意に3年未満とすることは法の趣旨に反します。このような取扱いは、脱法的な運用であって、義務違反とみなされるべきです。厚生労働省も、派遣会社が、このような行為を行い、繰り返し行政により指導があったにも関わらず是正しないときには、許可基準を満たさないものとして許可の更新を行わないとしています。

　また、スタッフの雇用安定化には、スタッフが労契法18条の無期転換申込権を行使できるようにすることが肝心です。派遣のなかでも、無期雇用派遣は比較的安定的な働き方ですので、無期雇用への転換を希望するスタッフは、労契法18条の権利を積極的に行使したいものです。派遣会社も雇用安定化措置を積極的に講じる義務を負担しているわけですから、こうしたスタッフの権利行使を支援するくらいの姿勢が求められます。労契法18条1項の規定による期間の定めのない労働契約の締結の申込みをシャットアウトするため、労働契約の更新を拒否したり、空白期間を設けるなどするのは、言語道断です。このような行為は、労契法18条の規定に反する脱法的運用として、違法無効というべきです。

　以上のような取り扱いは違法無効です。都道府県労働局の窓口で相談して是正を求めてください。

8-5 派遣先の社員になりたい

Q 派遣先の同じ部署で倉庫管理業務に従事して3年になろうとしています。3年で雇用はなくなるのでしょうか？ 部署の変更で対応できるとも聞きましたが、可能であれば派遣先に雇用されて働くことが希望です。どうしたらよいでしょうか？

A 派遣元はもちろん、派遣先にも一定の義務付けがありますので、派遣元・派遣先に働きかけてください。

●派遣スタッフの要求
　本当は無期雇用や直接雇用された正社員として働きたいのに、そのチャンスがなく有期の派遣スタッフとして仕事をしている人が少なくありません。そうした人たちの希望をできる限り実現していくことが必要です。派遣元事業主は、特定有期雇用派遣労働者等の希望に応じ、無期雇用契約での派遣も念頭に置きながら、雇用安定措置を講ずるよう留意しなければなりません。そして派遣スタッフには、労働契約や就業規則に記載された雇用安定化に向けた措置については、自身の希望をはっきりさせて、その実現に向けて取り組む権利があります。

●講じなければならない雇用安定化措置
　派遣元事業主は、後述の個人単位の期間制限（同じ組織単位で3年）に達する見込みの派遣スタッフが引き続き就業することを希望するときは、以下のいずれかの措置を講じなければならないと定められています（法30条2項）。

① 派遣先への直接雇用の依頼
② 新たな就業機会（派遣先）の提供
③ 派遣元事業主において無期雇用
④ その他安定した雇用の継続が確実に図られる措置

これらのうち、①で直接雇用に至らなかった場合は、②から④のいずれかを講じなければなりません（則25条の2第2項）。
　1年以上継続して派遣先の同一の組織単位に派遣された派遣労働者が、個人単位の期間制限に達する前に当該組織単位での派遣就業を終了する場合で、派遣スタッフが引き続き就業することを希望するときは、上記①から④までのいずれかを講ずるよう努力義務が課せられています。同じ派遣元事業主に通算して1年以上雇用された有期雇用派遣労働者（雇用しようとする者を含む）に対しても、②から④のいずれかの措置を講ずる努力義務が課せられます。

● 派遣スタッフの意向の尊重
　雇用安定措置のうちいずれの措置を講ずるかについては派遣労働者の意向が尊重されなければなりません。派遣会社は、派遣が終了される直前ではなく、早い時期に、スタッフの希望する雇用安定措置について聴取を行い、十分な時間的余裕をもって具体的な取組みに着手する必要があるとされています。ケースの場合、スタッフの要求は派遣先に雇用されることですが、それが可能であることが明らかなのに派遣元が実施しようとしないときには、厚生労働大臣は新たな就業機会の確保等雇用安定措置に係る指示を行い、その指示に従わない場合には許可を取消すことができます（法14条1項）。派遣先への直接雇用の依頼については、直接雇用の依頼を受けた件数に対して派遣先が直接雇用した人数が著しく少ないといったときには、派遣先にその理由を聴取し直接雇用化の推進に向けた助言・指導を行うことになっています。

● 派遣会社の義務は継続する
　雇用安定措置は、義務が適切に履行されるか、対象スタッフが就業することを希望しなくなるまで派遣会社が義務を負うことになります。労働契約の期間が満了しても、派遣会社は、労働契約を継続して有給で雇用の安定を図るために必要な措置をとることなどを通

じて、その義務を履行しなければならないとされています。

● 派遣先の優先雇用の努力義務

　派遣先は、以下の①から③のすべてに当てはまるときには、受け入れている特定有期雇用派遣労働者を遅滞なく、雇い入れるよう努めなければなりません（法40条の4）。

① 派遣先の事業所等の組織単位ごとの同一の業務について1年以上継続して有期雇用派遣労働者（特定有期雇用派遣労働者）が派遣労働に従事したこと
② 引き続き当該同一の業務に労働者を従事させるため当該派遣の受入れ期間以後労働者を雇い入れようとすること
③ 当該特定有期雇用派遣労働者について派遣元事業主から法に定める雇用安定措置のひとつとして直接雇用の依頼があったこと

● 派遣先の労働者募集情報の提供

　さらに、派遣先は、当該事業所の募集情報を提供しなければなりません（40条の5第2項）。その対象は、派遣先の事業所等における同一の組織単位の業務について継続して3年間派遣就労する見込みのある特定有期雇用派遣労働者で、派遣元事業主から法に定める雇用安定措置の一つとして直接雇用を依頼をしたスタッフです。また、派遣先が提供し周知しなければならない情報は、募集する労働者の業務の内容、賃金、労働時間その他の当該募集に係る事項で、雇用形態は問いません。正規雇用でも、パート、有期契約社員のような非正規でも、直接雇用する労働者を募集するのであれば、派遣スタッフに周知することが求められます（法40条の5第1項）。周知の方法は、事業所の掲示板に求人票を貼り出したり、直接メール等で通知するなどの方法が考えられますが、派遣会社を通じて周知することでもよいとされています。

●派遣先社員化の実現に向かって働きかける

　直接雇用の原則とそれを確保すべきだとする国会の附帯決議によれば、法律にもとづく雇用安定化措置のなかで、何より優先させられるべきは、派遣先の直接雇用です。この基本的な雇用確保に向けた要請を現実のものとするためには、派遣スタッフと派遣先社員とがともに働きかける必要があります。労働組合の役割がとても大事になってきます。

8－6　不当な排除目的の労働者派遣契約の打ち切り

Q 上司の執拗なハラスメントに苦情を申し立てたら、派遣先から次は派遣契約を更新しないといわれました。

A 苦情申し立てを理由にした更新拒否は許されません。

● 派遣先都合の契約打ち切り

　スタッフアンケートの結果では、大半のスタッフが雇止めを経験しており、そのほとんどが派遣先都合での打ち切りだと答えています。一般的には、労働者派遣契約に定められた期間満了をもって契約を終了させることは、契約当事者の自由と考えられますが、労働者派遣を長期にわたって受け入れたいとする企業のニーズに逆行するように、労働者派遣契約の期間が短期化している傾向をみると、契約期間は都合よく派遣スタッフを排除する口実になっています。

● ハラスメントへの苦情申立による不利益は許されない

　苦情申し立てを理由にした不利益な取扱いは禁止されていますので、スタッフには、働き続ける権利があります。このような不利益取扱いを禁止しないと、スタッフに苦情申立てをする権利を認めたことになりません。また、契約の打ち切りが違法であるといっても、だからといって契約の更新があったとして派遣契約が継続しているといえるかは問題です。前出の伊予銀行・いよぎんスタッフサービス事件判決では、派遣契約が期間満了により解消されたときには登録型スタッフの雇用は当然に終了することになりますが、それでは、スタッフは人権侵害を受けてもそれに抵抗できなくなってしまうという理不尽を強いられることになってしまいます。苦情申し立てを理由に契約更新拒否などの不利益な取扱いを禁止したのは、そうした理不尽を許さないためです。スタッフには働き続ける権利があります。

● スタッフの雇用の権利を侵害した不法行為責任

　派遣契約を打ち切った後に別のスタッフを当該ポストに充てて働かせているといったことになれば、ハラスメントに苦情申し立てしたスタッフを排除する意図のもと、スタッフを差し替えるために濫用的に契約を打ち切ったとみられます。このような契約打ち切りの違法性はきわめて強度というべきです。派遣契約を打ち切って雇用の権利を否定する行為は、故意または過失によってスタッフの権利を不法に侵害したものとして、派遣先は、不法行為ないし債務不履行にもとづく損害賠償責任を負担するというべきです。また、派遣元についても、このような打ち切りに加担してスタッフを働いていた職場から排除することに力を貸したり、打ち切りを撤回させるなど派遣スタッフの就業確保に向けた注意義務を怠ったときは、派遣先と同じように損害賠償責任を負担します。

● 「違法」を口実にした契約終了通告への対処法

　たとえば、「グループ企業内派遣の8割規制を超えるから」という理由で契約終了を告げられたとか、スタッフが違法な派遣ではないかと指摘したとき、これに対抗するように派遣契約を打ち切り・解除するケースも少なくありません。違法な派遣の受入れによって労働契約申込をしたとみなされるときには（Q8-16、法40条の6）、解除・打ち切りに対抗して雇用契約の成立を主張することも考えられます。しかし、グループ企業内派遣に対する規制などには労働契約申込みなし制度の適用はありません。是正指導や勧告に従わずに許可取消になってはじめて、許可のない派遣元からの派遣受入れとして労働契約申込みなし制度の適用を受けることになります。このような契約の打ち切りも、スタッフの苦情申立てを理由とする不利益取扱いとして許されないというべきです。雇用をつなぐよう派遣元に働きかけて契約終了を撤回させることです。

8-7　労働者派遣契約の解除禁止

Q 出産を控えて休業明けの職場復帰について労働組合に加入して待遇改善を求めたら、派遣先が契約を解除してきました。このようなことが許されるのでしょうか？

A 法27条では、不合理な労働者派遣契約の解除を禁止しています。ケースの場合もそれに該当すると考えられるので、引き続き働くことができます。

● 不合理な契約中途解除の禁止

　法27条は、派遣先事業主は、労働者の国籍、信条、性別、社会的身分、労働者が労働組合の正当な行為をしたこと等を理由として労働者派遣契約を解除してはならないと定めています。解除を禁止される事由としては、この条項に記載している事項のほか、年齢を理由としたり、労働関係法規に定められた権利の行使を理由としたり、派遣法の趣旨に反するなど公序に反する事由が含まれるものと考えられています。この規定は強行法規ですから、これに違反した契約の解除は違法・無効です。したがって、契約解除はなかったものとして扱われますから、派遣先はそのスタッフを受け入れる義務があります。

　法27条に違反する契約解除は、国籍、信条、性別、労働組合の正当な活動のほかにも、不合理な事由を広く含むと解するべきです。民法90条の公序に反する事由をいうと解釈されていますが、このなかには、妊娠・出産および出産休暇の取得を理由とする解除、業務の遂行に関係のない年齢や障害、容姿、しぐさなど些細な言動を捉えたもの、労働基準法に保障された権利の行使を理由とするもの、派遣法にしたがった取扱いを要求したり法違反を指摘する行動を理由とするものなどが含まれます。

　これに対し、派遣先の経営都合による契約解除（正社員が採用さ

れて派遣は必要なくなったとか、派遣を活用する予算が削減されたことを理由とするもの）は、ただちに禁止の対象として違法・無効になるわけではありません。しかし、派遣先都合による債務不履行として、少なくとも、派遣元からの賠償請求の対象となります。そして、このような理由で労働者派遣契約が解除されたとしても、そのことだけで、派遣元が派遣されていた労働者を解雇できるわけではないことに注意すべきです。

●契約解除に対する規制

　法26条1項8号は、労働者派遣契約の解除にあたって講じるべき派遣労働者の雇用の安定を図るために必要な措置に関する事項を、労働者派遣契約のなかに記載するよう義務付けました。そして、派遣元は、労働者派遣契約に定めた上記事項を就業条件明示書にも記載して派遣労働者に対して周知しなければなりません。労働者派遣契約および就業条件明示書への記載が義務付けられる内容は、後述の指針に定める契約解除に伴って講じるべき措置を下回ることはできません。

●契約解除に伴う派遣元・派遣先の責任

　指針で定められている契約解除に伴って講じなければならないとされる措置は、指針に定められていますが、最低限のことです。派遣元と派遣先は労働者派遣契約のなかに、労働者派遣契約の解除に伴う措置を定めておかなければならないことになっており、少なくともこの指針の内容を下回ることはできません。

　派遣先は、専ら派遣先に起因する事由により労働者派遣契約を解除するときは、あらかじめ相当の期間をおいて解除の申し入れることが求められ、派遣元から請求があったときには、その理由を明らかにする必要があります。派遣労働者からその理由を問われたときのことは指針に定めがありませんが、少なくとも派遣元は、派遣スタッフの要望にしたがって理由を問い、それをスタッフに伝えるべ

きです。理由も明らかではないのに、契約が解除されたという1点で解雇することは、解雇権濫用で違法・無効というべきです。

● 残期間分の賃金の支払いなど

　派遣先の責に帰すべき事由にもとづいて契約を解除するときは、派遣先の債務不履行が問われます。30日分にとどまらず、残期間分の得べかりし派遣料金の全額を賠償請求できるはずです。指針の定めは行政法規にもとづいて最低限守らなければならない水準を定めたものですから、労働者派遣契約で上記の定めを上回る賠償予定をすることは当然です。残期間分の損害賠償金額を充足しない賠償予定を定めたときは、派遣元と派遣先はこれに拘束されるとしても、労働者はそのような賠償予定条項に拘束されません。派遣先の責に帰すべき事由による契約解除の場合には、いくら派遣元が賠償予定額が少額で、そのなかからスタッフの賃金の支払いが不可能であるとしても、派遣元は労働者を解雇する合理的な根拠がなく、労働者は、残期間分について賃金の全額の支払いを請求できます。

● 派遣契約の解除・差替要求と派遣労働者の解雇

　労働者派遣契約が解除されたからといって、派遣労働契約が当然終了になるものではありません。常用型派遣の場合はもちろん（解雇しない定めをおくことが許可条件になっています）、登録型も同じことです。派遣労働契約を期間満了前に終了させたければ、派遣元は労働者を解雇する以外にないわけですが、労基法20条にもとづいて、解雇するには、30日以上予告期間を置くか、30日分以上の解雇予告手当てを支払う必要があります。また、出産休暇期間中および労働災害による療養期間中の解雇は禁止されていますので、もし当該労働者が上記期間にあれば、どんな事情があろうと解雇はできないことになっています。

　さらに、労働者派遣契約の解除原因が、法27条に違反して差別や労働法による権利保障の趣旨を侵害するものであったり、違法と

まではいえなくても不合理なものであったりしたときには、派遣労働者を解雇することはできません。

　無期雇用派遣労働者の場合、労契法16条により、客観的合理的な理由もなく、また社会通念上の相当性も欠いていて、許されません。また、有期雇用派遣労働者については、労契法17条が、「やむを得ない事由がある場合でなければ、その契約期間が満了するまでの間において、労働者を解雇することができない。」としています。有期契約の場合には、その期間の雇用保障に対するより高度の期待がありますので、それを裏切ることは、無期雇用の場合以上に許されません。経営都合による派遣契約解除の場合も、労働者の責めに帰すべき事情ではないので、派遣労働者を解雇して生活の基盤を奪うに足りる相当の事情が必要になるというべきです。

●派遣労働者の勤務不良と賠償請求

　労働者派遣契約の解除には、派遣労働者のスキルや勤務態度を理由とするものもあります。そのようなとき、派遣元は、スタッフに契約解除によって失った派遣料金相当の損害賠償請求が問題になります。派遣元には、派遣先が求めるスキルの内容および派遣労働者のスキルや希望を的確に把握し、相互のニーズに合致した労働者派遣を行うべき義務がありますので、そうしたマッチングミスに起因した解除も少なくありません。賠償請求は、スタッフが自分のスキルや経験について虚偽申告し、それが通常の登録手続き（スキルチェックなど）を介しては発見できないときや、通常では予想し難い欠勤等勤務態度の不良があったという例外的な場合に限られます。そして、仮に損害賠償請求できるとしても、残期間分のマージン全額が請求できるかといえばそうではありません。派遣元が支払いを免れた社会保険料の使用者負担分などは損益相殺として差し引き控除されますし、派遣元の選択ミスなど管理の甘さがあるときは過失相殺の問題が生じますので注意が必要です。

8-8 労働者派遣契約の解消と賃金・労働条件

Q 労働者派遣契約が解消されてしまいましたが、賃金等の労働条件はどうなるのでしょうか？

A 就労先が確保できない責任が派遣元にあるときは、契約どおりの賃金を派遣元は支払う必要があります。

● 労働者派遣契約の解除・打ち切りと労働契約

　労働者派遣契約が中途解除や打切りによって終了したとしても、それだけで自動的に派遣労働契約が終了になるわけではありません。派遣労働契約を終了させるには、解雇か雇止め以外にありませんが、それにも相応の根拠が必要で、労基法や労契法の適用があります（Q8-1、7参照）。また、労働者派遣契約の打ち切りと派遣労働契約の関係についても、Q8-3、6で解説したとおりです。

● 労働契約期間中の就業命令

　労働者派遣契約が解除されて就業先を失ったときでも、派遣元は、労働者派遣契約の解除が不合理な事由にもとづくときには労働者を解雇できないので、派遣労働契約の残期間分は賃金を支払う義務を負います。他の派遣先での就労を命じられても、登録型スタッフの場合は、そのつど締結される派遣労働契約で就業先が特定され、それが労働契約の内容になっているため、スタッフの同意が必要です。就業規則等にその旨の記載があっても、働く場所や企業、指揮命令者が誰であるかは重要ですので、そのつどの同意が必要です。しかし、派遣会社（多くは登録した支店）での就労を命じるというように、使用者を特定した就業規則などの記載があり、労働者がそれを承認しているときは、命令に従う義務があると考えられます。そのようなときは命令に従った就労が行われない以上賃金は支払われませんし、業務命令違反により解雇される危険があります。

● 賃金請求権

　派遣元の指示にしたがって就労したときに賃金が支給されるのは当然です。その金額は「仕事が違う」として不利益に変更することはできません。就労不可能でも、それが派遣元の責に帰すべき事由によるときは、100％の賃金を支払わなければなりません（民法536条2項）。契約の解除・打ち切りを行ったのは派遣先ですが、だからといってスタッフが働けなくなった責任を免れるわけではありません。派遣元には、スタッフに対して契約どおりに就労を確保すべき責任があるからです。特に、契約の解除・打ち切りが理不尽であるときには責任を免れないというべきです。

　無期雇用派遣の場合でも、派遣契約を解除・打ち切りされるリスクがあります。そこで、新しい派遣制度では、労働者派遣契約が打ち切りになった場合でも、最低限60％の休業手当の支払いをすることを就業規則等に盛り込むよう求め、それを許可基準に盛り込みました。ただし、この60％の補償はあくまで最低基準であって、労働契約にもとづく賃金を支払う義務があることが原則です。休業補償の算定方法については、Q3-10を参照してください。

　また、有期雇用派遣や登録型派遣の場合には、その期間中の賃金が支給されることへの労働者の期待はより高いことから、契約解除に伴う残期間分の賃金は100％支払われるべきだとする裁判例もありますので、参考にしてください。

● 休業手当

　労基法26条は、「使用者の責に帰すべき事由による休業の場合においては、使用者は、休業期間中当該労働者に、その平均賃金の100分の60以上の手当を支払わなければならない。」と定めています。この規定は、民法536条2項の立証責任を軽減して労働者保護のために迅速に生活を保障しようとするものですので、まずは60％の補償を受けることも考えられます。

8-9　日雇い派遣（その1）

Q 日雇い派遣で働くことはできるのでしょうか？

A 日々派遣契約を締結して働く形態は、「雇用」として労働法上の権利を保障できないため、原則禁止されています。

●禁止される「日雇派遣」

　日雇派遣（労働契約の期間の定めを30日以内とする労働者の派遣）は原則禁止されています（法35条の4）。派遣契約の期間が1年でも、30日以内の期間を定めて派遣労働契約を締結した派遣は禁止です。30日以内の細切れ雇用は、労働法による雇用保障の趣旨を損なうもので、「雇用」という名に値しません。2か月の労働契約が終了した後、残務処理や引継等のために新たに30日以内の労働契約を結ぶことも許されません。雇用期間が31日以上の労働契約を締結し、A社へ2週間、B社へ1週間、C社へ2週間派遣することや、3か月の労働契約を締結したスタッフが自発的に離職し、結果的に雇用期間が30日以内となった場合は、この規定に反しないとされています。

●禁止の例外

　例外的に日雇派遣が許される場合があります。ひとつは、ソフトウエア開発、機械設計、事務用機器操作、翻訳・通訳・速記、秘書、ファイリング、調査、財務処理、取引文書作成、デモンストレーション、添乗、受付案内、研究開発、事業実施体制の企画・立案・書籍当の政策編集、広告デザイン、OAインストラクション、セールスエンジニアや金融商品の営業のような専門性に裏付けられた業務に従事する場合です。短期の日雇派遣の場合、生活をつなぐには不利な条件でも契約を締結して働かなければならないので、賃金など労働条件が買いたたかれてしまいますが、専門的な技能・経験によ

り処理される業務は、そうはならないと考えられるためです。また、①60歳以上のもの、②雇用保険の適用を受けない学生（昼間勉学している学生）、③副業として従事するもので、生業収入が500万円以上のもの）、④主たる生計維持者以外のもの（世帯収入が500万円以上のもの）も例外とされています。この4つのいずれかの条件を満たしていれば、日雇派遣が許されます（令4条2項）。

●例外チェックがなかなか守られていない

　ところが、こうした規制がなかなか守られません。派遣会社には、この条件を満たしているかどうか、契約締結のつど、しっかり確認することが義務付けられ、契約を締結する度ごとに、年齢を確認できるもの、学生証、収入を確認できる書類などを提示しなければなりません。また副業として従事している人の他の仕事の年収要件については、当該労働者の主たる業務の収入が額面（税金・社会保険料を控除する前の金額）で500万円以上であることが必要です。複数の業務を掛け持ちしてそれぞれの業務の収入が500万円より少ないときは、たとえ、合計して500万円以上であっても要件を満たしません。主たる生計者以外のものかどうかの要件の500万円以上の所得については、当該労働者以外の複数の家族の所得を合算して500万円以上になっても、要件は満たしません。誰かひとりの収入が500万円以上であることが必要です。

●安定した雇用が何より

　結局のところ細切れ雇用がまかりとおることによって不利益を被るのは労働者です。日雇い派遣で同じ派遣先職場に継続して働き、必要なくなれば予告も何もなく即刻生活の基盤を奪われてしまう働き方はなくさなければなりません。また、その日その日仕事があるかどうか不安定な状態では生活の見通しが立たず、年金の権利もありません。安定した雇用が保障できるように取り組むことが必要です。

8-10　日雇い派遣（その2）

Q 35日の有期契約を締結して派遣で働くことになりましたが、指定された日付の仕事がありません。許されるのですか？

A 許されません。指定された日の賃金を支払ってもらえます。

●30日以下の派遣労働契約禁止は充足しているが……

　ケースのように、30日を超える労働契約を締結して派遣されるという契約は認められています。ただしこの規制を脱法するような契約は社会通念上相当性に欠けるとされています。厚生労働省は、たとえば、労働契約期間内の就労時間の合計を週単位に換算した場合におおむね20時間以上あるような場合には、雇用期間が31日以上の労働契約を締結することは、「社会通念上妥当」としていますが、雇用期間が31日以上の労働契約を締結しているにもかかわらず、就労日数が1日しかない、あるいは契約期間中の初日と最終日しか就労日数がないといった場合は、社会通念上相当とはいえないと判断されます。

　契約書には、就労日と労働時間を特定して明示しなければならないことになっていますので、30日以上の期間の定めをおいて雇用され派遣就業することを予定するという契約を締結するときは、就労日と労働時間を確認してください。

●契約書に指定された日の賃金請求権

　契約書に就労日として特定された日や時間に派遣就業が確保されない場合でも、派遣会社は、スタッフが就労の意思がある以上、特定された日の特定された時間帯に働いたものとして、契約書に定められた賃金を支払わなければなりません。

　このような脱法行為を許さないためにも、賃金を計算して全額支払ってもらうようにしましょう。

日雇い派遣について派遣元・派遣先が講じるべき措置(指針)

	項目	派遣元	派遣先
1	雇用の安定を図るために必要な措置	●事前に就業条件を確認すること。 ●労働者派遣契約の期間の長期化を図ること。 ●労働者派遣契約の解除の際に、就業のあっせんや損害賠償等の適切な措置を図ること。	
2	就業条件の確保	派遣先の巡回、就業状況の報告等により労働者派遣契約に定められた就業条件を確保すること。	
3	労働・社会保険の適用の促進	●労働・社会保険の手続を適正に行うこと。 ●派遣先に対し労働・社会保険の適用状況を通知 ●派遣先と日雇派遣労働者に未加入の場合の理由の通知を行う。	●労働・社会保険に加入している労働者の受け入れ ●加入していないときにはその理由を問い合わせ
4	就業条件等の明示	●労働基準法で義務付けられた労働条件の明示を確実に行う。 ●労働者派遣法で義務付けられた就業条件明示を、モデル就業条件明示書(日雇派遣・携帯メール用)の活用等により確実に行う。	
5	教育訓練の機会の確保	教育訓練の状況など公開の義務付けその他	
6	関係法令等の関係者への周知	派遣労働者登録用のホームページや登録説明会で関係法令の周知を行う	文書の配布等による、派遣労働者、直接指揮命令する者等の関係者に関係法令の周知を行う
7	安全衛生	雇入れ時の安全衛生教育・危険有害業務就業時の安全衛生教育を確実に行う	
8	労働条件確保	賃金の一部控除、労働時間の算定をはじめとして、労働基準法等関係法令を遵守	
9	情報の提供	派遣料金、派遣労働者の賃金等の事業運営の状況に関する情報の公開を行う	
10	連絡調整等	派遣元責任者及び派遣先責任者は、安全衛生等について連絡調整を行う。	
11	派遣先への説明	派遣先に対し、派遣労働者が日雇派遣労働者であることを説明する	

8-11　日雇い派遣（その3）

Q 指定された派遣先の仕事場所に行ったのですが、派遣先から「仕事がなくなった」と言われました。何か補償はありますか？　以前も仕事をキャンセルされたことがありましたが、何も補償はありませんでした。

A 前日に労働契約は成立していますので、賃金を支払わなければなりません。

● 日雇派遣労働契約の成立

　日雇い派遣労働契約は、派遣会社からのオファーにスタッフが同意した時点で成立します。基本的な賃金と就労日・労働時間・派遣先での仕事を確認していれば（口頭でもメールなどでもかまいません）、労働契約は成立しています。「いつもどおりの条件で」といった電話での確認でも労務提供の内容と賃金が特定できのであれば労働契約は成立しています。

　日雇派遣も、労基法や派遣法にもとづく規制を受けますので、派遣に先立って、労働条件通知書や就業条件明示書を交付（メール送信でも可）することが義務付けられていますので、それを送ってもらってください。ただし、派遣労働契約は意思の合致のみで成立する「諾成契約」で、書面の作成を必要とする「要式契約」ではありませんので、これらの書類の作成・交付がなくても契約は成立します。

● キャンセルがあっても賃金・通勤交通費は支払われる？

　日雇派遣では、前日ないし当日の契約のキャンセルがトラブルになるケースが少なくありません。派遣先の必要人員が計画より少なくてよくなったなど、派遣先都合でキャンセルされるからです。

　しかし、契約は成立しています。そしてスタッフとしては、約束した日の就労以外に働く機会はありませんから、就労のためにスタ

ンバイできている状態であることは変わりません。そうした場合には、就労の意思があるものとして、前述したように、賃金の100％の支払いを請求する権利があります。もし、指定された派遣先に出勤したのにキャンセルを言われたときには、（契約内容になっている以上）通勤交通費も含めて支払ってもらう権利があります。

●何も支払われないときの対処法

　賃金については権利の発生（支払い日）から2年で消滅時効にかかります。こうしたキャンセルによって被った不利益については、過去分も含めてきちんと請求してください。そのためにも、キャンセルによって不払いになった派遣就労の賃金等労働条件についてはきちんと記録しておいてください。

8-12 日々紹介

Q 1日だけの仕事先の紹介を受け、交通費と日当が支払われるというので承諾しましたが、行ってみると、仕事がないと断られました。交通費や日当は請求できないのでしょうか？

A 紹介を偽装して雇用責任を免れようとすることは許されません。厚生労働省も通達を出して権利の保障を要請しています。

● 日々紹介というスタイル

　日雇派遣の原則禁止や、派遣先がキャンセルしたときの賃金支払いなどの負担を回避するため、「日々紹介」が広がっています。「紹介」とは、求人と求職の申込みを受けて、求人者と求職者との間における雇用関係の成立をあっせんすることをいいます。紹介元は雇用責任を負わず、求人企業との間では、面談を通じて雇用関係が成立しますので、キャンセルになっても、賃金の支払いなど雇用主としての責任を免れることができます。日々紹介というスタイルで長年にわたり就業しているケースは、これまでもホテルの配膳人の就労関係などがありました。賃金計算などは紹介元で行うケースがほとんどですが、紹介先が雇用責任を負担するというものです。そして、これまでは、労働条件の不利益な変更や雇用の打ち切りで「日々」単位の契約のあり方が問題になってきました。

● 「紹介」の名を借りた雇用責任の否定

　最近では、ケースのように、紹介を偽装して雇用責任を免れようとするものが増加して問題になっています。日雇派遣か紹介かわからない場合には、紹介の抗弁は成り立たないというべきです。事前に紹介か派遣かをはっきりさせないまま、就業先との面接・採用も実施されることなく、指定した就業場所に指定した日にいけば仕事があって所得が得られるという説明をしたときには、就業の当日に「業務量が減ったので紹介には応じられない」といっても、「紹介」

（契約を締結するつもりはない）は形だけのものでしかありません。

●厚労省の通達

　厚労省も、通達を出して被害を防止するよう要請をしています（平成27.9.28職派需発0928第3号「日々紹介にかかるトラブル防止のための取扱いに関する要望書」）。第1に、日々紹介であるというなら、職業紹介の手続き等について日雇い派遣との違いも含めて、求職登録時や職業紹介時点で求職者に明示しなければなりません。第2に、求人を受け付けるに際しては、求人数の変動の可能性があるかないかや当日キャンセルの場合の交通費当の有無を確認するよう、また、この情報を労働者にも伝えるよう求めています。実際に求人の変動が生じたことによって労働者が就業できないことになったときには、労働者にすみやかにそのことを知らせなければなりません。第3に、実際に就業できなかったときは、他の就業の機会（就業場所、職務および賃金・諸手当等を考慮した適切な求人）を紹介するよう努めなければなりません。第4に、就業先には、日々紹介で紹介された求職者を雇用するときには、労基法15条で定める労働条件の明示義務があることを周知することが求められます。

●就業できなかったときの労働者の権利

　通達によれば、日々紹介であることの具体的な内容が説明されておらず、あたかも「派遣」として就業するかのような誤解を与えたときには、その後就業ができなかった理由に「紹介」を持ち出してなんらの補償もないとするのは濫用として許されないというべきです。このような場合には、少なくとも、紹介元を自称する業者は、雇用責任を免れる意図をもって前記のルールを無視し、労働者の期待を裏切ったわけですから、交通費や失った所得のような経済的損失をカヴァーする責任があるというべきです。

8-13 雇用保険・社会保険

Q 派遣で継続して5年働いてきましたがもう派遣先の仕事はなくなったといわれました。年金保険や健康保険にも加入できていません。どうすればいいですか？

A スタッフにも社会・労働保険の加入資格があります。失業給付は待期期間をおかずに給付されます。

●雇用保険の加入条件

　正社員、契約社員、パート、アルバイト、派遣スタッフなど雇用形態がどうであろうと、条件を充足する労働者はすべて雇用保険に加入しなければなりません。加入条件は、①1週間の所定労働時間が20時間以上であること、②31日以上継続して雇用が見込まれること、③65歳に達した日以後に新たに雇用される者でないことです。30日以下の期間の定めをおいて雇用されるスタッフも条件を満たせば雇用保険に加入しなければなりません。

●社会保険（健康保険・厚生年金保険）の加入条件

　同じように、雇用形態がどうであろうと、条件を充足する労働者はすべて、社会保険に加入しなければなりません。加入条件は、①所定労働日数および所定労働時間が、一般社員のおおむね4分の3以上で、ⅰ）臨時的な雇用でないことです。臨時的な雇用というのは、ⅱ）日々雇い入れられる者、ⅲ）臨時に使用される者で、2か月以内の期間を定めて使用される者、ⅳ）季節的業務に使用される者、ⅴ）臨時的事業の事業所に使用される者をいい、これに該当しない労働者は社会保険加入資格があります。日雇派遣は、形式的にはⅰ）日々雇い入れられるものに該当するとみられますが、労働の実態によります。日々雇用されるものであっても、雇用契約が日々更新されて事実上期間の定めなく雇用されているものと同等と認められるものについては、「常用型」雇用とされていますので（Q8-

3)、ケースの場合には臨時的な雇用とはいえないので、社会保険に加入させなければなりません。

●派遣元・派遣先の義務

　派遣会社は、前記の加入条件を充足する労働者であれば、雇用保険・社会保険に加入する義務があります（派遣元指導第2の4）。労働者派遣契約には雇用保険・社会保険加入の有無を記載し、未加入のときには、その理由を記載する必要があります。派遣先は雇用保険・社会保険に加入しているスタッフを受入れる必要があり、未加入について合理的な理由がない以上は加入させたうえで派遣労働者を受け入れる責任があるというべきです。社会保険には年金保険と健康保険がありますが、どれかひとつだけ加入することはできません。

●加入資格の確認請求

　会社が認めないときは、雇用保険については職業安定所、社会保険については健康保険組合と年金事務所に対して、各保険の加入資格の確認を申請することができます。調査の結果、加入条件を満たしていれば、派遣会社は、雇用保険・社会保険に加入させることが必要です。その場合には、2年間さかのぼって遡及適用になります。

●雇用保険による失業給付の受給

　雇用保険に加入できたら、失業給付を受給できます。スタッフの場合、自分の意思で派遣就業を辞めた場合には待期期間を3か月おいて給付となりますが、派遣労働契約の期間満了で雇用打ち切りになったときには、待期期間なく保険給付を受けられます。契約期間満了にともなって派遣会社が次の派遣先を見つけているために「待機」の状態であっても失業給付は受けられます。その場合でも、派遣就業がスタッフの意思にもとづかないで終了したのであれば、待期期間なく給付できます。

8−14　委託を偽装した派遣と労働契約申込みなし制度（その1）

Q C社に期間の定めなく雇用されてD社の指示のもとでシステムメンテナンスに従事して10年になります。C社とD社の間の契約は委託だということでしたが、D社がもっぱら業務を統括指示してきました。ところがC社が倒産して解雇予告を受けました。仕事を続けることはできないでしょうか？

A 労働契約申込みなし制度の適用を受けてD社の社員になれます。

●労働契約申込みなし制度の概要

　法40条の6では、労働者派遣の役務の提供を受ける者（国および地方公共団体を除く）が、以下の①から⑥のように派遣法に違法する労務の提供を受けたときには、その時点で、労働者派遣の役務の提供を受ける業者から派遣スタッフに対し、その時点における労働条件と同じ内容の労働契約の申込みをしたものとみなすとされています。

　①　派遣禁止対象業務での受入れ（法4条3項違反）
　②　許可のない派遣元からの派遣（法24条の2違反）
　③　事業所その他就業の場所ごとの業務について、期間制限を超えた受け入れ（法40条の2第1項違反）
　④　偽装請負・偽装委託
　⑤　意見聴取に係る違反行為（厚生労働省令で定めるもの）
　⑥　意見聴取の結果延長された期間を超えたとき

　この労働契約申込みなし制度の趣旨は、平成27年10月1日以降適用になっていますが、その趣旨は、違法派遣の是正にあたっては、派遣労働者の雇用が失われないようにして保護を図る必要とともに、違法派遣を受け入れた者に一定のペナルティ（民事上の措置）を科

すことにより法規制の実効性を確保することにあるとされています。

ケースの場合には、委託の形をとって実質的には委託先が労働者を統率し指揮命令してきたというわけですから、委託を偽装した違法派遣に該当しますので、違法状態が始まったときから、派遣先は労働契約締結の申込をしてきたものとみなされます。スタッフは、その申込みに対し、いつでも「雇用されることへの承諾」の意思表示ができます。承諾すれば雇用されているC社の労働条件でD社との労働契約が成立し、D社の社員として働くことができます。

●派遣先の善意無過失

偽装委託の場合は、その他の違法類型（禁止業務への従事、無許可・無届出の者からの労働者派遣の受入れ、期間制限を超えた労働者派遣の受入れ）とは異なって、派遣先が善意無過失であることが必要です。派遣法や労働基準法などの責任を免れる目的で、請負契約や委託契約を締結したうえ、スタッフに指揮命令を行って就労させれば、労働契約締結の申込をしたものとみなされます。

偽装請負・委託などの目的があったのかどうかについては、個別具体的に判断されますが、「免れる目的」を要件とした趣旨からすると、指揮命令等を行い偽装請負等の状態となったことだけで「偽装請負等の目的」を推定することはないとされています。しかし、請負契約等を締結した時点では「偽装請負等の目的」がなくても、その後、請負や委託契約を締結しながら労働者を指揮監督して働かせるなどしているときには、「偽装請負等の状態で役務の提供を受け入れた」と認定されるべきです。指揮命令していることが把握できる状態が生じたときには、この時点で申込みが行われたとみなされますが、企業という組織においては、「指揮命令」していることを知らないわけはないし、知ることができなかったなどという抗弁は認められないというべきです。

8－15　期間制限違反と労働契約申込みなし制度（その2）

Q C社に登録してD社の企画部に配属されて上司の指示のもとで働いてきました。派遣先からは、配属3年の成績をみて次のステップの仕事を担当できるようにしたいといわれていますが、仕事を続けることはできるのでしょうか？

A 同じ配属部署の業務を継続して3年を超えると労働契約申込みなし制度の適用を受けることになります。

●期間制限違反と派遣労働者への周知

　前述のように、期間制限に違反して労働者派遣の役務の提供を受けることは、違法な受入れが始まった時点で、派遣先は、労働契約の申込をしたものとみなされます。派遣スタッフには、必ずしも労働契約申込みなし制度が適用されることが明らかでないことがありますので、スタッフがその権利を行使できるよう、派遣元事業主は、派遣先の労働契約申込みなし制度の適用があることを、就業条件明示書などで明示しなければなりません。たとえば、期間制限違反については、個人単位の期間制限の抵触日以降同一の組織単位に派遣された場合、または、派遣先において過半数労働組合等の意見聴取がされずに当該事業所単位の期間制限の抵触日以降派遣された場合には、法40条の6の労働契約申込みなし制度の適用があり、派遣先は当該派遣労働者に対して労働契約の申込みをしたものとみなされることとなることを、きちんと明示するよう義務付けられています。また、期間制限以外の事由によるみなし制度があることについても厚生労働省が公表しているリーフレット等により明示することが望ましいとされています。

●事業場単位の期間制限違反と労働契約申込みなし制度

　事業所単位で意見聴取なく3年をこえて派遣労働者を受入れたときには、その時点から派遣先は労働契約の申込をしたものとみなさ

れます。さらに、意見聴取した過半数代表者が、使用者が指名するなど、民主的な方法によって選出されたとは認められないときや、派遣可能期間の延長手続のための代表者選出であることを明らかにしないで選出されたとき、さらには、管理監督者である場合については、意見聴取が行われていないものと同視できるため、労働契約申込みなし制度が適用されます。意見聴取があったかどうかを確認する手段方法がなければ、スタッフは権利行使できないので、派遣先は、派遣可能期間を延長するに当たっては、以下の事項を書面に記載して、事業所単位の期間制限の抵触日から3年間保存しなければなりません（則33条の3第3項）。

(1) 意見聴取した過半数労働組合の名称または過半数代表者の氏名（過半数代表者の場合は選出方法も記載することが望ましい）
(2) 過半数労働組合等に通知した事項および通知した日
(3) 過半数労働組合等から意見を聴いた日および当該意見の内容
(4) 意見を聴いて、延長しようとする派遣可能期間を変更したときは、その変更した派遣可能期間

● 3年を超える受入れを前提とする取扱い

ケースの場合、前述の法律の定めによれば、実際に同一の部署で3年を超えて派遣で働いた時点で、派遣先から労働契約の申込があったものとみなされますので、その時点でスタッフから、労働契約の申込に対して承諾の意思を表示すれば、派遣先の社員として雇用されることになります。スタッフにも3年を超えて働くことを前提にしたキャリアシートなどが配布され、それに沿ったキャリア開発や人事考課が行われて賃金・格付けの決定がなされているいるような場合には、そもそも、その時点で黙示の労働契約の成立があったものと判断される可能性があります。

8-16　労働契約申込みなし制度（その3）

Q 労働契約申込みなし制度の適用を受けて派遣先に雇用されたいと手をあげました。派遣労働契約では、残りの雇用期間は15日で賃金も日給1万2000円ですが、派遣先社員との格差があります。雇用期間や労働条件はどうなるのでしょうか？

A 基本的には、これまでの労働契約の内容にもとづいて派遣先に雇用されることになりますが、派遣先に直接雇用されて働く社員との均等待遇が主張できる場合があります。

● 派遣労働契約と同一の労働条件で労働契約を申込んだものとみなす制度

　労働契約申込みなし制度は、申込みがあったとみなされる時点における派遣スタッフの労働条件と同一の労働条件を内容とする労働契約の申込みをしたものとみなされるものです（法40条の6）。

● 申込んだとみなされる労働条件の内容

　申込んだとみなされる労働条件の内容は、違法行為の時点における労働契約上の労働条件と同一の労働条件です。スタッフと派遣会社の合意によって労働契約の内容となった労働条件のほか、就業規則等に定める労働条件も含まれます。

　労働条件が派遣元事業主等に固有のものであっても、使用者が変わっても承継されることが社会通念上相当と考えられるものは引き継がれることになります。年次有給休暇など勤務の継続に対応して保障される休暇が引き継がれるべきは当然です。

● 労働契約の期間

　労働契約の期間については、みなし制度により申込んだとみなされる労働契約に含まれる内容がそのまま適用されます。始期と終期が定められている場合はその終期で契約は終了となりますが、単に

「1年間」としているなど始期と終期が定められていない場合には労働契約の始期等について黙示の合意がどのような内容で成立したのかで判断されていきます。

●労契法の適用とみなし制度

労契法18条の5年継続して雇用された有期契約労働者の無期契約への転換権は、同一の使用者の労働契約で5年継続しているかどうかを算定します。そのため、派遣スタッフがみなし制度の対象になったとき、承諾時点までの派遣労働契約の期間と承諾後の派遣先との労働契約期間は通算されません。

また、有期雇用の雇止めについてのルールを定めている労契法19条との関係では、みなし制度の適用によって成立した労働契約の雇止めについては個別具体的に判断されることになります。なお、厚生労働省は、業務取扱要領のなかで、派遣先は、労働契約申込みなし制度の下で、有期の労働契約が成立した後に当該契約を更新することについては、当該労働者の意向をふまえつつ、派遣元事業主と締結されていた労働契約の状況等を考慮し真摯に検討すべきであるとしています。

●労働契約はいつ成立するのか

労働契約が成立するのは、みなし制度にもとづく申込みに対して派遣スタッフから承諾の意思表示があった時点で、隔地者間の場合は承諾の通知を発信した時点（民法526条1項））で成立となります。

●あらかじめ承諾しないという約束をさせることは許されない

みなし制度は派遣先等に対する制裁です。違法行為の前にあらかじめ「承諾をしない」ことを約束させることは公序良俗に反し認められません。これに対して、労働契約の申込みがみなされた後に「承諾をしない」と意思表示をすることは公序良俗に反するとはいえませんが、「承諾をしない」との意思表示をした後であっても、引き続き違法行為が行われているときには、新たに労働契約の申込

みがあったものとみなされます。スタッフはそれに対し承諾の意思表示をして、派遣先に雇用されることができます。

● 複数のスタッフや企業が存在するとき

　違法派遣を受入れてきた企業が複数あるときには、すべての企業から労働契約の申込みがあったとみなされますので、スタッフは企業を選んで承諾の意思表示をすることができます。また、複数の派遣労働者が同時に違法状態で就業しているときには、それらすべての派遣スタッフにそれぞれ労働契約の申込みが行われているとみなされます。派遣スタッフが交代したときも、スタッフは自分に対する違法行為が行われた最後の時から1年を経過しない限り、みなし制度の適用を主張できます。

● 多重請負・派遣の場合

　多重請負の形態を偽装しているときは、法40条の6が「労働者派遣の役務の提供を受ける者」としているため、原則として、労働者を雇用する者（下請負人）と直接請負契約を締結している者（元請負人）が労働契約の申込みをしたものとみなされると解されるとされています。下請負人とは直接請負契約を締結していない注文主が下請負人に雇用されるスタッフに指揮命令等を行ったときには、原則として、元請負人から労働者供給（職安法4条6号）を受けているものと解され、みなし制度の適用はないと解されています。しかし、この労働者供給は、労働組合が行う無料の事業でしか認められないので違法・無効です。労働者供給は、供給先との間で雇用関係が成立するものと考えるべきですが、現在の法解釈は統一されておらず、判例も分かれています。労働者の雇用の権利を確立するためにも、供給先との雇用関係を認める法整備が必要です。

派遣先との黙示の労働契約の成立〜松下PDP事件の顛末

　偽装請負のもとで労働者と注文主である松下PDPとの間に黙示の労働契約が成立しているのか争われたのが松下PDP事件です。1審（大阪地裁）では黙示の労働契約の成立は認めませんでしたが、2審（大阪高裁）は、請負主と労働者との雇用契約は無効として注文主との黙示の労働契約成立を認めました。最高裁はその高裁判決を、以下のように破棄しています。

　まず、最高裁は、「労働者派遣法2条1号に該当する労働者派遣は、職業安定法4条6項にいう労働者供給に該当する余地はない。」とし、偽装請負が、雇用する労働者を第三者の指揮命令下で働かせた以上、それが違法派遣であっても「派遣」だと判断しました。そして、「仮に労働者派遣法に違反する労働者派遣が行われた場合においても、特段の事情がない限り、そのことだけによっては派遣労働者と派遣元との間の雇用契約が無効になることはないと解すべきである。」とし、派遣先が雇用しない形態である派遣である以上、派遣先との黙示の労働契約の成立が認められるためには、派遣先が、①採用に関与し、②給与等の額を事実上決定し、③配置を含む具体的な就業形態を決定していることが求められるという考えを示しました。

　こうした判断は、そもそも、雇用というものを何と考えているのかという問題に加え、常用代替防止と労働者の権利保障の基本的趣旨や直接雇用の原則から、雇用責任を負担しないで労働者を直接指揮命令できる「派遣」という形態を例外的にしか認めないという規制フレームからすれば重大な問題というべきです。また、第三者に労務を提供する形態のなかで供給元に雇用されながら供給先にも雇用される形態（在籍出向や二重派遣の場合に最初の派遣先に雇用責任を認めたケース）もあることからすると、派遣元との労働契約を無効とする必要もありません。さらに、黙示の労働契約の成否は、就労等にかかわる事情の総合判断によりますが、①ないし③のすべてが肯定されないと黙示の雇用契約の成立が認められないというものでもないはずです。労働契約は、使用されて労働し、労働に対し賃金が支払われることの合意によって成立するものなので、就労とその対価としての賃金支払の合意が雇用契約の核心であり、賃金決定にどのように関与しているかは雇用契約成否を判断する事情のひとつではありますが、絶対的な要件とすることには疑問があります。

第9章
派遣先社員の雇用の権利

―――― POINT ――――

●派遣活用はあくまで臨時的・一時的なものとして派遣先社員の雇用を守ることが大切
●派遣受入れを理由とする派遣先社員の解雇は許されない
●派遣スタッフの業務を理由とする派遣先社員の労働条件不利益変更も許されない
●派遣子会社への転籍命令は拒否できる
●派遣会社が特定グループ企業内に派遣する割合は8割以下に規制されている
●離職後1年間は同一企業で派遣で働くことを禁止
●派遣先労働組合は、派遣受入期間の延長に必須の意見聴取手続きを活用して雇用を守る
●派遣先には、労働契約申込みなし制度で派遣労働者の直接雇用が求められることがある

9-1　派遣の受入れを理由とする派遣先社員の解雇

 私の会社では、経費削減のため派遣社員の受入れを決めました。派遣受入れを理由とした正社員の解雇は認められるのでしょうか？

 派遣法の根本原則として常用労働者代替防止原則が確認されています。派遣先社員の解雇は認められません。

●派遣法の根本原則である「常用代替防止」に違反

　派遣法の基本原則のひとつに「派遣スタッフを派遣先社員の常用代替としては活用しない」というものがあります。派遣法は何度も大幅に改正されましたが、そのたびに国会で確認されてきた原則です。

　しかし、実際にはそれが貫かれてきたとは言えない現実があります、たとえば派遣先指針には、「雇用調整により解雇した労働者が就いていたポストへの派遣労働者の受け入れ」について、次のように書かれています。

　「派遣先は、雇用調整により解雇した労働者が就いていたポストに、当該解雇後3箇月以内に派遣労働者を受け入れる場合には、必要最小限度の労働者派遣の期間を定めるとともに、当該派遣先に雇用される労働者に対し労働者派遣の役務の提供を受ける理由を説明する等、適切な措置を講じ、派遣先の労働者の理解が得られるよう努めること。」(第2の16)

　これでは、実質的に派遣労働者による常用代替を認めるものと疑われてもしかたがないのではないでしょうか？

●明確に派遣労働者受入れによる解雇を禁じた国会決議

　2015年の派遣法改正では、大幅な規制緩和により、常用代替防止原則があいまいになるのではないかという懸念が国会で大きな問題になりました。

そのため、改正法成立時の国会附帯決議では、以下のように、派遣労働者受入れたことにより派遣先労働者を解雇することは許されないことが明確にされました。

「労働者派遣法の根本原則である常用代替の防止は、派遣労働者が現に派遣先で就労している常用雇用労働者を代替することを防止するだけでなく、派遣先の常用雇用労働者の雇用の機会が不当に狭められることを防止することを含むものであり、このことに十分留意し、労働者派遣法の規定の運用に当たること。特に、派遣先が派遣労働者を受け入れたことによりその雇用する労働者を解雇することは常用代替そのものであり、派遣労働の利用の在り方として適当でない旨を周知すること。」

● 派遣先の労働組合はなんとしても派遣先社員の雇用を守る

改正法施行時の厚生労働省通達（行政内部向け）には、上記の国会附帯決議がそのまま盛り込まれています。それに加えて、「派遣就業は臨時的・一時的なものであるべきとの基本原則については改正法施行後も変わらないことに十分留意し、かつ、派遣労働が企業にとって単純な労働コストの削減や雇用責任の回避のために利用されてはならないことを踏まえ、労働者派遣法の適用に当たること。」とも書かれています。

新しい派遣法では、派遣先企業や労働組合に、附帯決議の内容にそって派遣先社員の雇用や労働条件を守るよう求めているのです。

9-2　派遣社員の受入れと正社員の配置転換・移籍・賃金減額

Q 一般職正社員でバックオフィスで働いてきましたが、会社は人材会社を別会社でつくり職場にスタッフを投入し、バックオフィスから営業に変わるか人材会社に移籍するよう言われました。どちらも拒否するなら一般職の賃金体系を変えるということです。こういうことは許されますか？

A 許されません。

●派遣法の趣旨と派遣先社員の権利

　新しい派遣法を審議した国会（参議院）決議は、「派遣労働が企業にとって単純な労働コストの削減や雇用責任の回避のために利用されてはならないことを再確認し、派遣法の規定の運用に当たること。また、派遣法の根本原則である常用代替の防止は、派遣労働者が現に派遣先で就労している常用雇用労働者を代替することを防止するだけでなく、派遣先の常用雇用労働者の雇用の機会が不当に狭められることを防止することを含むものであり、このことに十分留意し、派遣法の規定の運用に当たること。特に、派遣先が派遣労働者を受け入れたことによりその雇用する労働者を解雇することは常用代替そのものであり、派遣労働の利用の在り方として適当でない旨を周知すること。」としています。派遣法は、この常用代替防止の趣旨をふまえ、移籍や退職などによる離職の後1年を経過しない労働者の派遣受入れを禁止していますが（法40条の9）、決議によると、雇用のみならず労働条件に付いての権利も確保することが法の基本的趣旨であると考えられます。

●派遣労働を利用することによる待遇の不利益変更

　派遣労働は、派遣先社員の雇用や労働条件を侵害するようなものであってはなりません。労働条件の不利益変更にも利用されてはな

りません。派遣労働者で代替できることを理由にした不利益な担当職務や勤務場所の変更、降格などは、そもそも法律の趣旨に反して合理性がなく、違法・無効というべきです。

● 賃金規程の不利益変更

　派遣スタッフの投入が計画されている部門で同種の業務に従事している労働者の賃金制度を変えて、人件費を派遣スタッフ並み抑制することも、派遣法の基本的趣旨に反します。会社によっては、派遣スタッフとの「均等待遇」を口実に、同種の労働に従事する派遣先社員の賃金を切り下げることも合理的で正義にかなうというかもしれませんが、均等・均衡処遇のそもそもの趣旨は、派遣スタッフの待遇改善にあります。派遣スタッフとの均等待遇確保の趣旨からみても問題です。就業規則による労働条件不利益変更は、①労働者の受ける不利益の程度、②労働条件の変更の必要性、③変更後の就業規則の内容の相当性、④労働組合等との交渉の状況その他の就業規則の変更に係る事情に照らして合理的なものとはいえない以上、個々の労働者を拘束できるものではありません（労契法10条）。ケースのような場合には、そもそも前記の派遣法の趣旨に照らして著しく不合理というべきです。

● 労働組合として留意すべきこと

　派遣労働の活用は、このように派遣先社員の雇用や労働条件に影響を与えます。特にこれまで女性が占めていた仕事や職場で変化が生じる危険があります。労働組合としては、事業所単位の期間制限に伴う「意見聴取」のみならず、派遣労働の受入れは交渉によって決める、それに伴う雇用や労働条件についても労働組合との合意にもとづいて決めるというスタンスを堅持することが必要です。労働協約は不利であっても有利であっても特段の事情がない限り組合員を拘束しますので、間違っても不利益な変更には軽々に同意して労働協約を締結しないようにしてください。

9-3 派遣労働者への転換

Q リストラの一環で、勤めている会社に派遣事業を行う子会社がつくられました。転籍して派遣社員として働いてもらいたいと言われています。断っていいのでしょうか？

A 派遣で働くことには、本人の同意が必須条件です。同意を拒否したことを理由とした解雇も無効です。

● 本人の同意なしに移籍や派遣させることはできない

　企業グループの中に派遣会社があると、リストラの一環として「派遣会社に移籍し、派遣社員として働いてもらいたい」という提案をされることもあるようです。しかし、正社員はもちろん契約社員などの非正規労働者であっても、このような提案には同意しないで「ノー」ということができます。

　「移籍」とは、今の会社を退職し、同時に別の会社に雇用されるというものです。当然ながら雇用主が変わり、労働条件など契約内容を結び直すことになります。しかし、雇用主が一方的に簡単に変えられてしまっていいというはずはありません。

　民法625条1項では「使用者は労働者の承認がなければその権利を第三者に譲り渡すことができない」と定めており、労働者本人の「同意」なしに、一方的に移籍させることはできません。

　また派遣法では、派遣会社が労働者を派遣スタッフとして雇入れる場合、および雇用する労働者を新たに派遣の対象にしようとする場合には、そのことをあらかじめ明らかにし、労働者の同意を得なければならないとしています（法32条）。

　したがって、派遣社員になるための移籍は、この意味でも派遣労働者の同意を得なければなりません。

● 同意を拒否したことを理由とした解雇は無効

　それでも会社は、「部門まるごと分社化するのだから、職場がな

くなる。職を失うよりはましだろう」と、同意のサインを求めてくるかもしれません。

　しかし、そのような脅しに屈する必要はありません。移籍命令に従わないことを理由とした解雇を争った裁判で、解雇は無効という判例はたくさん出ています。ただ、強引に解雇を強行されることを避けるために、異議を表明したうえでとりあえずは転籍先で就労し、そのうえで裁判で争う方法もあります。

　いずれにしても法的地位を争う場合には派遣ネットや個人加盟のユニオンなどと相談して対処するのが賢明です。派遣会社に移籍することに同意してしまってから、「こんなはずではなかった」と思っても、あとの祭り。あなたには「ノー」という権利があるのですから、早めに相談し、勇気をもって対処したいものです。

9-4　グループ企業内派遣

Q 私が労働組合の役員をしている中堅企業には派遣子会社があり、そこに働く労働者の派遣先はすべて親会社の事業部門です。こうしたグループ企業内の派遣には規制があると聞いたのですが……。

A 特定グループ企業内での派遣には8割を超えてはならないという制限があります。違反すると派遣子会社は許可を取り消されます。

● 「専ら派遣」は禁止

　企業が子会社として派遣会社を設立し、自社または特定の会社のみに派遣させる目的で派遣事業を行うことを「専ら派遣」といいます（特定グループ企業のみへの派遣：英訳はexclusive dispatchingで排他的派遣とでも訳したほうが正確でしょう）。これは、法7条（許可基準）で禁止されている違法派遣です。

　ところが実際には、「専ら派遣」にあたるようなものでも、会社の定款に「複数会社への派遣」をうたっていさえすれば、7条違反には問われなかったのです。

　大手銀行のなかには、子会社の派遣会社に、結婚・出産退職をした女性のうち子育てが一段落した人を登録させておき、元の職場に派遣スタッフとして派遣しているところがありました。また、ある大手証券会社では、派遣会社を設立しそこに事務職の女性だけを移籍させようとして、労働組合の抵抗にあい、断念したという事例もありました。

　こうしたケースには、経済的結びつきが強い企業グループ内で派遣子会社を「第2人事部」的に活用しているものだとして強い批判が寄せられました。

●グループ会社への8割規制違反で許可取消しも

　そのため、2012年の法改正では、派遣会社は企業グループ内（「関係派遣先」）への派遣割合を厚生労働省に報告しなければならず、それが8割を超えてはならないこととされました。省令で定められた「関係派遣先」は、「連結子会社」に限定されず、「議決権・資本金の過半数同等以上の支配力を有している者」に拡大され、「もっぱら派遣」を営んでいる派遣会社は、許可を取り消されます。

　2016年1月厚生労働省は、「関係派遣先派遣割合報告書」を提出しない多くの派遣事業主に対して許可取消しや事業廃止を命じました。法律を遵守させようとしています。許可の取消後も漫然と派遣を受け入れたときは、当該派遣スタッフに労働契約の申込みをしたものとみなされます。

●派遣先労働組合も取組みを

　格差是正や同一労働同一賃金の実現が叫ばれるようになった現在、派遣先の労働組合には、企業グループ内の労働者の課題に、同じ仲間として取り組むことが求められています。

　違法な「もっぱら派遣」を排除し、必要な人材は直接雇用として企業の責任を果たすよう派遣先の労働組合としても会社に働きかけてください。

> **関係派遣先会社の報告不提出に対する事業停止命令**
>
> 　法23条の2は派遣元事業主の経営を実質的に支配することが可能となる関係にある者等を「関係派遣先」として、そこへの派遣割合を報告するよう義務付けています。
>
> 　2016年1月以降、厚労省は、①関係派遣先割合報告書を提出せず、②指導に従わず、③是正指示にも従わなかった、労働者派遣事業所（その多くが届出制の特定労働者派遣事業所）に対して、許可取消しや事業廃止を命じました。
>
> 　その数は全国で500件近くにも及んでいます。派遣先社員のリストラにつながる「専ら派遣」について、行政指導が本格化したといえます。

●第9章　派遣先社員の雇用の権利

9-5　整理解雇後の労働者の派遣スタッフとしての受入れ

Q 会社の将来が暗く希望退職に応じました。しかし、応募者多数で今度は人が足りなくなり、会社は派遣を入れるそうです。派遣スタッフとして元の職場で働くことは可能ですか?

A 定年者退職者を除き、リストラなどによる退職者は離職後1年間は同じ会社で派遣で働くことは禁止されています。

●派遣労働者による常用労働者の代替はダメ

「派遣労働者によって常用労働者を代替すべきではない」ことを常用代替防止原則といいます。国会で派遣法改正が審議されるたびに、確認されてきた原則です。2015年の派遣法改正時にも、規制緩和によってこの原則が否定されるのではないか、と大きな議論になりました。そのため、政府は国会答弁でこの原則を維持することを表明し、改正法施行時の厚生労働省通達でも、そのことは再確認されています。

しかし現実には正規労働者を解雇して派遣に切り替えることがこれまで数多く行われてきたのも事実です。派遣先の労働組合は、そうしたことがないよう取り組むことが必要です。

●リストラ後1年以内の労働者の派遣受入れは禁止

2012年の派遣法改正では、派遣先正社員を派遣労働者に転用することを防止する条文が整備されています。

まず、法40条の9で退職した正社員を1年以内に派遣スタッフとして受け入れることは禁止されています。法49条の2では、これに違反した派遣先を企業名公表の対象にしました。また、法35条の5で、こうした違反が明らかな場合は、派遣会社も労働者派遣を行うことはできなくしました。違反した派遣元にも指導、助言や改善命令が出されることになっています。

派遣元は派遣先を離職して1年を経過しない労働者であるかどう

かわかりません。ですから派遣先は、当該派遣労働者が受入れ禁止対象であることがわかった時にはすぐに派遣元に通知しなければならないとされています（法40条の9）。

●受入禁止は非正規社員を含むが定年退職者は含まない

　ここで、派遣が禁止される離職後1年を経過しない労働者とは、当該企業に直接雇用されていた労働者という意味で、正社員以外にも契約社員やパート労働者のような非正規労働者を含みます。

　また、派遣が禁止されている「派遣先」とは事業者単位とされていますから、同じ会社のA事業所を離職した労働者が1年を経過した時点で同じ会社のB事業所へ派遣することも認められません。グループ企業への派遣については同一の事業者に該当しないため禁止対象ではありませんが、グループ内で人をやりくりするためだけに派遣会社をつくり、グループ企業に労働者を派遣することは禁止されています。

　ただし、60歳以上の定年退職者を派遣スタッフとして受け入れる場合は例外として認められていることに注意が必要です（則33条の10「雇用の機会の確保が特に困難であり、その雇用の継続等を図る必要があると認められる者として厚生労働省令で定める者」に該当）。

　設問の場合、整理解雇ではないようですが、60歳以上の定年退職者でもないようですから、退職後1年間はこの規定に抵触しますので、派遣で働くことはできません。

9−6　派遣先社員に対する意見聴取制度

派遣受入期間の規制に関連して、派遣先従業員からの意見聴取手続きが強化されたと聞かされました。労働組合としての意見聴取制度の活用法について教えてください。

派遣受入期間の延長の際の派遣先事業所の従業員の意見聴取の手続きが厳しく定められました。労働組合はきちんと意見を述べることが大切です。

● 派遣先労働者にとっての意見聴取制度の意義

　これまで派遣受入期間は同一の業務について原則1年と定められていました（ただし、派遣先事業所労働者の過半数を代表する者の意見聴取を条件にして3年までの延長が認められていました）。

　2015年の法改正では、派遣先事業所単位と労働者個人単位の二重の規制に組み変えられました。個人単位の規制には例外が認められませんが、派遣先事業所単位の規制については、期間制限抵触日の1月前の日までに事業所の過半数労働組合等の意見を聴取すれば、3年の限度でさらに延長することができます。

　しかし、それではこの意見聴取を繰り返しさえすれば、3年、さらに3年と派遣受入期間を延長することで派遣労働の事実上無限に活用が可能となってしまいます。また、過半数労働組合がない場合の従業員代表による意見聴取の実効性には、強い疑問があります。

　延長はあくまで例外であり、派遣先の労働組合は、意見聴取の機会を通じて、派遣先で働く労働者の雇用の機会が奪われないよう厳しくチェックする必要があります。

● 意見聴取手続きの規制

　過半数労働組合等からの意見聴取手続きについては、おおむね以下のような内容が定められています（則33条の3）。

　　①　派遣先が意見を聴く際は「事業所名」と「延長しようとする

派遣先事業所単位の期間制限と常用代替防止

常用代替防止
- 派遣労働者が現に派遣先で就労している常用労働者を代替することを防止するだけでなく、派遣先の常用労働者の雇用の機会が不当に狭められることを防止することも含む。派遣労働者受入により労働者を解雇することは常用代替そのもので不適切。

期間制限
- 当該派遣先の事業所等ごとの業務について、派遣元事業主から派遣可能期間を超える期間継続して労働者派遣の役務の提供を受けてはならない

意見聴取
- 常用代替防止を労使の判断に委ねる観点から、労使はお互いの意見を尊重し、実質的な話合いが行われることが期待される。意見聴取の際の説明は法律上の義務ではないが、過半数労働組合等から質問があれば説明を行うことが期待される。最初の派遣労働者の受入れに当たっても説明することが望ましい。

労働契約申込みなし
- 意見聴取しなかったとき、あるいはないに等しいとき雇用の原則に戻る

期間」を書面で通知する

② 派遣受入れ開始以来の派遣労働者数や派遣先無期雇用者数の推移等の資料を提出する（派遣先指針では、労働組合等が希望する場合、部署ごとの派遣労働者の数、個々の派遣労働者の受入期間等の情報を提供することが望ましいとされています）

③ 意見聴取の記録（代表者名・書面通知した日および通知した事項・意見を聴いた日および意見の内容・意見を聴いて変更した期間）は書面にして派遣可能期間終了後３年間保存し、事業所の労働者に周知する

④ 過半数代表の異議に対しては、延長しようとする派遣期間の終了日までに延長理由や異議への対応方針を説明する（３年間保存）

⑤ 過半数代表者は、管理監督者以外の者から投票、挙手等の民

主的方法によって選出する
●違反には「みなし雇用制度」の適用も
　派遣先は、労働者が過半数代表者であることや過半数代表者になろうとしたこと、または過半数代表者として正当行為をなしたことを理由として不利益な取扱いをしてはなりません。
　過半数代表者が⑤の要件を満たしていない場合は、事実上意見聴取が行われていないものとみなされて、「労働契約申込みなし制度」（法40条の6）の対象となります。
　この場合派遣先事業所で働いていたすべての派遣労働者を派遣先は直接雇用しなければならなくなります。
●意見聴取制度の課題（反対意見の尊重）
　以上のように、改正法では、意見聴取について一定の強化の仕組みが導入されました。しかし、反対しても派遣可能期間の延長は可能とされており、規制の効力は残念ながらまだまだ限定的ではあります。
　改正法が成立した際の国会附帯決議には、意見聴取手続きにおける反対意見の尊重が盛り込まれました。
　派遣先指針では、異議があった場合には、「意見を勘案して派遣可能期間の延長について再検討を加えること等により、過半数労働組合等の意見を十分に尊重するよう努めること」、また、2回目以降の延長にかかわる意見聴取において、再度異議があった場合には、「意見を十分に尊重したうえで、当該派遣可能期間の短縮、受け入れ人数の縮小等の対応方針を採ることについて検討し、その結論をより一層丁寧に過半数組合等に説明しなければならない」と定めています。派遣先労働組合はこうした点を十分に活用したいものです。
　ただし、意見聴取で反対しても派遣可能期間の延長は可能とされており、規制の効力は残念ながらまだまだ限定的ではあります。

意見聴取手続きの手順

- ●過半数組合等から求められたときには①部署ごとの派遣労働者の数、各派遣労働者の就労期間などについて情報提供することが望ましい
- ●不利益取扱いの禁止
- ●手続き違法は「雇用申込みなし」

過半数労働組合等への書面による通知
❶派遣就労の場所、❷延長しようとする派遣期間、❸業務に従事した派遣労働者の数や正社員の数の推移などの資料提供

過半数代表者の選出
❶管理監督者でないこと、❷派遣可能期間の延長にかかる意見聴取目的を明示し、投票、挙手等の方法による

期間延長するときの書類作成・保存
❶過半数組合等の名称など、❷通知した事項、通知した日、説明内容、❸期間変更したときには変更可能期間など

労働者への周知
（見やすい場所への提示・備え付け。書面交付などの方法による）

過半数組合等が異議を述べたときの派遣先の義務

事前の説明
- ●事業所単位の期間制限の抵触日の前日までに以下の事項について説明しなければならない。
  (イ)延長しようとする期間・理由、
  (ロ)過半数労働組合の異議（常用代替に関する意見に限る。）への対応に関する方針
- ●説明は、労使自治の考え方に基づく実質的な話合いができる仕組みの構築が目的

異議への対応
- ●派遣可能期間の延長の中止又は延長する期間の短縮、延長しようとする派遣労働者の数の減少等の対応を採ることについて検討した上で、その結論をより一層丁寧に過半数労働組合等に説明すること
- ●期間について再検討を加える等過半数労働組合等の意見を十分に尊重するよう努める

再度の異議への対応
延長した期間が経過して更に延長しようとしたときに、再度、過半数労働組合等から異議があったときには、その意見を十分に尊重し、❶派遣可能期間の延長の中止や❷延長する期間の短縮、❸延長しようとする派遣労働者の数の減少等の対応を採ることを検討した上、その結論をより一層丁寧に過半数労働組合等に説明しなければならない。

異議に対する当該過半数労働組合等への派遣可能期間の延長の理由等の説明にあたっては、誠実に行うよう努めなければならない

9-7　労働契約申込みなし制度と派遣先労働組合

Q 労働組合として派遣受入れにも関与してきましたが、派遣法は派遣元の責任に比べて派遣先の責任は少ないと感じていました。最近違法を行った派遣先には派遣スタッフを雇用する義務が生じるようになったと聞きましたが……。

A 重大な違法な派遣を受入れた派遣先に雇用責任をとらせるという画期的な制度が労働契約申込みなし制度です。派遣スタッフの雇用確保と企業コンプライアンスのために取組みを検討してください。

●労働契約申込みなしの対象となる事項

　2015年10月から、労働契約申込みなし制度が施行されました（法40条の6）。規制の枠組みを犯して違法な派遣受入れを行った派遣先は、派遣労働者に対して、派遣元における労働条件と同一の労働条件を内容とした労働契約の申込みを行ったものとみなされる制度です。みなし雇用の対象となる違法派遣とは、以下の5つです。該当すれば、派遣先が派遣労働者に対して直接雇用の申し込みをしたものとみなされます（善意無過失の場合を除く）。

　①　禁止業務（港湾運送、建設、警備、医療関連8業務）の派遣
　②　派遣事業許可のない事業所からの派遣
　③　事業所単位の派遣期間制限違反（事業所で働く派遣労働者全員に同時適用になります）
　④　個人単位の派遣期間制限違反（同一派遣労働者が）同一組織単位で3年を超えた場合
　⑤　偽装請負等（72頁参照）

●派遣スタッフの承諾の意思表示で成立

　派遣先は、違法派遣等が終了した日から1年間は、派遣労働者への労働契約申込みを撤回することはできません。派遣労働者はその

間で一番有利な時点での労働条件を選んで承諾の意思表示をすることができます。派遣先との雇用契約の内容は派遣で働いていた時と同じ内容となりますから、無期雇用派遣で働いていた場合には、派遣先との労働契約も無期雇用となります。

　一方、3か月契約更新で働いていた派遣労働者であれば、派遣先との間で成立する雇用契約も3か月契約ということになります。しかし、3か月契約でも労契法19条が適用され、更新することが想定される場合には、契約満了による雇止めが無効と判断される可能性もあります。

● 派遣先が国または地方公共団体の場合

　派遣先が国や地方公共団体の場合はどうなるのでしょうか？

　国や地方公共団体の場合、雇用ではなく任用という制度になっているため、これまで直接雇用を求めることは大変困難でした。

　しかし、派遣法では国や地方公共団体の場合でも、派遣労働者の雇用を確保する義務が定められています（法40条の7）。

　みなし雇用の対象となる類型を行った場合で、派遣労働者が同一の業務に従事することを求めるときは、国または地方公共団体の機関は、法律の規定をふまえ、派遣労働者の雇用の安定を図る観点から、国家公務員法または地方公務員法その他の関係法令の規定にもとづく採用その他の適切な措置を講じなければなりません。

● 派遣先労働組合の取組み

　雇用申込みなし制度は、すべて派遣労働者の意思表示から始まりますが、派遣先労働組合にとってもけっして無視してよい問題ではありません。派遣労働者の権利を守ることと企業コンプライアンスの遵守は労働組合の課題となりうるものです。

　どんな取組みが可能かぜひ検討してみてください。

第10章 派遣スタッフと派遣先社員の権利のために

---------- POINT ----------

- 派遣スタッフの労働基本権は一般の労働者と同じように保障されている
- 組合加入したことで不利益扱いできない
- 派遣スタッフの組合は派遣元でも派遣先でも労働組合活動ができる
- 派遣元との交渉はもとよりテーマによっては派遣先との団体交渉も可能
- 派遣先労働組合には派遣労働者の受入れ、派遣期間の決定などにチェック機能がある
- 派遣先労働組合は派遣労働者導入によって職場の労働条件が低下することがないようにチェックする必要がある
- 派遣期間は「3年」の期間制限があり、それを超えて派遣期間延長する場合は派遣先労働組合などの意見聴取が必要

10−1　派遣スタッフの労働基本権保障

Q 派遣スタッフは労働組合に入れますか？

A もちろん加入できます。労働者ですから。

●派遣労働者も一般の労働者と同等に労働基本権は保障される

　派遣スタッフは労働者であり労働者としての基本的権利はすべて法的に保障されています。団結権、団体交渉権、団体行動権の労働三権について当然のこととして保障されます。

　雇用と労働条件を守るためには労働組合は必要不可欠なものであり、組合加入の権利、加入して使用者と交渉する権利、交渉だけでは解決しない場合にストライキをはじめとして団体行動で解決を求める権利があります。

　派遣労働者は「労働者」であり、前述のように、派遣元・派遣先に対して様々な権利を持っています。「派遣」というだけでそのような労働者の基本的権利が奪われることがあってはなりません。しかし、派遣労働者は働く場所が派遣先であり、同じ派遣会社の人間と交流することが困難な現実があります。したがって、様々な工夫を凝らして仲間づくりを進めていくことが求められます。

●派遣元でも派遣先でも組合活動はできる

　派遣法は使用者責任を「派遣先」と「派遣元」に振り分けました。したがって派遣労働者組合は「派遣元」「派遣先」の双方に対して団体交渉（労組法で保障された労働組合と使用者との話し合い）を行わなければ労働条件などの交渉が成り立たない場合があります。

　また、組合としての要求実現のためには団体交渉はもとより「団体行動権」にもとづく組合活動（ビラまき、宣伝活動、ストライキなど）は派遣元、派遣先の両方で行うことが可能です。

●組合加入で不利益な取扱いをされたら違法

　労働者が正当な組合活動をしたことをもって不利益に取扱うことは「不当労働行為」として労組法で禁止されています。

　労組法7条は「使用者」による労働者の組合結成や組合活動への介入、団体交渉の拒否、不利益扱いを禁止していますが、「使用者」について具体的に定めていません。

　「使用者」を直接の「雇用者」のみとして狭く解釈することは、親会社と子会社関係、派遣労働などトライアングルの労働関係など複雑な労働関係が進行するなかでは労働者の無権利状態を促進していくことになります。

　「使用者」の概念を拡大する闘いは、戦後労働組合運動のなかで追及されてきた経過があり、決定権を持っている親会社などの責任を追及する闘いが、1970年代を頂点として、中小・下請け企業労働者の権利確保のために取組まれ、前進させられてきました。たんに雇用契約を締結している雇用主だけではなく、一定の要件の下で親会社に使用者責任を課す闘いで、川岸工業事件（仙台地裁判決昭和45.3.26）などで親会社の「使用者責任」を勝ち取ってきたものです。

　派遣労働者の場合も「使用者」概念の拡大が問われます。派遣労働者の「雇用主」は派遣会社で派遣労働者の働く場所は派遣先事業所です。いわば「ボスが2人いる」働き方です。派遣契約にもとづく派遣労働という三者労働関係の中に置かれることから、派遣労働者は複雑な問題を抱えることになります。したがって、課題に即した実際的な問題解決が必要とされています。

　さらに、派遣労働者はそれぞれ派遣先で就業するわけですから、同じ派遣元の労働者と日常的に接することがまれな場合も多くあります。したがって、「団結権」を具体的に保障する労働組合づくりについて、派遣労働者たちだけで労働組合を作るのはきわめて困難

●第10章　派遣スタッフと派遣先社員の権利のために

なことで、そうしたハンディを克服するには、個人でも加盟できるユニオンなど、外部の労働組合とコンタクトをとることが必要です。そして、実際に働いている派遣先の職場で仲間と団結し、それを拡げるために、労働組合活動の権利を行使することも必要です。

　新しい手法も必要です。日雇い派遣の闘いでは、今はなきグッドウイルの「データ装備費返還闘争」において派遣ユニオンがインターネット上の呼びかけで労働者を結集し、グッドウイルユニオンをつくり、集団訴訟闘争などを展開しました。

　また、使用者が組合活動を理由として契約解除や契約不更新を行うことは「不当労働行為」として禁じられています。派遣先、派遣元ともに労組法上の定めに従う法的義務があります。この場合の「使用者」は派遣元、派遣先の双方を意味します。

　また職安法20条は争議行為に介入することを禁じていますが、法24条でもストライキ現場に労働者を派遣することを禁じています。「スト破り」などに加担させられることのないように、注意することが必要です。

自治体にはびこる違法派遣

2008年3月3日、花まつりの日に兵庫県尼崎市の公園でテントを張っていた市役所で働く派遣スタッフの女性5名が無期限ストライキを敢行しました。スローガンの1つは「競争入札の中止」です。

入札は強行されましたが、全国の支援の高まりと違法派遣状態の告発などによって「入札不調」となりました。そして、当時の白井文市長は、しぶしぶ「直接雇用」の臨時職員として4月14日、職場復帰を認めました。この40日の闘いは、非正規労働者が人間としての尊厳をかけたもので、みんなの総力で勝ち取ったものでした。派遣ネットもこの闘いを支援しました。

尼崎市は2001年1月に住民票入力業務をR社に民間委託しました。06年には競争入札の結果、今度はH社に業務委託、その結果、労働者の時給が1000円台から一律900円に引き下げられました。ストライキを敢行した女性たちは、この競争入札により賃金を減額された労働者だったのです。

07年2月、スタッフたちは、H社は偽装請負の可能性があるとして、市に労働者派遣契約への変更を申入れましたが拒否され、H社は「07年度4月からの契約は辞退する」と市に通知しました。

不安を感じた5名が武庫川ユニオン市役所分会を結成、2月14日、市に団体交渉を申入れ、2月22日に団体交渉開催となりました。市は「雇用の在り方について1年かけて検討する」とし、07年4月1日からは組合員らを派遣労働者として就労すると通知してきました。ユニオンは市と交渉を継続し、直接雇用を求める活動を進めました。

しかし、市は派遣としての継続を譲らなかったために、ユニオンは08年3月3日ストライキに突入。3月17日には兵庫だけでなく全国から支援者が参加し、「競争入札反対、官製ワーキングプアを許すな」ストライキ支援集会が籠城テントを張った公園で開催され、300名が5名のストを支えました。

この闘いは、雇用劣化がすすみ非正規労働者が人間としての権利と尊厳を侵されていくなかでの画期的勝利でした。5名の女性たちはいまは「嘱託」労働者として退職金・一時金のある雇用で働き続けています。

10−2　派遣先に対する団体交渉は可能

　派遣先に対して派遣労働者組合は団体交渉を求めることができますか？　もし応じないときは、どうすればいいのですか？

　団体交渉拒否として労働委員会に救済申し立てできます。

●派遣先に責任の所在があれば団交事項になる

　派遣先が団体交渉に応じないときは、労組法7条2号違反、つまり団体交渉の拒否として不当労働行為となります。

　労働委員会は各都道府県にあり、組合所在地かまたは会社所在地の委員会に救済申し立てすることになります。

　派遣法では、派遣元企業（派遣会社）が派遣労働者の雇用関係を基礎にした雇用・労働条件管理を行うことになります。しかし、実際に働いている派遣先の職場で派遣先から直接指揮命令されている派遣労働者にとって、日々の業務上で発生したトラブルの対応は、派遣元会社だけでは的確に対応してもらえないことがあります。それも可能にするため、派遣労働者組合と派遣先企業との団体交渉が必要とされる場合がしばしば発生します。

　派遣法制定時の国会のやり取りでは、派遣先企業と派遣労働者との「団体交渉権」については、「今後の労働委員会や裁判所の解釈を待つ」こととされていました。

　派遣スタッフは派遣元企業に雇用されたうえで、派遣先で働き派遣先責任者の指揮命令に従う働き方です。派遣先と派遣元の労働者派遣契約が実質的に労働条件決定に決定的な影響を及ぼすのですから、派遣労働者は労働条件の改善のために派遣先企業とも団体交渉を行う必要が生じます。

　しかし、派遣法成立以来、派遣労働者の労働組合は一義的には

「派遣元会社」との団体交渉で労働条件を決定することとされ、派遣先に対する「団体交渉権」は明確にされてきませんでした。

そうしたなか、派遣先との団体交渉について、朝日放送事件(最高裁判決昭和7.2.28)が、その交渉課題の範囲を示しました。この事件は派遣法制定以前の事件ですが、放送局の構内下請け労働者の労働組合が発注元の放送会社に対して団体交渉を求め、労組法上の使用者性と団交応諾義務が問われました。

最高裁は、賃金などの直接の労働条件は雇用主である下請け会社に交渉に応じるべき責任があること、勤務ローテーションなど派遣先でなければ決定できない事項については、以下のように放送会社が団体交渉に応じるべき使用者責任があるとしました。

「雇用主以外の事業主であっても、雇用主から労働者の派遣を受けて自己の業務に従事させ、その労働者の基本的な労働条件等について、雇用主と部分的とはいえ同視できる程度に現実的かつ具体的に支配、決定することのできる地位にある場合には、その限りにおいて、右事業主は同条の『使用者』にあたるものと解するのが相当である。」

このように最高裁は、直接の雇用主以外にも一定の条件を満たせば団体交渉応諾義務があると判断していますが、使用者側は団体交渉は直接労働契約を締結した雇用主に限定すべきと主張しています。派遣労働者は改善したいことがあれば、派遣法定められた苦情処理制度にもとづいて派遣先責任者に申し出ることができます。しかし、これはあくまで個人としてのもので、実質的に対等の立場で適切な処理を迫るものとはなりません。

したがって、具体的な派遣先で起きた事柄、労働安全衛生やセクハラなど派遣先による各種ハラスメントについては、派遣労働者組合と派遣先業との団体交渉は必要不可欠です。

労働組合は、闘いの中から権利の拡大を実現するものです。労働

委員会命令や判例を検討することも必要ですが、その内容に縛られないで、果敢に挑戦することも必要です。現場の実感と闘う気概の中から、新たな展望が切り開かれます。

● 派遣先との交渉を切り拓く

現在、派遣ユニオンなどは派遣先と多くの交渉を実現していますし、そのことが問題解決の決め手になっている事例も多くあります。また、形式は「団体交渉」といわずとも、実際にはそれに準じて派遣先との交渉で問題解決を実践しています。トラブルに際して、派遣先企業にとっても早急な解決は望ましいことですから、いたずらに形式にとらわれず、派遣労働者ユニオンと派遣先が話し合い解決することは必要なことです。

労働者派遣関係のもとでは労働災害、セクシャルハラスメント、パワーハラスメント、事前面接などについては、派遣先の行為が大きく関与しているので、問題の解決や環境改善には派遣先が団体交渉責任を負うべきは当然です。また、労基法や労安法、均等法の派遣先が責任を負担する事項については、派遣労働者組合との団体交渉事項とするのは当然です。

● スト破りは許さない

また、労働組合が行うストライキなどの争議行為に「派遣労働者」をスト破り要因として派遣することは禁止されています（法24条）。職安法20条は争議行為に対して介入することを禁じていますが、派遣法においてもこれが準用されます。

派遣会社はストライキまたはロックアウトされている事業所に労働者派遣をしてはいけません。こうした「スト破り」行為は違法です。ちなみに、派遣労働者が派遣先組合のストライキによって就業不能となった場合、本人の責に帰すべき事由ではありませんから、当然にも賃金保障はなされるべきです。

派遣先に対する団体交渉の申入れ

　派遣法にもとづき労働者の派遣を受けていた派遣先に対して、派遣労働者の所属する組合が申し入れた契約中途解除の撤回、派遣労働者の雇用確保などを議題とする団体交渉に応じなかったことが団交拒否の不当労働行為に当たり、また派遣先の指示により派遣労働者（組合員）が派遣元から出勤停止を命じられたのは、派遣先に対してストライキを実施したことを理由とする不当労働行為であるとの申立てをした事件があります。埼玉県労委で却下され中労委の再審査となったものです（ショーワ事件）。

　中労委は「労働者派遣法の枠組みに従って労働者派遣の派遣先事業主については、当該派遣労働者との関係において労組法7条の使用者に該当しないことを原則」とすると断定したうえ、例外として派遣法や派遣契約の枠組みを逸脱している場合、および派遣法上の一定の責任や義務のある事項についての場合に、「朝日放送事件最高裁判決」の判断枠組みに従い、派遣先にも労組法7条の使用者性を認める余地があり、不当労働行為にはあたらない、と判断しました（中労委命令平成24.10.18）。

　またこの中労委命令は、派遣法40条の4の直接雇用申込み義務を根拠とした労組法上の使用者性の有無についても判断し、「派遣先が直接雇用の申し込み義務の履行について、厚生労働大臣による行政勧告ないしその前段階としての行政指導がなされた場合についてのみ使用者性が認められる」としたのです。

　しかし、このように派遣先の責任が発生する場面を派遣法の文言を厳密にとらえ、「法律に基づく行政」といわんばかりに行政権限の発動場面に団体交渉義務を絞り込むような判断は、派遣労働者の権利を大きく狭めるもので問題です。

　近年、「派遣先企業」と派遣労働者の所属する労働組合との団体交渉権は狭く解釈される傾向にあります。とくに「ショーワ事件」で示された命令の解釈は、事実上、派遣労働者の派遣先との雇用にかかわる交渉を不可能にするものです。このような傾向は、少なくとも、新しい労働者派遣法の基本理念からしても受け入れられないと考えられます。今後の取り組みを強化することが求められます。

10−3　派遣先組合の活動と権利

Q 派遣先の労働組合は会社で受入れている派遣労働の問題について、どのような関わり方があるでしょうか？

A 派遣労働が適正に運用されているかどうかを労働組合がきちんとチェックすることが求められます。なぜなら、派遣労働者の働き方が派遣先である労働者の労働条件も左右するからです。また、派遣労働者の派遣受入期間の上限である３年を超える場合、過半数労働組合等からの意見聴取が必要ですので、それにきちんと対応するためもあります。

●派遣先の労働組合は派遣の問題にいかに関与すべきか？

　派遣労働者を導入するに際しては労働組合としてのチェックが必要です。労働条件の全体としての低下が起きないようにすることや派遣法などの違反がないかを点検することも重要です。

　労働組合は、自分たちの職場に派遣労働者が導入されることによって、どんな影響があるのか真剣に検討することが必要です。

　雇用主が異なる労働者が職場で混在するわけですから、労働安全の観点や指揮命令系統など今までなかった問題が生じます。また、わずかでも職場に低賃金・細切れ雇用労働者が投入されたときには、派遣先社員全体の労働条件も低下することが懸念されます。

　派遣労働者という「外部」の労働者が、たとえばきわめて低賃金・低労働条件で職場に導入されれば、使用者にとって、安価で使い捨て自由な労働力を得たことになります。「悪貨は良貨を駆逐する」という経済原則のたとえどおり、職場の労働条件全体が低位平準化される危険が生じます。直接雇用されている派遣先社員については、使用者は労働関係法規によって雇用・労働条件について全面的に使用者責任を負いますので、安易な解雇はもとより、一方的な労働条件の切下げは許されません。これに対し、派遣労働者につい

ては、長期にあちこちの職場で道具のように使いまわして雇用責任を免脱することが可能です。派遣先企業の雇用責任は免脱されます。しかも、派遣労働者の労働条件は派遣元との契約により決定されていますから、派遣先はその決定には関わらない形を利用して、買い叩きできます。このような、低賃金の派遣労働者を職場に導入することによって全体として労働条件を切り下げ、直接雇用の社員に労働条件低下圧力をかけようとすることもありえます。派遣労働者を低労働条件のチープレーバーとして悪用されないように、十分な事前チェックが必要です。

●常用代替防止と労働組合の役割

　派遣法は「常用代替防止」を立法趣旨とし、正規労働が派遣労働に置き換えられることを防ぐこととしており、派遣先労働組合が派遣労働にかかわって様々な手続きに関与することを認めています。新しい派遣法では、派遣スタッフのスキルアップと雇用の安定（無期雇用化および直接雇用化）の促進のために派遣先にも一定の責任を課しています。派遣労働者の教育訓練は、派遣会社に義務付けられていますが、派遣先にも義務付けがあります。どのようなプログラムが派遣労働者のために組まれているのか、また実際に実行されているかどうか、チェックが必要です。

　派遣先労働組合は、自らの組合員、派遣先社員の雇用と権利のためにも、派遣労働者の直接雇用化と雇用の安定に力を注ぎたいものです。職場全体の労働条件の低下を防ぎ、派遣スタッフも同じ職場で働く仲間であるという立場に立って活動することが問われます。

　「労働者派遣契約」を派遣先企業に対して組合への求めに応じて開示させ、派遣法違反がないかチェックするとともに、労働条件の低下を防ぐためのチェックを不断に行うことも必要です。そして、派遣先には、前述のように、派遣スタッフと派遣先社員との均衡待遇確保に向けた義務があるわけですから、その実現を自らの課題と

して取り組んでもらいたいものです。

　また、新しい派遣法は、派遣労働は常用雇用の代替としてはならないとの基本を確認し、派遣先単位で3年の期間制限を設けたうえ、派遣先労働者の過半数組合等からの意見聴取により3年を超えることができるようにしました。延長によって常用代替防止が促進されないよう厳しくチェックして、団体交渉などの機会を通じて改善させることも派遣先労働組合の役割です。

　期間制限がない無期雇用派遣も常用代替を促進する危険がありますので、安心できる労働条件かどうかのチェックは必要です。

　派遣会社における均等待遇がどのように実行されているか、さらには労契法20条にもとづいて、有期であることを理由として各種手当などが差別的に処遇されていないかどうか、チェックすることが必要です。

　このように、同じ職場で働く派遣労働者については、「同じ働く仲間」としての取組みが問われています。必要があれば労働組合の規約についても組合員資格について「自社の社員に限る」という条項があれば、それを見直すことも必要となります。

　「派遣労働者への置き換え」が過度に進められれば、労働組合としての労働条件決定力が著しく弱まります。そうなれば、労働組合としての力量低下はとめどなく進んでしまうことになりかねません。派遣労働者問題への取組みは、自らの労働条件・職場環境に跳ね返る重大な取組みでもあるのです。

● 派遣先単位の期間制限と意見聴取手続を活用する

　新しい派遣法では、いわゆる「26業務」への労働者派遣には期間制限を設けなかった仕組みが変更されました。施行日以降に締結された契約にもとづく労働者派遣には、すべての業務で次の2つの期間制限が適用されます。

　①「派遣先の同一の事業所に対し派遣できる期間は、原則3年が

限度」「3年を超えて派遣を受け入れようとする場合は派遣先の過半数労働組合等からの意見を聴く必要」があります（法40条の2）。

②派遣労働者個人単位の期間制限は、「同一の派遣労働者を、派遣先の事業所における同一の組織単位に対して派遣できる期間は、3年が限度となります。

意見聴取手続きは適正に、また丁寧に行われなければなりません（派遣先指針第2の15）。派遣先は、事業所単位の期間制限による3年の派遣可能期間を延長しようとする場合、その事業所の過半数労働組合または過半数代表者からの意見を聞く必要があります。過半数代表から異議があった場合、派遣先は対応方針等を説明する義務があります。

派遣先は、意見聴取や対応方針等の説明を誠実に行うように努めなければならないことが定められています。①派遣可能期間の延長の理由および延長の期間、②異議への対応方針を、延長しようとする派遣可能期間の終了日までに派遣先過半数労働組合等へ説明しなければなりません。

2018年秋には、新たな派遣法の下で3年の延長手続きが各事業所で一斉に問題となる可能性があります。労働組合としての丁寧な取組みが問われます。

また、最初の派遣労働者の受入れの際には、派遣先業は過半数労働組合等に受入れの方針を説明することが望ましいとされています。派遣先労働組合は、派遣労働者導入に際して、その理由と実態について、交渉課題として取り組むべきです。この交渉において、必ず、派遣スタッフに、同じ職場で働く同じ人間として、差別のない均等な待遇を求めていただければと思います。それは、派遣先社員が自らの権利を守るための課題です。

新しい労働者派遣法の解説

資　料

―― 資料一覧 ――

① 労働者派遣契約にさだめておかなければならない項目と留意事項（業務取扱要領）
② 就業条件等の明示の例
③ 許可要件（許可基準）一覧
④ モデル就業条件明示書
⑤ 36協定における延長時間の限度
⑥ 派遣契約の中途解除に伴って講じるべき責任一覧
⑦ 妊娠出産等を理由とする不利益取扱いについての規制一覧
⑧ 育児・介護のための労働時間短縮等の制度
⑨ 派遣労働者の権利と団結権・団体交渉権・争議権
⑩ 団体交渉事項と派遣先の使用者責任

資料① 労働者派遣契約にさだめておかなければならない項目と留意事項（業務取扱要領）

	項目	留意事項
①	派遣労働者が従事する業務の内容	◎ 業務に必要とされる能力、行う業務等が具体的に記述され、適格な派遣労働者を派遣元事業主が決定できる程度であることが必要で可能な限り詳細であること。 ◎ 適用除外業務以外の業務に限られる。 ◎ 業務の内容については可能な限り詳細に記載すること。 ◎ 同一の派遣労働者が複数の業務に従事する場合については、それぞれの業務の内容について記載すること。 ◎ 業務の内容が日雇派遣の原則禁止の例外となる業務（厚生労働省令第4条第1項の業務）の場合は、日雇労働者派遣が可能な業務であることを労働者派遣契約当事者間で認識を共有するため、当該号番号を付すること。
②	派遣労働者が労働に従事する事業所の名称及び所在地その他派遣就業の場所並びに組織単位	◎ 派遣労働者が実際に派遣就業する事業所その他の施設の名称、所在地だけではなく具体的な派遣就業の場所及び組織単位（組織の名称）も含む。 ◎ 原則として、派遣労働者の所属する部署、電話番号等必要な場合に派遣元事業主が当該派遣労働者と連絡がとれる内容であること。加えて、組織単位を特定するために必要な事項（組織の長の職名）を明記すること。 ◎ 事業所等における組織単位については、課、グループ等の業務としての類似性や関連性がある組織であり、かつ、その組織の長が業務の配分や労務管理上の指揮命令監督権限を有するものであって、派遣先における組織の最小単位よりも一般に大きな単位を想定しているが、名称にとらわれることなく実態により判断すべき。 ◎ ただし、小規模の事業所等においては、組織単位と組織の最小単位が一致する場合もあること。また、実際上の取扱いとしては、派遣先における組織が指定されることから、派遣先がこの基準に従って指定することが通常であると考えられること。
③	派遣労働者を直接指揮命令する者に関する事項	・派遣労働者を具体的に指揮命令する者の部署、役職及び氏名。
④	労働者派遣の期間及び派遣就業をする日	◎ 当該労働者派遣契約に基づき、派遣労働者が労働者派遣される期間及び派遣労働者が具体的に派遣就業をする日。 ◎ 期間については、具体的な労働者派遣の開始の年月日及び終了の年月日、就業する日については、具体的な曜日又は日を指定しているものであること。 ◎ 一般業務の臨時的・一時的派遣（別表参照）を行うときは、事業所その他派遣就業の場所（以下「派遣先事業所等」という。）ごとの業務における派遣可能期間は3年。 ◎ ただし、派遣可能期間の起算点は当該派遣先事業所等で最初に労働者派遣の受入れを行った日。 ◎ 派遣先事業所等における組織単位ごとの業務について、派遣元事業主

		は３年を超える期間継続して同一の有期雇用の派遣労働者に係る労働者派遣を行うことはできない。
⑤	派遣就業の開始及び終了の時刻並びに休憩時間	◎ 派遣就業すべき日の派遣労働者の日々の始業、終業の時刻並びに休憩時間。 ◎ 法律上は時間数のみであるが、一般的には休憩の開始及び終了の時刻を特定して記載することが適当。 ◎ この定めの内容は、労働基準法で定める労働時間、休憩時間に関する規定に反しておらず、かつ、派遣元事業主と派遣労働者との間の労働契約の枠内でなければならない。
⑥	安全及び衛生に関する事項	◎ 次に掲げる事項のうち、派遣労働者が派遣先において①の業務を遂行するに当たって、当該派遣労働者の安全、衛生を確保するために必要な事項に関し就業条件を記載する必要がある。 （ⅰ） 派遣労働者の危険又は健康障害を防止するための措置に関する事項（例えば、危険有害業務に従事させる場合には、当該危険有害業務の内容、当該業務による危険又は健康障害を防止する措置の内容等） （ⅱ） 健康診断の実施等健康管理に関する事項（例えば、有害業務従事者に対する特別な健康診断が必要な業務に就かせる場合には、当該健康診断の実施に関する事項等） （ⅲ） 換気、採光、照明等作業環境管理に関する事項 （ⅳ） 安全衛生教育に関する事項（例えば、派遣元及び派遣先で実施する安全衛生教育の内容等） （ⅴ） 免許の取得、技能講習の修了の有無等就業制限に関する事項（例えば、就業制限業務を行わせる場合には、当該業務を行うための免許や技能講習の種類等） （ⅵ） 安全衛生管理体制に関する事項 （ⅶ） その他派遣労働者の安全及び衛生を確保するために必要な事項
⑦	派遣労働者から苦情の申出を受けた場合の苦情の処理に関する事項	◎ 派遣元事業主及び派遣先は、派遣労働者の苦情の申出を受ける者、派遣元事業主及び派遣先において苦情処理をする方法、派遣元事業主と派遣先との連携のための体制等を記載すること（「派遣元事業主が講ずべき措置に関する指針」第２の３（第７の23参照）及び「派遣先が講ずべき措置に関する指針」第２の７（第８の19参照））。 ◎ 派遣労働者の苦情の申出を受ける者については、その者の氏名の他、部署、役職、電話番号についても記載すること。
⑧	派遣労働者の新たな就業の機会の確保、派遣労働者に対する休業手当（労働基準法第26条の規定により使用者が支払うべき手当）等の支払に要する費用を確保するための当該費用	◎ 労働者派遣契約の解除に際して、派遣労働者の雇用の安定を図る観点から、当該労働者派遣契約の当事者である派遣元事業主及び派遣先が協議して次の事項等に係る必要な措置を具体的に定めること（法第29条の２、「派遣元事業主が講ずべき措置に関する指針」第２の２の(2)（第７の23参照）及び「派遣先が講ずべき措置に関する指針」第２の６の(1)（第８の19参照））。 （ⅰ） 労働者派遣契約の解除の事前の申入れ 派遣先は、専ら派遣先に起因する事由により、契約期間満前の解除を行お

	の負担に関する措置その他の労働者派遣契約の解除に当たって講ずる派遣労働者の雇用の安定を図るために必要な措置に関する事項	うとするときは、派遣元事業主の合意を得ることはもとより、あらかじめ相当の猶予期間をもって派遣元事業主に解除の申入れを行うこと。 （ⅱ）　派遣先における就業機会の確保 派遣元事業主及び派遣先は、契約期間満了前に派遣労働者の責に帰すべき事由以外の事由によって労働者派遣契約の解除が行われたときは、当該派遣先の関連会社での就業をあっせんする等により、当該労働者派遣契約に係る派遣労働者の新たな就業機会の確保を図ること。 （ⅲ）　損害賠償等に係る適切な措置 派遣先は、派遣先の責に帰すべき事由により契約期間満了前に労働者派遣契約を解除しようとするときは、派遣労働者の新たな就業機会の確保を図ることとし、これができないときには、少なくとも当該労働者派遣契約の解除に伴い当該派遣元事業主が当該労働者派遣に係る派遣労働者を休業させること等を余儀なくされたことにより生じた損害の賠償を行わなければならないものとすること。例えば、<u>当該派遣元事業主が当該派遣労働者を休業させる場合は休業手当に相当する額以上の額について、当該派遣元事業主がやむを得ない事由により当該派遣労働者を解雇する場合は、派遣先による解除の申入れが相当の猶予期間をもって行われなかったことにより当該派遣元事業主が解雇の予告をしないときは30日分以上、当該予告をした日から解雇の日までの期間が30日に満たないときは当該解雇の日の30日前の日から当該予告の日までの日数分以上の賃金に相当する額以上の額について、損害賠償を行わなければならないものとすること。その他派遣先は派遣元事業主と十分に協議した上で適切な善後処理方策を講ずるものとすること</u>。また、<u>派遣元事業主及び派遣先の双方の責に帰すべき事由がある場合には、派遣元事業主及び派遣先のそれぞれの責に帰すべき部分の割合についても十分に考慮するものとすること</u>。 （ⅳ）　労働者派遣契約の解除の理由の明示 派遣先は、労働者派遣契約の契約期間が満了する前に労働者派遣契約の解除を行おうとする場合であって、派遣元事業主から請求があったときは、労働者派遣契約の解除を行った理由を当該派遣元事業主に対し明らかにするものとすること。
⑨	紹介予定派遣では、職業紹介により従事すべき業務の内容及び労働条件その他の当該紹介予定派遣に関する事項	労働者派遣契約が紹介予定派遣に係るものである場合は、次に掲げる当該紹介予定派遣に関する事項を記載すること。 ◎　紹介予定派遣であること ◎　紹介予定派遣を経て派遣先が雇用する場合に予定される従事すべき業務の内容及び労働条件等

資料② 就業条件等の明示の例

次の条件で労働者派遣を行います。
1 従事する業務の内容営業課内における事務の補助、電話応対、郵便物の仕分・発送の業務
2 就業の場所□□□□株式会社本社国内マーケティング部営業課総務係
(〒110-8988 千代田区霞が関1-2-2〇ビル14階 TEL3593-****内線 5745)
3 組織単位国内マーケティング部営業課
4 指揮命令者国内マーケティング部営業課総務係長 △△△△△
5 派遣期間平成27年10月1日から平成28年9月30日まで
(派遣先の事業所における期間制限に抵触する最初の日平成30年10月1日)
(組織単位における期間制限に抵触する最初の日平成30年10月1日)
※派遣先の事業所における期間制限の抵触日は延長されることがあるが、組織単位における期間制限の抵触日は延長されることはない。なお、派遣先の事業所における派遣可能期間の延長について、当該手続を適正に行っていない場合や派遣労働者個人単位の期間制限の抵触日を超えて労働者派遣の役務の提供を受けた場合は、派遣先は労働契約申込みみなし制度の対象となる。
6 就業日土、日を除く毎日
7 就業時間 9 時から 18 時まで
8 休憩時間 12 時から 13 時まで
9 安全及び衛生
次の事項のうち、派遣労働者が派遣先において業務を遂行するに当たって、当該派遣労働者の安全、衛生を確保するために必要な事項に関し、就業条件を記載する
〇危険又は健康障害を防止するための措置に関する事項
〇健康診断の実施等健康管理に関する事項
〇換気、採光、照明等作業環境管理に関する事項
〇安全衛生教育に関する事項
〇免許の取得、技能講習の終了の有無等就業制限に関する事項
〇安全衛生管理体制に関する事項
〇その他派遣労働者の安全及び衛生を確保するために必要な事項
10 派遣労働者からの苦情の処理
(1) 苦情の申出を受ける者
派遣元においては、派遣事業運営係主任 ☆☆☆☆☆ TEL3597-****内線 101
派遣先においては、総務部秘書課人事係主任 ※※※※※内線 5721
(2)苦情処理方法、連携体制等
① 派遣元における(1)記載の者が苦情の申出を受けたときは、ただちに派遣元責任者の◎◎◎◎◎へ連絡することとし、当該派遣元責任者が中心となって、誠意をもって、遅滞なく、当該苦情の適切かつ迅速な処理を図ることとし、その結果について必ず派遣労働者に通知することとする。
② 派遣先における(1)記載の者が苦情の申出を受けたときは、ただちに派遣先責任者の●●●●●へ連絡することとし、当該派遣先責任者が中心となって、誠意をもって、遅滞なく、当該苦情の適切かつ迅速な処理を図ることとし、その結果について必ず派遣労働者に通知することとする。
③ 派遣元事業主及び派遣先は、自らでその解決が容易であり、即時に処理した苦情の他は、相互に遅滞なく通知するとともに、密接に連絡調整を行いつつ、その解決を図ることとする。
11 労働者派遣契約の解除に当たって講ずる派遣労働者の雇用の安定を図るための措置
　派遣元事業主は、労働者派遣契約の契約期間が満了する前に派遣労働者の責に帰すべき事由以外の事由によって労働者派遣契約の解除が行われた場合には、当該労働者派遣契約に係る派遣先と連携して、当該派遣先からその関連会社での就業のあっせんを受けること、当該派遣元事業主において他の派遣先を確保すること等により、当該労働者派遣契約に係る派遣労働者の新たな就業機会の確保を図ることとする。また、当該派遣元事業主は、当該労働者派遣契約の解除に

当たって、新たな就業機会の確保ができない場合は、まず休業等を行い、当該派遣労働者の雇用の維持を図るようにするとともに、休業手当の支払の労働基準法等に基づく責任を果たすこととする。さらに、やむを得ない事由によりこれができない場合において、当該派遣労働者を解雇しようとするときであっても、労働契約法の規定を遵守することはもとより、少なくとも30日前に予告することとし、30日前に予告しないときは労働基準法第20条第1項に基づく解雇予告手当を支払うこと、休業させる場合には労働基準法第26条に基づく休業手当を支払うこと等、雇用主に係る労働基準法等の責任を負うこととする。

12 派遣元責任者　○○○○株式会社派遣事業運営係長　◎◎◎◎◎　TEL3597－****内線 100
13 派遣先責任者　総務部秘書課人事係長　●●●●●内線 5720
14 就業日外労働　6の就業日以外の日の労働は1箇月に2日の範囲で命ずることができるものとする。
15 時間外労働　7の就業時間外の労働は1日4時間、1箇月 45 時間、1年 360 時間の範囲で命ぜられることがある。
16 □□□□株式会社内の診療所、職員食堂、職員休憩室の利用可。制服の貸与あり。
17 労働者派遣に関する料金　日額＊＊＊＊＊円（労働契約時に明示しており、変更がない場合は不要）
18 派遣先が派遣労働者を雇用する場合の紛争防止措置
　労働者派遣の役務の提供の終了後、当該派遣労働者を派遣先が雇用する場合には、職業紹介を経由して行うこととし、手数料として、派遣先は派遣元事業主に対して、支払われた賃金額の●●分の●●に相当する額を支払うものとする。ただし、引き続き6箇月を超えて雇用された場合にあっては、6箇月間の雇用に係る賃金として支払われた賃金額の●分の●に相当する額とする

（紹介予定派遣に係る契約である場合は下記の項目例を記載）
19 紹介予定派遣に関する事項
(1) 派遣先が雇用する場合に予定される労働条件等
　契約期間期間の定めなし
　業務内容営業課内における事務の補助、電話応対、郵便物の仕分・発送の業務
　就業場所□□□□株式会社本社国内マーケティング部営業課総務係（〒110-8988 千代田区霞が関1－2－2○ビル 14 階 TEL 3593－****内線 5745）
　始業・終業始業:9時終業:18 時
　休憩時間 12 時から 13 時まで
　所定時間外労働有（1日4時間、1箇月 45 時間、1年 360 時間の範囲内）
　休日毎週土、日、祝日、年末年始（12月 29 日から 1 月 3 日）
　　夏季休業（月 13 日から 8 月 16 日）
　　休暇年次有給休暇:10 日（6箇月継続勤務後）その他:有給（慶弔休暇）
　　賃金　基本賃金月給 180,000～240,000 円（毎月 15 日締切、毎月 20 日支払）
　　　　　通勤手当:通勤定期券代の実費相当（上限月額 35,000 円）
　　　　　所定時間外、休日又は深夜労働に対して支払われる割増賃金率
　　　　　・所定時間外:法定超 25%、休日:法定休日 35%、深夜:25%
　　　　　昇給:有（0～3,000 円／月）賞与:有（年 2 回、計 1 箇月分）
　　社会保険の加入状況厚生年金、健康保険、雇用保険、労災保険有
(2)その他
　紹介予定派遣を受けた派遣先が、職業紹介を受けることを希望しなかった場合又は職業紹介を受けた者を雇用しなかった場合には、それぞれのその理由を、派遣労働者の求めに応じ、書面、ファクシミリ又は電子メールにより明示する。
　紹介予定派遣を経て派遣先が雇用する場合に、年次有給休暇及び退職金の取扱いについて、労働者派遣の期間を勤務期間に含めて算入する。

資料③ 許可要件（許可基準）一覧

I	法第7条第1項第1号（特定派遣（専ら派遣）を目的としないこと。）	◎特定の者に対してのみ当該労働者派遣を行うことを目的として事業運営を行っているもの ◎それ以外の者に対して労働者派遣を行うことを目的としていない場合 ◎当該労働者派遣事業を行う派遣元事業主が雇用する派遣労働者のうち、10分の3以上の者が60歳以上の者（他の事業主の事業所を60歳以上の定年により退職により後雇い入れられた者に限る。）である場合
II	法第7条第1項第2号（申請者が当該派遣労働者に係る雇用管理を適正に行う能力を有するもの（労働者派遣事業の適正な運営の確保及び派遣労働者の保護等に関する法律施行規則第1条の4第1号の規定に基づき厚生労働大臣が定める基準）参照）のとして厚生労働省令で定める基準に適合するもの）	◎ 派遣労働者のキャリアの形成を支援する制度（厚生労働大臣が定める基準を満たすものに限る。）を有すること（労働者派遣事業に係るものに限る。） a 教育訓練の内容は派遣労働者のキャリア形成を念頭に置いた段階的かつ体系的な教育訓練の実施計画を定めていること。（すべてのスタッフを対象に、キャリアアップに資する内容の訓練が、有給かつ無償で提供され、派遣労働者として雇用されるにあたり実施される訓練を含むこと。また無期雇用派遣労働者については長期的なキャリア形成を念頭に置いた内容のものであること。 b 教育訓練の実施体制整備 ・キャリア・コンサルティングの相談窓口を設置していること。 ・キャリア形成を念頭に置いた派遣先の提供を行う手続が規定されていること。 ・教育訓練の時期・頻度・時間（キャリアパスに応じた研修等が用意され、少なくとも最初の3年間は毎年1回以上でキャリアの節目などで一定の期間ごとに雇用見込みの派遣労働者一人当たり、少なくとも最初の3年間は毎年1回以上、フルタイムで1年以上の雇用見込みの派遣労働者一人当たり、毎年概ね8時間以上、毎年概ね8時間以上、教育訓練計画の周知等が行われること。 a 派遣元責任者として雇用管理を適正に行い得る者が所定の要件及び手続に従って適切に選任、配置されていること。
	◎ 上記のほか、派遣労働者に係る雇用管理を適正に行うもの	

●資料

	b 派遣元事業主（法人の場合はその役員を含む。）が派遣労働者の福祉の増進を図ることが見込まれる者であること。 適正な雇用管理を期待し得るものであること。労働保険、社会保険の適用等派遣労働者の福祉の増進を図ることが見込まれるものであることなどのほか、派遣労働者に関する就業規則又は労働契約等の記載事項について下記のことが求められる。 ・無期雇用派遣労働者を労働者派遣契約の終了のみを理由として解雇できる旨の規定がないこと。また、有期雇用派遣労働者については、労働者派遣契約の終了のみを理由として解雇できる旨の規定がないこと。 ・無期雇用派遣労働者又は有期雇用派遣労働者である労働者派遣契約期間内に労働者派遣契約が終了した場合には、次の派遣先を見つけられない等、使用者の責に帰すべき事由により休業させた場合には、労働基準法第26条に基づく手当を支払う旨の規定があること。 また、既に事業を行っている者であって、雇用安定措置の義務を免れることを目的とした行為を行っており、労働局から指導され、それを是正していない者ではないこと。 c 教育訓練（キャリア形成支援制度に関するものを除く。）について、 ・派遣労働者に対して、労働安全衛生法第59条に基づき実施が義務付けられている安全衛生教育の実施、教育訓練を整備していること。 ・派遣労働者の実施する能力開発体制（適切な教育訓練の策定・適切な教育訓練に係る教育訓練に関する計画が適切に策定されている等能力開発体制の整備がなされていること。 ・派遣労働者の実施する教育訓練については、（派遣労働者に係る教育訓練の実施についての責任者の配置が適切に策定される等能力開発体制の整備がなされていること。 ・自主的に実施する教育訓練しやすいよう、当該教育訓練に係る派遣労働者の費用負担を実費程度とすること。	行うための体制が整備されていること（則第1条の4）。
Ⅲ	法第7条第1項第3号（個人情報を適正に管理し、派遣労働者等の秘密を守るために必要な措置が講じられていること。）	略

IV	法第7条第1項第4号の要件（II・IIIのほか当該事業を的確に遂行するに足りる能力を有するものであること。）	◎財産的基礎に関する判断（事業主（法人又は個人）単位で判断）	略
		◎組織的基礎に関する判断	派遣労働者数に応じた派遣元責任者の配置される等組織体制が整備されるとともに、労働者派遣事業に係る指揮命令の系統が明確であり、指揮命令に混乱の生ずるようなものではないこと。
		◎事業所に関する判断	略
		◎適正な事業運営に関する判断	労働者派遣事業を当該事業以外の会員の獲得、組織の拡大、宣伝等他の目的の手段として利用しないこと、登録に際しいかなる名義であっても手数料に相当するものを徴収しないこと等法の趣旨に沿った適切な事業運営を行うもの。判断基準のなかには、登録制度を採用している場合における、登録に際して、いかなる名義であっても手数料に相当するものを徴収するものではないこと、自己の名義をもって、他人に労働者派遣事業を行わせるために、許可を得ようとするものではないこと、f 法第25条の規定の趣旨に鑑み、人事労務管理業務のうち、派遣先における団体交渉又は労働基準法に規定する協定の締結等のための労使協議の際に使用者側の直接当事者としては行う業務について労働者派遣を行おうとするものではないことが求められている。
V	民営職業紹介事業と兼業する場合		略
VI	海外派遣を予定する場合		略
VII	労働安全衛生		労働者派遣契約に安全及び衛生に関する事項を記載すること 物の製造の業務派遣で労働者派遣を行う場合には、製造業務専門派遣元責任者及び製造業務専門派遣先責任者を選任すること。 派遣元責任者及び派遣先責任者は、派遣労働者の安全及び衛生の確保に関し、必要な連絡調整を行うこと。 派遣元事業主が講ずる労働災害の発生頻度は、他産業に比べ高い水準にあることに鑑み、労働者派遣の受け入れに当たっては、労働安全衛生法令に十分に留意する必要があること。 派遣先は、なお、林業における労働災害の発生頻度は、他産業に比べ高い水準にあることに協力や配慮を行うこと。

資料④

モデル就業条件明示書

平成　年　月　日

_____殿

事業所　名　称
　　　　所在地
使用者　職氏名　　　　　　　　印

次の条件で労働者派遣を行います。

業務内容	
就業場所	事業所、部署名 所在地　　　　　　　　　　　　　　（電話番号　　　）
指揮命令者	職名　　　　　　氏名
派遣期間	平成　年　月　日から平成　年　月　日まで （派遣先が派遣受入期間の制限に抵触する日）平成　年　月　日
就業日及び就業時間	就業日 就業時間　　時　　分から　　時　　分まで （うち休憩時間　　時　　分から　　時　　分まで）
安全及び衛生	
時間外労働及び休日労働	時間外労働（無/有）→（1日　　時間/週　　時間/月　　時間） 休日労働　（無/有）→（1月　　回）
派遣元責任者	職名　　　　　　氏名　　　　　　　（電話番号　　　）
派遣先責任者	職名　　　　　　氏名　　　　　　　（電話番号　　　）
福利厚生施設の利用等	
苦情の処理・申出先	申出先　派遣元：職名　　　氏名　　　（電話番号　　　） 　　　　派遣先：職名　　　氏名　　　（電話番号　　　）
派遣契約解除の場合の措置	
備　考	

モデル就業条件明示書記載要領

1　各欄において複数項目の一を選択する場合には該当項目に〇印を付すこと。
2　「業務内容」欄には、派遣先において従事する業務の内容、その業務に必要とされる能力等を具体的に記載すること。
3　「就業の場所」欄には、主な就業場所を記載するものとし、それ以外に出張等により就業の場所が異なることがある場合には、備考欄に記載すること。
4　派遣受入期間の制限を受ける業務について労働者派遣を行う場合は、派遣先が派遣受入期間の制限に抵触することとなる最初の日を「派遣期間」欄の［　］内に記載すること。
5　「就業日」は、具体的な曜日又は日を記載すること。
6　「安全及び衛生」欄には、次の事項のうち、派遣労働者が派遣先において業務を遂行するに当たって、当該派遣労働者の安全、衛生を確保するために必要な事項に関し、就業条件を記載すること。
   ・ 危険又は健康障害を防止するための措置に関する事項（例えば、危険有害業務に従事させる場合には、当該危険有害業務の内容、当該業務による危険又は健康障害を防止する措置の内容等）
   ・ 健康診断の実施等健康管理に関する事項（例えば、有害業務従事者に対する特別な健康診断が必要な業務に就かせる場合には、当該健康診断の実施に関する事項等）
   ・ 換気、採光、照明等作業環境管理に関する事項
   ・ 安全衛生教育に関する事項（例えば、派遣元及び派遣先で実施する安全衛生教育の内容等）
   ・ 免許の取得、技能講習の終了の有無等就業制限に関する事項（例えば、就業制限業務を行わせる場合には、当該業務を行うための免許や技能講習の種類等）
   ・ 安全衛生管理体制に関する事項
   ・ その他派遣労働者の安全及び衛生を確保するために必要な事項
7　「時間外・休日労働」については、5の派遣就業をする日以外の日に派遣就業をさせることができ、又は派遣就業の開始の時刻から終了の時刻までの時間を延長することができる旨の定めを労働者派遣契約において行った場合には、当該派遣就業をさせることができる日又は延長することができる時間数を記載すること。
　　なお、労働者派遣契約においてこの定めをする場合には、当該定めの内容が派遣元事業主と派遣労働者との間の労働契約又は派遣元事業場における36協定により定められている内容の範囲内であることが必要である。
8　「派遣先責任者」は、派遣責任者の選任を要しない場合であっても、派遣先責任者が選任されている場合には記載すること。
9　「福利厚生施設の利用等」欄には、派遣先が派遣労働者に対し、診療所、給食施設等の施設であって現に派遣先に雇用される労働者が通常利用しているものの利用、レクリエーション等に関する施設又は設備の利用、制服の貸与その他の派遣労働者の福祉の増進のための便宜を提供する旨の定めを労働者派遣契約において行った場合には、その定めを記載すること。
10　「苦情の処理・申出先」欄には、派遣労働者から苦情の申出を受けた場合の苦情の処理について、労働者派遣契約に定めた苦情の申出先、苦情の処理方法、派遣元事業主と派遣先の連携体制等を具体的に記載すること。
11　「派遣契約解除の場合の措置」欄には、派遣労働者の責に帰すべき事由以外の事由による労働者派遣契約の解除が行われた場合には派遣先と連携して新たな就業機会の確保を図ること、労働者派遣契約の解除に伴う解雇を行った場合には労働基準法等に基づく責任を果たすこと等派遣労働者の雇用の安定を図るための措置を具体的に記載すること。
12　「備考」欄
    ① 派遣受入期間の制限を受けない業務に労働者派遣を行う場合は、それぞれ必要事項を「備考」欄に記載すること。
       ・ 政令で定める業務について労働者派遣を行う場合は、政令の号番号を必ず付すこと。
       ・ 事業の開始、転換、拡大、縮小又は廃止のための業務について労働者派遣を行う場合

は、その旨を記載すること。
- その業務が1か月間に行われる日数が当該派遣就業に係る派遣先に雇用される通常の労働者の1か月間の所定労働日数に比し相当程度少なくかつ月10日以下である業務について労働者派遣を行う場合は、(i)その旨、(ii)当該派遣先においてその業務が1か月間に行われる日数、(iii)当該派遣先の通常の労働者の1か月間の所定労働日数を記載すること
- 産前産後休業、育児休業等の代替要員としての業務について労働者派遣を行う場合は、派遣先において休業する労働者の氏名及び業務並びに当該休業の開始及び終了予定の日を記載すること。
- 介護休業等の代替要員としての業務について労働者派遣を行う場合は、派遣先において休業する労働者の氏名及び業務並びに当該休業の開始及び終了予定の日を記載すること

② 紹介予定派遣に係る労働者派遣である場合には、(i)紹介予定派遣である旨、(ii)紹介予定派遣を得て派遣先が雇用する場合に予定される雇用契約の期間の定めの有無等の労働者派遣契約において定めた紹介予定派遣に関する事項、(iii)紹介予定派遣を受けた派遣先が、職業紹介を受けることを希望しなかった場合又は職業紹介を受ける者を雇用しなかった場合には、それぞれのその理由を、派遣労働者の求めに応じ、書面、ファクシミリ又は電子メール(ファクシミリ又は電子メールによる場合にあっては、当該派遣労働者が希望した場合に限る。)により、派遣労働者に対して明示する旨、(iv)紹介予定派遣を経て派遣先が雇用する場合に、年次有給休暇及び退職金の取扱いについて、労働者派遣の期間を勤務期間に含めて算入する場合はその旨を「備考」欄に記載すること。

13 個々の派遣労働者に明示される就業条件は、労働者派遣契約の定めた就業条件の範囲内でなければならないこと。

資料⑤　36協定における延長時間の限度

期間	一般労働者 (右の欄以外の労働者)	1年単位の変形労働時間制(期間3か月超)の対象労働者
1週間	15時間	14時間
2週間	27時間	25時間
4週間	43時間	40時間
1か月	45時間	42時間
2か月	81時間	75時間
3か月	120時間	110時間
1年間	360時間	320時間

資料⑥ 派遣契約の中途解除に伴って講じるべき責任一覧

①	解除の事前申し入れ	派遣先は、専ら派遣先に起因する事由により労働者派遣契約を解除するときは、派遣元事業主の合意を得ることはもとより、予め相当の期間をおいて解除の申し入れを行わなければならない。
②	解除理由の開示	派遣先は、労働者派遣契約の解除を行おうとする場合で派遣元から請求があったときは、労働者派遣契約を解除する理由を派遣元事業主に対して明らかにしなければならない。
③	就業機会の確保	労働者の責に帰さない事由によって労働者派遣契約が解除されたときは、派遣元事業主と派遣先事業主は、相互に連携して、派遣先の関連会社での就業の斡旋を受けるなどして、派遣労働者の就業機会の確保をはかること
④	解雇に伴う労基法上の責任	労働者派遣契約解除に伴って派遣労働者を解雇する場合には、派遣元事業主は、解雇予告や解雇禁止に関する労働基準法上の責任を果たさなければならない。
⑤	損害賠償義務等 派遣先の責に帰すべき事由により労働者派遣契約の解除を行おうとする場合には、派遣先は、以下のことをしなければならない	ⅰ）派遣労働者の新たな就業機会の確保を図る
		ⅱ）これができないときは、解除の日の少なくとも30日前に派遣元事業主に対してその旨の予告を行わなければならない
		ⅲ）予告を行なわない場合には30日分以上の賃金に相当する額について損害の賠償を行なわなければならない
		ⅳ）派遣元事業主と十分協議したうえで適切な前後処理方策を講じる
		ⅴ）派遣元事業主・派遣先のそれぞれの責に帰すべき事由がある場合には、それぞれの責に記すべき部分の割合についても十分に考慮する

資料⑦　妊娠出産等を理由とする不利益取扱いについての規制一覧

		(均等則)	(指針)	(通達)
解雇その他不利益取扱いの禁止	均等法9条3項	女性労働者が妊娠したこと、出産したこと、労働基準法第65条1項の休業又は同項若しくは同条第2項の規定による休業を請求し、又は出産をしたことその他の妊娠又は出産に関する事由であって厚生労働省令で定めるものを理由として、解雇その他不利益な取扱いをしてはならない。(配置(業務の配置の変更を含む。)、降格及び減給の他、住宅資金の貸付けその他福利厚生の措置であって厚生労働省令で定めるもの、(3)労働者の職種の変更、雇用形態の変更、(5)退職の勧奨、定年及び解雇並びに労働契約の更新の拒否も含まれる。)	法第9条第3項の厚生労働省令で定める妊娠又は出産に関する事由は、次のとおり。 ① 妊娠したこと。 ② 出産したこと。 ③ 法第12条若しくは第13条第1項(妊婦健診及び出産後の健康管理に関する措置)の規定による措置を求め、又はこれらの規定による措置を受けたこと。 ④ 労働基準法第64条の2第1号(妊産婦等の坑内業務の就業制限)若しくは第64条の3第1項(危険有害業務の就業制限)の規定により業務に就くことができず、若しくはこれらの規定により業務に従事しなかったこと又は労働基準法第66条の規定により業務をしないことを請求し、若しくは同条の規定による休業をしたこと。 ⑤ 労働基準法第65条第1項(産前休業)の規定による休業を請求し、若しくは同項の規定による休業をし、又は同条第2項(産後休業)の規定による就業できず、若しくは同条第3項(妊娠中の軽易業務への転換)の規定による就業をしなかったこと。 ⑥ 労働基準法第65条第3項(妊娠中の軽易業務への転換)の規定による請求をし、又は同項の規定による他の軽易な業務に転換したこと。 ⑦ 労働基準法第66条第1項(変形労働時間制がとられている場合において1週間又は1日の法定労働時間を超える時間について労働しないこと)、第2項(妊産婦が請求した場合において時間外労働をしないこと若しくは休日に労働しないこと)若しくは第3項(妊産婦が請求した場合において深夜業をしないこと)の規定による請求をし、又は第1項の規定により労働しなかったこと、同条第2項の規定により時間外若しくは休日に労働しなかったこと若しくは同条第3項の規定により深夜業をしなかったこと。	3　妊娠・出産等を理由とする解雇その他不利益な取扱い 解雇その他不利益な取扱いとは、妊娠・出産等と「因果関係がある」ことをいう。 * * (2) 解雇その他不利益な取扱いの例 イ　解雇すること。 ロ　期間を定めて雇用される者について、契約の更新をしないこと。 ハ　あらかじめ契約の更新回数の上限が明示されている場合に、当該回数を引き下げること。 ニ　退職又は正社員をパートタイム労働者等の非正規社員とするような労働契約内容の変更の強要を行うこと。 ホ　降格させること。 ヘ　就業環境を害すること。 ト　減給をし、又は賞与等において不利益な算定を行うこと。 チ　昇進・昇格の人事考課において不利益な評価を行うこと。 リ　不利益な配置の変更を行うこと。 ヌ　派遣労働者として就業する者について、派遣先が当該派遣労働者に係る労働者派遣の役務の提供を拒むこと。 (3) 妊娠・出産等を理由として①～②のイからヌまでに掲げる取扱いを行うことは、直ちに不利益取扱いに該当すると判断される。 　妊娠・退職が正社員をパートタイム労働者等の非正規社員への転換を勧奨することは、次の事項を勘案して判断する。	(4)第3項は、産前産後の休業をしたことを理由として不利期を設けて解雇してはならないことを定めたものであり、労働基準法第19条により、目的、時期、罰則の有無を異にしているが、重なり合う部分については両規定が適用されるものであること。 (5)指針第4の3 (1)柱書きの「法第九条第三項の「理由として」、解雇その他の不利益な取扱いの間に因果関係があるか否かということ」について、妊娠・出産等の事由を契機として不利益取扱いがなされたものも、原則として妊娠・出産等を理由として不利益取扱いがなされたものと解されるものであること。ただし、 イ　円滑な業務運営や人員の適正配置の確保などの業務上の必要性から支障があるため当該不利益取扱いを行わざるを得ない場合において、 その業務上の必要性の内容や程度が、法第九条第三項の趣旨に実質的に反しないものと認められるほど当該不利益取扱いにより受ける影響の内容や程度を上回ると特段の事情が存すると認められるとき 又は ロ①契機とした事由又は当該取扱いにより受ける有利な影響が存在し、かつ、当該労働者が当該取扱いに同意している場合において、 ロ②当該取扱いが当該取扱いにより受ける有利な影響の内容や程度を上回り、当該取扱いについて事業主から労働者に対して適切に説明がなされる等、一般的な労働者であれば当該取扱いに 同意するような合理的な理由が客観的に存在するとき

280

請求をし、若しくは同項の規定により一週間について同法第32条第1項の労働時間を超えて労働しなかったこと、同条第2項の労働時間を超えて一日について同法第66条第2項（妊産婦の時間外・休日労働の制限）の規定による請求をし、若しくは労働しなかったこと又は同法第66条第3項（妊産婦の深夜業の制限）の規定による請求をし、若しくは深夜業をしなかったこと。

⑧労働基準法第67条第1項（育児時間）の規定による請求をし、又は同項第2項の規定による育児時間を取得したこと。

⑨妊娠又は出産に起因する症状（つわり、妊娠悪阻、切迫流産、出産後の回復不全等。以下「妊娠又は出産に関する症状」という。）により労務の提供ができないこと又はできなかったこと又は労働能率が低下したこと。

とするような労働契約内容の変更は、労働者の表面上の同意を得ていたとしても、これが労働者の真意に基づくものでないと認められる場合には、②の①の「退職又は正社員をパートタイム労働者等の非正規社員とするような労働契約内容の変更の強要を行うこと」に該当する。

ロ 業務に従事させない、専ら雑務に従事させる等の行為は、②の①の「就業環境を害する行為をすること」に該当する。

ハ 事業主が、産前産後休業から復帰する際等に当たって⑦の「不利益な自宅待機を命ずること」に該当する。なお、女性労働者の請求に基づき産前休業又は業務の軽易な業務への配置換えの請求をした場合において、女性労働者が請求し又は業務を指定した場合でかつ、客観的にみても他に替えるべき業務がない場合には、⑦の①の「不利益な自宅待機を命ずること」には該当しない。

二 次に掲げる場合には、⑨の「減給その他不利益な算定を行うこと」に該当する。

①妊娠中には労務の不提供や労働能率の低下が生じていないにもかかわらず、女性労働者が、妊娠し、出産し、又は労働基準法に基づく産前休業の請求等をしたことのみをもって、賃金又は賞与若しくは退職金を減額すること。

②賃金について、妊娠、出産、休業等に係る事由又は状態（以下「不就労期間」という。）分を超えて不支給とすること。

③賞与又は退職金の支給額の算定に当たり、不就労期間や労働能率の低下を考慮の対象とする場合において、同じ期間休業した疾病等や同程度労働能率が低下した疾病等と比較して、妊娠、出産、休業又は妊娠・出産等による労働能率の低下について不利益に取り扱うこと。

で同意するような合理的な理由が客観的に存在するときについてはこの限りでないこと。

「契約更新」については、基本的には当該事由による不利益取扱いが行われている期間と時間的に近接して当該不利益取扱いが行われたかをもって判断すること。例えば、育児休業取得後の人事考課等が行われている場合の判断に当たっては、請求後の最初の人事考課、昇給等・昇格の判断までの期間時間の取得又は請求が行われた場合には、「妊娠・昇給等・昇格の判断までの期間を同様として行わないものと判断すること。

⑦指第4の3②の①から①までに掲げる行為は、法第9条第3項により禁止される「解雇その他不利益な取扱い」の例示であること。したがって、ここに掲げていない行為についても個別具体的な事案を勘案すれば不利益取扱いに該当するケースもあり得るものであり、例えば、長時間の異動等止等契約、期間を定めて雇用される者について更新後の労働契約の期間を短縮することなどは、不利益取扱いに該当するものと考えられる。

イ 指針第4の3②の①の「契約の更新をしないこと」が不利益取扱いとして禁止されるのは、妊娠・出産等を理由とする場合に限られるものであることから、契約の更新回数が決まっている場合は、妊娠・出産等がなかったとしても契約は更新されないような場合、経営の合理化のためにはこれに該当しないものであること。契約を変更し新しい場合等にはこれに該当しないものであること。休業等により契約期間のすべてについて有期契約労働者の契約を変更する場合があっても、契約更新期間としなければならないものであって、休業等による不利益な取扱いとして有期契約労働者の提供ができない場合の契約更新であっても、契約を更新しなければならないものであること。

④ 賞与又は退職金の支給額の算定に当たり、不就労期間や労働能率の低下を考慮の対象とする場合において、現に妊娠・出産等により休業した期間や労働能率が低下した割合を超えて、休業した、又は労働能率が低下したものとして取り扱うこと。次に掲げる場合には、(2)のリの「昇進・昇格の人事考課において不利益な評価を行うこと」に該当する。

① 実際には労務の不提供や労働能率の低下が生じていないにもかかわらず、女性労働者が妊娠し、出産し、又は労働基準法に基づく産前休業の請求等をしたことのみをもって、人事考課において、妊娠をしていない者よりも不利に取り扱うこと。

② 人事考課において、不就労期間や労働能率の低下を考慮の対象とする場合において、同じ期間休業した疾病等や同程度労働能率が低下した疾病等と比較して、妊娠・出産等による休業や妊娠・出産等による労働能率の低下について不利に取り扱うこと。

ヘ 配置の変更が不利益な取扱いに該当するか否かについては、配置の変更の必要性、配置の変更前後の賃金その他の労働条件、通勤事情、労働者の将来に及ぼす影響等諸般の事情について総合的に比較考量の上、判断すべきものであるが、例えば、通常の人事異動のルールからは十分に説明できない職務又は就業の場所の変更を行うことにより、当該労働者に相当程度経済的又は精神的な不利益を生じさせることは、(2)のヌの「不利益な配置の変更を行うこと」に該当する。次に掲げる場合には、人事ローテーションなど通常の人事異動のルールからは十分に説明できず、「不利益な配置の変更を行うこと」に該当する。

① 妊娠した女性労働者が、その従事する職務において業務を遂行する能力があるにもかかわらず、賃金その他の労働条件、通勤事情等が不利になる配置の変更を行うこと。

② 妊娠・出産等に伴い、その従事する職務において業務を遂行

ロ 指針第4の3(2)ホの「降格」とは、同列の職種と比較すると種類が少ない職務への異動は、「降格」には当たらないものであること。

ハ 指針第4の3(3)〜(3)の「原職相当職」の意味は、個々の企業又は事業所における組織の状況、業務配分、その他の雇用管理の状況によって様々であるが、一般的に、

(イ)休業後の職制上の地位が休業前より下回っていないこと及び
(ロ)休業前と休業後とで職務内容が異なっていないこと及び
(ハ)休業前と休業後とで勤務する事業所が同一であること
のいずれにも該当する場合には、「原職相当職」に復帰したものであると評価されるものであること。

		すること等が困難であり配置を変更する必要がある場合において、他に当該労働者を従事させることができる適当な職務があるにもかかわらず、特別な理由もなく当該職務と比較して、賃金その他の労働条件、通勤事情等が劣ることとなる配置の変更を行うこと。 ③ 産前産後休業があったって、原職又は原職相当職に就けないこと。 ト 次に掲げる場合には、妊娠した派遣労働者に係る派遣先の役務の提供を拒む行為に該当すること。 ① 妊娠したと認められるにもかかわらず、派遣先に定められた役務の提供ができると認められるにもかかわらず、派遣先が派遣元事業主に対し、派遣労働者の交替を求めること。 ② 妊娠したと認められるにもかかわらず、派遣先に定められた役務の提供ができると認められるにもかかわらず、派遣先が派遣元事業主に対し、当該派遣労働者の派遣を拒むこと。
立証責任の転換	妊娠中の女性労働者及び出産後1年を経過しない女性に対する解雇は無効とする。ただし、事業主が当該解雇が前条に規定する事由を理由とする解雇でないことを証明したときは、この限りでない。	均等法9条4項	●妊娠・出産、育児休業等を「理由として」不利益取扱いをした場合には、当該事由後から1年以内に不利益取扱いをし、もしくは子の職場復職時・介護休業後に近接して、妊娠・出産、育児休業等を「理由として」不利益取扱いを行った場合等は、原則として該当する場合は、違反に該当しうる。 ただし、以下の例外に該当する場合があるため、法の趣旨から主張に実質的に反しないと認められる特段の事情があるときを除き、不利益取扱いを行わないといけない事業経営上の必要性があり、当該不利益取扱いの内容や程度が、法の規定の趣旨に実質的に反しないと認められる特段の事情がある場合 (例外に該当するかどうかの判断のポイント) 1. 経営状況の悪化等の理由である場合 偶発経過や不十分業績などの不利益取扱いをしなければ子業務運営に支障が生じる等 合理的な努力がなされ、人選選定が妥当である場合 2. 本人の能力不足等の理由である場合 妊娠等の事由の発生前から能力不足等が問題とされており、改善の機会も相当程度与えた改善の見込みがない等	＊指針第4の3(1)柱書きの「法第九条第三項の「理由として」とは、妊娠・出産等と、解雇その他不利益な取扱いの間に因果関係があることをいうこと。」につき、妊娠・出産・産前産後休業等の事由を契機として不利益取扱いが行われた場合は、原則として「理由として」不利益取扱いがなされたと解されるものであること。ただし、 ① 円滑な業務運営や人員の適正配置の確保などの業務上の必要性があるため当該不利益取扱いを行わざるを得ない場合において、②その業務上の必要性の内容や程度が法第九条第三項の趣旨に実質的に反しないものと認められるほど当該不利益取扱いにより受ける影響の内容や程度を上回ると認められる特段の事情が存在すると認められるとき 又は ロ 契約として当該不利益取扱いによる有利な影響

資料

283

(2) 契機とした事由や不利益取扱いにより受ける有利の影響が存在し、かつ、労働者が不利益取扱いに同意している場合において、有利な影響の程度や、不利益取扱いにより受ける不利益の内容や影響の程度が当該取扱いに同意するような合理的な理由が客観的に存在するときに該当するかどうかの判断ポイント）

（例外に該当するかどうかの判断ポイント）

・事業主から労働者に適切な説明が行われ、一般的な労働者であれば当該取扱いについて同意するような合理的な理由が客観的に存在するときについて十分に理解した上で不利益取扱いに応じるかどうかを決めることができたか

・不利益取扱いの直接的な影響だけでなく、間接的な影響（降格、減給等）についても説明されたか

・書面など、労働者が理解しやすい形で明確に説明がなされたか

・契機となった事由や取扱いにより受ける不利益の影響が、それらの不利益の影響を上回っている影響（業務量の軽減等）があって、それらの不利益の影響を上回っているか等

が存在し、かつ、当該労働者が当該取扱いに同意している場合において、②当該事由及び当該取扱いにより受ける不利益により受ける不利益取扱いについて事業主から適切に説明がなされた上、一般的な労働者であれば当該取扱いについて同意するような合理的な理由が客観的に存在するときについてはこの限りでないこと。

なお、「契機」については、基本的に当該事由が発生している期間と時間的に近接して当該不利益取扱いが行われたか否かをもって判断すること。例えば、育児休業等の取得に対する不利益取扱いの判断に即し、定期的に人事考課・昇給等が行われている場合においては、請求後から育児休業等の取得後までの間に人事考課・昇給等の不利益取扱いが行われた場合に、「契機として」行われたものと判断すること。

資料⑧ 育児・介護のための労働時間短縮等の制度

短時間勤務制度	対象者	○3歳に満たない子を養育する労働者 ○1日の所定労働時間が6時間以下でないこと ○日々雇用される労働者でないこと ○短時間勤務制度が適用される期間に現に育児休業をしていないこと ○労使協定により適用外とされた労働者でないこと（労使協定により適用除外にできるのは、①勤続1年未満の労働者、②1週間の所定労働時間が2日以下の労働者、③業務の性質や実施体制に照らして短時間勤務制度を昂じることが困難と認められる業務に従事する労働者）
	制度内容	1日の所定労働時間を原則として6時間とする措置を含む短時間勤務制度が事業主に義務づけられる。
	代替措置	労働時間短縮措置を講じることが困難と認められる業務に従事するものとして労使協定で除外した労働者については、①フレックスタイム、②時差出勤、③保育施設などの便宜供与のいずれかの措置を講じなければならない。
所定外労働の免除	対象者	○3歳に満たない子を養育する労働者 ○日々雇用されるものでないこと ○労使協定により適用除外とされたものでないこと（①勤続1年未満の労働者、②1週間の所定労働時間が2日以下の労働者）
	免除の内容	○請求したときには、所定労働時間を超えて労働させてはならない。
小学校就学前の子どもを養育する労働者に関する措置	1歳に満たない子を養育する育児休業していないもの	事業主には以下のいずれかの措置を講じるよう努力義務を課せられる。 ○フレックスタイム、 ○時差出勤、 ○保育所あるいはこれに準じる便宜供与
	1歳から3歳に達するまでの子を養育するもの	事業主には以下のいずれかの措置を講じるよう努力義務を課せられる。 ○育児休業に関する制度 ○フレックスタイム ○時差出勤 ○保育所あるいはこれに準じる便宜供与
	3歳から小学校就学前の子どもを養育するもの	事業主には以下のいずれかの措置を講じるよう努力義務を課せられる。 ○育児休業に関する制度 ○所定外労働の制限に関する制度 ○短時間勤務制度 ○フレックスタイム ○時差出勤 ○保育所あるいはこれに準じる便宜供与
介護のための所定労働時間	対象者	要介護状態にある対象家族を介護する労働者で介護休業していない労働者
	対象期間	3年以上

短縮等の措置	措置の内容	家族介護を容易にするため少なくとも以下のうちの1つを実施しなければならない。 ①所定労働時間短縮の制度 　○1日の所定労働時間の短縮 　○週または月の所定労働時間の短縮 　○週または月の所定労働日数の短縮 　○労働者が個々に勤務しない日または時間を請求することを認める制度 ②フレックスタイム ③時差出勤 ④介護サービスの費用の助成その他これに準じる制度
介護のための所定外労働の制限	対象者	要介護状態にある家族を介護する労働者で介護のために請求したもの
	請求方法	初日(以下「期間開始予定日」という)及び末日(以下制限終了予定日)という)とする日を明らかにして、制限開始予定日の一か月前までにしなければならない
	措置の内容	事業の正常な運営を妨げる場合を除き所定労働時間を超えて労働させてはならない
	期間	1か月以上1年以内
時間外労働の制限	対象者	○小学校就学前の子どもを養育する労働者で、日々雇い入れられるものではなく、雇用されてから1年未満でないものその他厚生労働省令で定めるものに該当しないもの ○要介護状態にある家族を介護する労働者で、雇用されてから1年未満でなく、1週間の労働日数が2日以下でないもの。
	請求方法	書面のほか、事業主が適当と認める場合にはファックスまたは電子メールによることもできる。
	制限される時間外労働	1ヶ月について24時間、1年間について150時間を超える時間帯労働をさせてはならない
	除外事由	事業の正常な運営を妨げる場合
深夜業の制限	対象者	○小学校就学前の子どもを養育する労働者で日々雇用でなく、雇用されてから1年以上経過し、深夜常態として子どもを哺育することができる同居の家族がいないなど、請求できないことについて合理的な理由があるとは認められないもの ○要介護状態にある家族を介護する労働者で日々雇用でなく、雇用されてから1年以上経過し、深夜常態として家族を介護できる同居の家族がいないなど、請求できないことについて合理的な理由があるとは認められないもの
	請求方法・期間	1回につき1か月以上6か月以内の期間について、開始日と終了日を特定して開始予定日の1か月前までに書面(事業主が適当と認める場合はファックスなしひ電子メールも可)で請求する。
	事業主が配慮すべき措置	①あらかじめ制度が導入され規則が定められるべきものであること ②あらかじめ制限期間中における待遇に関する事項を定めるとともに、これを労働者に周知させるための措置を講じるよう配慮すること ③制度の弾力的な利用が可能となるよう配慮すること
	除外事由	事業の正常な運営を妨げる場合

資料⑨　派遣労働者の権利と団結権・団体交渉権・争議権

団結権・争議権・団体交渉権の不可欠性

●派遣先が労働条件等に責任を負う場合	○派遣先職場におけるセクシュアルハラスメント・パワーハラスメント ○派遣先による差別的・制裁的ないし不利益な配置 ○業務配分と業務負荷・労働時間 ○職場環境・安全衛生 ○労働災害・疾病の取り扱い（とくに業務起因性を巡る問題） ○休暇取得をめぐる問題 ○次期労働者派遣契約の更新・受け入れ継続問題（更新拒絶問題） ○労働者派遣契約の中途解除（事前・事後） ○直接雇用労働者への登用問題
●派遣元に雇用主としての能力がないとき	○派遣元が倒産したとき ○社会・労働保険の加入資格取得や低賃金・劣悪な労働環境など基本的な労働者としての権利も確保できないとき ○労働者派遣法による規制を逸脱しているとき ○いずれも労働者の雇用及び労働条件が派遣先の濫用により脅かされるリスクがつきまとう。 ○法の遵守や派遣先に対する雇用責任の履行を求めて紛争が生じてきた。
●労働者派遣法の規制枠組みの逸脱	○事前面接におけるスタッフに対する言動と差別的排除（妊娠の可能性・婚姻の有無・家族関係・容姿・年齢その他） ○派遣対象外業務・契約外業務に従事してきた労働者の雇用 ○期間制限を超過して派遣されてきた労働者の雇用 ○専ら派遣（第2人事部型派遣）の労働者の雇用 ○労働者派遣契約ないし派遣労働契約の様式を充たさない労働者の雇用 ○違法を指摘したことを契機とする契約解除・打ち切り問題
●職場での労働組合の結成・活動	○掲示板・組合事務所・デスク・ロッカーなどの便宜供与 ○派遣先職場で集まること、話し合うこと、要求を組織化すること

新制度施行に伴って発生する問題

●許可制への移行に伴う場面で	○無許可業者に雇用されて派遣されてきた労働者の雇用及び労働条件をめぐって雇用の承継先との交渉 ○3年経過後の無許可業者からの派遣受入により発生する雇用申込みなしの適用・雇用後の労働条件交渉
●期間制限違反及び意見聴取手続きの違法その他雇用申込みなし制度が適用される場面	○労働者の承諾の意思表示とあわせて雇用関係の確認 ○派遣先が「善意・無過失」を主張して雇用申込みなしは適用されないと主張したとき ○その後の労働条件交渉
●意見聴取	○派遣先過半数労働組合が意見聴取において派遣労働者の受入継続に異議を述べて直接雇用を要求したとき
●キャリアアップ・雇用安定措置に関連して	○個人単位の規制の3年経過により、他の組織で受け入れる場合の配置及び労働条件（勤務日数・労働時間など） ○派遣元の直接雇用の申し入れがあったときの雇用及び労働条件交渉
●派遣先に直接雇用される労働者との均衡処遇に関して	○派遣先に雇用される労働者に関する情報の提供 ○派遣料金の設定についての配慮を要求する場合 ○食堂・休憩室・医務室・ロッカーなどの利用等待遇改善要求

資料⑩　団体交渉権と派遣先の使用者責任

項目	交渉事項	留意事項
❶労働組合の結成・活動	①掲示板・デスク・ロッカーなどの便宜供与	〇派遣労働者の団結及び団結活動の場所は、通常と同様派遣先の職場であることが少なくない。便宜供与については、福利厚生として苦情処理の対象になる。
	②派遣先職場で集まること、話し合うこと、要求を組織化すること	
❷派遣先が労働条件等に責任を負う場合	①派遣先職場におけるセクシュアルハラスメント・パワーハラスメント	〇派遣先に使用者性が認められる（命令あり）
	②派遣先による差別的・制裁的ないし不利益な仕事配置等取扱い	〇派遣先が責任を負担する指揮命令権の範囲
	③業務配分と業務負荷・労働時間	〇同上
	④職場環境・安全衛生	〇同上
	⑤労働災害・疾病の取り扱い（とくに業務起因性を巡る問題）	〇同上
	⑥休暇取得をめぐる問題	〇生理休暇は派遣先の責任。 〇セクハラ・長時間労働による健康被害と休業 △派遣元が責任を負う休暇取得への派遣先の妨害
	⑦次期労働者派遣契約の更新・受け入れ継続（更新拒絶）	△商取引（労働者派遣契約）当事者交渉が前提
	⑧労働者派遣契約の中途解除（事前・事後）	△派遣先が派遣労働者の属性や活動を理由に派遣契約を解除したときなど派遣法27条に違反したときで、派遣元が派遣労働者を排除することについて派遣先と結託しているとき △その撤回・仕事復帰・嫌がらせ対策を求めるとき
	⑨直接雇用労働者への登用（努力義務）	〇近い将来に現実的かつ具体的に雇用関係の成立する可能性
❸雇用申込みなし（派遣禁止業務・偽装請負・期間制限その他）	①労働者の承諾の意思表示とあわせて雇用関係の確認	〇
	②派遣先が「善意・無過失」により不適用を主張したとき	〇
	③雇用期間・労働条件交渉	〇
❹意見聴取手続きに関連して	①派遣先過半数労働組合が意見聴取において派遣労働者の受入継続に異議を述べて直接雇用を要求し、派遣先組合とともに雇用要求	△

❺労働者派遣法の規制枠組みの逸脱	①事前面接におけるスタッフに対する言動と差別的排除（妊娠の可能性・婚姻の有無・家族関係・容姿・年齢その他）	△
	②契約外業務に従事してきた労働者の雇用	△
	③期間制限を超過して派遣されてきた労働者の雇用	○雇用申込みなし制度の適用
	④専ら派遣（第2人事部型派遣）の労働者の雇用	△
	⑤労働者派遣契約の要件を充足しなかったとき	○偽装請負として雇用申込みなし制度の適用を求めるとき ×単なる様式違反では雇用責任は主張できない
	⑥違法を指摘したことを契機とする契約解除・打ち切り問題	△派遣法27条に違反するが、❸⑧に同じ
❻派遣元の自立性に問題があり派遣先の支配下にあるとき	①派遣元が倒産したときの承継先・派遣先との雇用及び労働条件交渉	○近い将来に現実的かつ具体的に雇用関係の成立する可能性
	②派遣元が許可を取得できず事業廃止になるときの承継先・派遣先交渉	○近い将来に現実的かつ具体的に雇用関係の成立する可能性
	③社会・労働保険の加入資格取得や低賃金・劣悪な労働環境など基本的な労働者としての権利も確保できないとき	△
	④派遣元責任者や経営スタッフが親会社の社員で占められ、親会社に労働者を派遣しているときなど派遣元に人的物的独立性がないとき	○法人格否認法理の適用があるとき ○法人格は否認できないが雇用主と同視できる支配力があるとき
❼派遣先労働者との均衡処遇に関して	①派遣先に雇用される労働者に関する情報の提供	×義務付けられた情報提供の宛先は派遣元 △しかし、均等待遇確保の前記趣旨からみて交渉義務から免れられるというのは問題ではないか

あとがき

　この本の出版は、2016年6月のNPO法人派遣労働ネットワークの総会で決定されたものです。

　野党や労働界を挙げて反対し、2度も廃案となった改正法案は、激しい論戦のうえ、2015年10月1日の労働契約申込みなし制度の施行直前に参議院本会議で可決成立となり、政省令や指針、業務取扱要領の策定はきわめて短期間に急ピッチで進められました。国会での審議は、改正法案の内容が労働者派遣制度の位置づけや規制の内容などを抜本的に見直すものであったために詳細にわたって白熱し、そのため、とくに最後の参議院の付帯決議は41項目に及んで各項目も相当長文の読み応えのあるものとなりました。せっかくの決議内容をあますところなくこれからの運用に生かすために、私たちも大変な作業を経験しました。短期間で長文の意見書などをとりまとめて厚生労働省や審議会関係者の方々に直接送るなど要請させていただきました。

　この法律は、雇用の細切れ化や低賃金化にさらされていた労働者にとっては、派遣労働者のキャリアアップや雇用安定化措置が盛り込まれたからといって、バラ色の未来が開けるとは思えませんでした。むしろ「悪法」の象徴のように紹介されたりしていました。それなのに、私たちがこの本の出版を決断したのは、法律が施行された以上、また、この法律のもとで自らの人生を切り拓くために懸命に働き生きるスタッフがいる限り、この法律をよく知って自らの力で権利を実現してもらいたいと考えたからです。足りない点を補おうとした審議会の委員や国会議員の努力も相当のものでしたし、法とは、その権利の主体や運用する人々の手によって生きた力を発揮していくものですので、私たちは、派遣労働ネットワークを発足させた初心にもう一度立ち返って、新しい労働者派遣制度と向き合う

ことにしました。

　労働者派遣法制定当時から課題であった、派遣労働者の雇用の安定や待遇改善と、派遣先社員の常用代替防止を両立させるというテーマは、人によっては、「そんなものは無理」「悪法は悪法」ということで「絵に描いた餅」であると評されることが多いのですが、制定当初から確認されてきたこれらの原則にこだわり、現実を変えるために努力することが私たちに課せられた使命であることを確信します。

　そういう思いを込めて、それぞれがいろいろな本来業務を抱えて煩忙ななか、過去のデータや新しい制度の内容を分析検討しながら、質問項目や紹介する情報を出しあいとりまとめてきました。コンセプトを「派遣スタッフと派遣先社員の雇用と権利を両立させる」に置くことにしたのは、働き手は「みな同じ人間」であって誰もが等しく尊重される職場と社会を築いていくのに、この法律がどう使えるかを情報提供しなければならないという考えからです。実践に裏付けられた法律の活かし方を紹介しようと努めましたが、新しい制度については、制度の不十分性や活用の方向性を示すことにとどまっています。是非ともこうした思いを受け止めて読んでいただければと思います。

　また、このような本の出版を引き受けていただきました旬報社と、最後まであきらめないで私たちを叱咤激励し、編集作業に労を惜しまずまい進してくださった編集者の古賀一志さんに、心から感謝申し上げます。

2016年12月12日

　　　　　　　　　　　ＮＰＯ法人派遣労働ネットワーク理事長・弁護士
　　　　　　　　　　　　　　　　　　　　中野麻美

編著者紹介

中野麻美（なかの　まみ）
1975年北海道大学法学部卒業。1979年弁護士登録（東京弁護士会）。現在は、NPO法人派遣労働ネットワーク理事長、日本労働弁護団常任幹事。著書に、『労働ダンピング〜雇用の多様化の果てに』（岩波新書）、『労働者派遣法の解説（3訂版）』（一橋出版）、『雇用破綻最前線〜雇い止め・派遣切り・条件切り下げ』（岩波ブックレット）、『派遣法改正で雇用を守る』（共著、旬報社）など。

NPO法人派遣労働ネットワーク
派遣労働や派遣にまつわる雇用に関する問題について取り組む。「派遣トラブルホットライン」「派遣春闘」「通勤交通費の課税問題」や出版、ニューズレター、小冊子の発行など幅広い活動を行っている。

新しい労働者派遣法の解説──派遣スタッフと派遣先社員の権利は両立できるか

2017年1月10日　初版第1刷発行

編　者	中野麻美・NPO法人派遣労働ネットワーク
装　丁	波多英次
発行者	木内洋育
発行所	株式会社 旬報社
	〒112-0015 東京都文京区目白台2-14-13
	TEL 03-3943-9911　FAX 03-3943-8396
	ホームページ http://www.junposha.com/
印　刷	中央精版印刷株式会社
製　本	中央精版印刷株式会社

©Mami Nakano, Haken-Net 2017 Printed in Japan
ISBN978-4-8451-1488-7 C0032